CAESAR – TACITUS

BERICHTE ÜBER GERMANEN
UND GERMANIEN

CAESAR – TACITUS

BERICHTE ÜBER GERMANEN UND GERMANIEN

Herausgegeben
von Alexander Heine

PHAIDON

© Copyright 1986 by Phaidon Verlag, Essen und Stuttgart
Konzeption: SVS, Stuttgart
Einbandgestaltung: Aab Graphic Design, Stuttgart
Satz: Typobauer Filmsatz GmbH, Ostfildern 3
Druck und Bindung: Franz Spiegel Buch GmbH, Ulm
ISBN 3-88851-104-6

Inhaltsverzeichnis

Einleitung

Wir haben das große Glück, daß uns die Römer, ein hochzivilisiertes Volk, dem die Germanen als Feinde gegenüberstanden, über die vor unserer eigentlichen Geschichte liegende Vorzeit eingehende Schilderungen hinterlassen haben – über eine Zeit also, von der uns eigene germanische Berichte nicht einmal in der Form von Sagen und Mythen vorliegen.

Allerdings sind in diesem Nachlaß große Lücken zu beklagen, die Werke der antiken Schriftsteller sind größtenteils nur in Trümmern und Splittern auf uns gekommen, der Wortlaut ihrer Schriften ist in den Handschriften und Abschriften oft nur jämmerlich erhalten. Dabei lassen diese Bruchstücke zudem meist noch die näheren Umstände aus Unkenntnis oder geringem Interesse so unbestimmt, daß es manchmal unmöglich ist, sie in einen historischen Kontext einzuordnen.

Es wurde versucht, das, was noch vorhanden ist, in diesem und in einem Folgeband zusammenzutragen.

Die Werke zweier Schriftsteller, die sich unter anderem mit den Germanen beschäftigen, sind uns relativ gut erhalten. Es ist das zum einen Caesars Bericht über den gallischen Krieg und zum anderen die Werke des Tacitus. Gerade von letzterem ist uns mit seinem wohl berühmtesten Werk, der Germania, eine wertvolle und lebendige Beschreibung des germanischen Lebens und der germanischen Stämme erhalten. Weitere Berichte zu den Vorgängen dort finden wir in seinen

Geschichtswerken – den Annalen und den Historien –, von
denen uns allerdings große Teile fehlen. Diesen beiden Schrift-
stellern ist dieser Band gewidmet.

Über die Person Gaius Julius Caesars als dem größten Feldherrn und dem schillernsten Staatsmann des römischen Reiches und der wohl berühmtesten Figur der römischen Geschichte Worte zu verlieren, erübrigt sich. Von seinen schrift-
stellerischen Werken sind die Kommentare zum gallischen
Krieg am bekanntesten, die er innerhalb weniger Wochen des
Winters 52/51 v. Chr. in einer angespannten politischen Situa-
tion wohl als Rechtfertigungsschrift für den römischen Senat
schrieb. Im Rahmen dieser Eroberung Galliens mußte sich
Caesar auch mit den Germanen jenseits des Rheines auseinan-
dersetzen.

Im ersten Buch beschreibt er seine Kriegszüge gegen die Helvetier und einige germanische Stämme im Süden Galliens im
Jahr 57 v. Chr. Aus diesem Buch ist für uns der Krieg mit
Ariovist wichtig, der im Jahre 62 die gallischen Häduer besiegt
hatte und die germanischen Stämme der Triboker, Nemeter
und Wangionen im heutigen Elsaß, der Pfalz und in Rhein-
hessen angesiedelt hatte. Caesar schlägt Ariovist und wirft die
Germanen über den Rhein zurück.

Das zweite Buch beschäftigt sich mit der Unterwerfung der
keltischen Belgier. Hieraus haben wir den Abschnitt über die
Unterwerfung der Aduatucer, eines gallischen Stammes, der
aber laut Caesar von den Kimbern und Teutonen abstammen
sollte, in unsere Sammlung aufgenommen.

Das dritte Buch hat die Unterwerfung der restlichen Völker im

Norden Galliens zum Thema, hier finden wir nichts über die Germanen. Damit hat Caesar seine Herrschaft über Gallien gefestigt, er kann es nun wagen, sich neuen Unternehmungen in Britannien zuzuwenden (viertes Buch).

Das fünfte Buch beginnt mit der Heerfahrt der Usipeter und Tencterer, die in Gallien einfallen, von Caesar besiegt und wieder über den Rhein zurückgedrängt werden. Um die Germanen zu verunsichern, überschreitet Caesar ebenfalls den Rhein und fällt in das Land der Sugambrer ein.

Das fünfte Buch bringt wiederum wenig für unser Thema. Während Caesar ein zweites Mal in Britannien ist, brechen in Gallien Revolten und Aufstände aus, für die er in Strafexpeditionen blutige Rache nimmt. Germanen sind dabei nur am Rande beteiligt.

Im sechsten Buch beschreibt Caesar seinen zweiten Übergang über den Rhein und den Feldzug gegen die Sueben. Besonders interessant ist hier die vergleichende Beschreibung der gallischen und germanischen Sitten und der Länder.

Das siebte Buch beschreibt die Vorgänge des Jahres 52 v. Chr., dem Jahr, in dem Caesar von den unter Vercingetorix vereinigten Galliern zuerst bei Gergovia geschlagen wird, später aber bei Alesia den endgültigen Sieg erringt. Durch diese ungeheure Anspannung im Inneren Galliens treten die Germanen für ihn ganz an den Rand des Blickfeldes, sie werden nur einige wenige Male erwähnt. Nach dem überwältigenden Erfolg bei Alesia hält Caesar es wohl auch für überflüssig, die weiteren kleinen Unruhen und Kämpfe überhaupt noch zu erwähnen.

Das achte Buch stammt nicht mehr aus der Feder Caesars, es wurde von seinem persönlichen Freund Aulus Hirtius verfaßt, der Caesar auf den Feldzügen in Gallien begleitet hatte. Auch in diesem Buch, das die Jahre 51 und 50 v. Chr. beschreibt, finden wir nur mehr wenig über Germanien und die Germanen.

Am 1. 1. 49 v. Chr. überschreitet Caesar den Rubicon, sein Interesse wendet sich anderen Dingen zu.

────────

Mit Tacitus hat die römische Literatur einen ihrer großen Höhepunkte erreicht und zugleich ihren letzten – und dies, obwohl Tacitus eigentlich kein Schriftsteller, sondern Historiker war. Von ihm stammt das berühmte ‚sine ira et studio‘, also das Programm, eine möglichst objektive Geschichtsschreibung zu betreiben.

Aus seinem Leben ist uns nur sehr wenig bekannt, er wurde im Jahre 55 n. Chr. oder kurz davor geboren. Sein genauer Geburtsort ist unbekannt, gewisse Anzeichen deuten darauf hin, daß er in irgendeiner der Garnisonsstädte des belgischen Germaniens als Sohn des dortigen Prokurators C. Tacitus geboren sein könnte und irgendwo in den westlichen Provinzen aufgewachsen sein könnte. Aber ähnlich fundierte Vermutungen weisen auch auf andere Orte hin, unter anderem auf Interamna (Terni) in Umbrien oder auf Patavia (Padua). Ebenso unsicher wie Ort und Zeit der Geburt ist auch sein vollständiger Name, neben dem Vornamen Publius wird er mit fast der gleichen Berechtigung auch Gaius genannt.

Im Jahr 78 n. Chr. heiratete er die Tochter des Cn. Julius Agricola. In den Jahren 97 oder 80 n. Chr. dürfte Tacitus die Quästur innegehabt haben, die unterste Stufe der höheren Ehrenämter. Im Jahr 88 wurde er Prätor und Mitglied des Kollegiums der 15 Männer. Im Jahr 97 wurde Tacitus Consul für den verstorbenen L. Vergilius Rufus. Aus diesem Jahr wissen wir nur, daß er die Leichenrede auf seinen Vorgänger hielt. Erst im Jahr 112/113 haben wir wieder einen überlieferten Fixpunkt, Tacitus war Prokonsul der Provinz Asien. Der Rest seines Lebens verliert sich im Dunkel der Geschichte, er starb wahrscheinlich irgendwann in den Jahren zwischen 117 und 120 n. Chr.

Die erste veröffentlichte Schrift des Tacitus ist die Lebensbeschreibung seines Schwiegervaters Julius Agricola, die gleich zu Anfang der Regierungszeit des Kaiser Traian erschien, wahrscheinlich im Jahre 98 n. Chr. In diesem Werk finden wir nur wenig über germanische Hilfstruppen bei der Eroberung von Kaledonien. Am abenteuerlichsten sind davon die Erlebnisse einer Kohorte von Usipiern, die Britannien umsegelten.

Das bekannteste Werk des Tacitus ist die Germania, die nicht lange nach dem Agricola erschienen ist, vermutlich sogar noch im gleichen Jahr. Das Buch dürfte bei seinen geschichtlichen Studien mit angefallen sein und wurde wohl getrennt veröffentlicht, weil einerseits Germanien für das Rom der Kaiserzeit neben dem Partherreich das Land war, mit dem es dauernde Kämpfe und Grenzunruhen gab, und das damit von größtem Interesse war. Auf der anderen Seite war der Stoff zu umfangreich, als daß er als Exkurs in den Rahmen der Annalen oder Historien aufgenommen hätte werden können. Der Zweck der Veröffentlichung wird gewesen sein, richtige und umfassende Kenntnisse über dieses wichtige Volk zu verbreiten, zumal der Kaiser sich damals gerade zur Ordnung der dortigen Verwaltung noch in Germanien befand.

Tacitus beschreibt ein Volk, mit dem er in hohem Maße vertraut ist, er muß es wohl aus eigener Anschauung gekannt haben. In der Schrift selbst findet sich allerdings kein unzweifelhafter Beleg dafür, die Übereinstimmung des literarischen Textes mit den archäologischen Befunden läßt daran aber keine ernsthaften Zweifel.

Der Germania zerfällt in zwei Teile, im ersten werden das Land und die Bewohner allgemein beschrieben, im zweiten wird gewissermaßen eine Liste der germanischen Völker und ihrer Eigenarten aufgestellt, die Tacitus sehr wohl im einzelnen charakterisieren kann.

Dabei geht er mit einem deutlichen Seitenblick auf die sittlichen Zustände in Rom vor; er unterläßt es nie, wenn sich eine Gelegenheit ergibt, die noch unverdorbenen Sitten der Germanen gegenüberzustellen. Dabei schießt er im Eifer gar manchmal über das Ziel hinaus und ist blind für Fehler der Germanen. Trotzdem ist es äußerst zweifelhaft, ob dieser früher so überbetonte Blickpunkt des Sittenspiegels der eigentliche Zweck der Arbeit war.

Genauso kann ein mehr politischer Aspekt angenommen werden, da Tacitus immer wieder auf die kriegerische Kraft und die politischen Tugenden und den Freiheitswillen insbesondere der Westgermanen zu sprechen kommt. Er mag vielleicht auch in seinem Unterbewußtsein geahnt haben, welche Gefahren dem römischen Reiche dereinst noch von den Germanen drohen würden, denn er sagt, daß ,Germanien schon 210 Jahre besiegt wurde' und daß ,mehr über sie triumphiert als gesiegt' wurde, was ein bezeichnendes Licht auf seine Einstellung des Konfliktes Germanien – Rom legt. Er spricht auch die Hoffnung aus, daß, wenn schon nicht Liebe zu Rom, so doch die Zwietracht und die Kämpfe der Germanen untereinander erhalten bleiben mögen, da dem Glück der Römer nichts besseres geschehen könne.

Die Historien sind wohl über einen längeren Zeitraum hin erschienen, einige Bände waren schon um 105 n. Chr. bekannt, das Gesamtwerk lag um 109 komplett vor. Insgesamt hatten die Historien 12 oder 14 Bücher, uns ist nur das erste Drittel mit den Büchern I bis IV und ein Teil des V. Buches erhalten. In den Historien beschreibt Tacitus die Geschichte seiner Zeit. Er hat sie noch selbst erlebt und die agierenden Personen gekannt. Die ersten zwei Bände beschreiben die Geschichte von der Ermordung Galbas und des von ihm adoptierten Piso über die Machtergreifung und die Regierung Othos bis zu dessen Selbstmord und der Kaiserproklamation des Vespasian. Band III behandelt den Bürgerkrieg des Jahres 69 und den Tod des Vitellius, in Band IV wird der Aufstand des Civilis behandelt, und der erhaltene Teil des Bandes V gibt einen vorbereitenden Überblick über die Sachlage in Judäa und über den endgültigen Abschluß der Auseinandersetzungen mit dem Civilis. Dieser Aufstand der Bataver unter dem Civilis bildet den Kern unserer Auszüge aus den Historien. Diese Geschichte ist so zügig und zusammenhängend erzählt, daß auf erklärende Zwischenüberschriften im Text verzichtet wurde.

Auch die Annalen, deren erste Bücher wohl in den Jahren 115 bis 117 n. Chr. verfaßt und auch veröffentlicht worden sind, sind uns nicht vollständig erhalten. Wir haben die Bände I bis IV vorliegen, dann noch den Anfang von Buch V und einen Teil von Buch VI. Die Bücher VII bis X und der Anfang von Buch XI sind verschollen. Erhalten sind dann wieder die Bücher XII bis XVI, wobei aber bei Buch XVI das Ende unvollständig ist.

Die Bücher I bis VI behandeln die Regierungszeit des Tiberius. Aus diesen Büchern interessieren uns besonders die Berichte über die Rebellion der römischen Legionen in Germanien und der anschließende Einfall der Römer in das Lippegebiet sowie die Feldzüge des Germanicus. Hier ist insbesondere der Bericht hervorzuheben, der das Schlachtfeld beschreibt, auf dem fünf Jahre vorher Varus mit seinen Legionen von Arminius geschlagen worden war.

Die Bücher VII bis XII, die größtenteils fehlen, beschrieben die Regierungszeiten der Kaiser Caligula und Claudius. Hier hätte ein Bericht über Scheinangriffe des Gaius Caligula gegen die Germanen und dessen vorgegebener Triumph – Sklaven wurden als Germanen ausgegeben – enthalten sein müssen.

Buch XII bis XVI behandelt die Geschichte Neros. Aus diesen Büchern betreffen nur einige wenige Abschnitte die Geschichte der Germanen, so Beschreibungen von den Aufständen der Chatten und der Friesen gegen die römische Herrschaft oder vom Krieg der Cherusker gegen die Chauker.

Die vorliegende Auswahl wurde aus den Gesamtwerken Caesars und Tacitus' unseres Verlages zusammengestellt:

Gaius Julius Caesar, Sämtliche Werke, übersetzt von Karl Blümel und Wolfgang Stammler

Cornelius Tacitus, Sämtliche erhaltene Werke, neu bearbeitet von Andreas Schaefer aufgrund der Übersetzung von Wilhelm Bötticher.

Die Germania des Tacitus habe ich dem Buch vorangestellt, obwohl sie zeitlich nach Caesars gallischem Krieg entstanden ist. Da sie aber weniger einen historischen Abriß gibt, als vielmehr eine Beschreibung von Land und Leuten, mag sie gewissermaßen eine antike Einleitung ersetzen. Die anderen Werke sind in der zeitlichen Abfolge der Ereignisse angeordnet. Einzelne Splitter aus den Werken des Caesar und des Tacitus, die sich nicht mit Germanien oder germanischen Stämmen, als vielmehr mit germanischen Soldaten in römischen Diensten beschäftigen, sind um der Übersichtlichkeit willen in einem eigenen Abschnitt zusammengefaßt. Sie tragen auch weniger zur Kenntnis unserer Vorgeschichte bei.

Kettwig, im April 1986   Andreas Schaefer

CORNELIUS TACITUS

GERMANIA

Die Grenzen Germaniens

1. Germanien insgesamt wird von den Galliern, Rätern und Pannoniern durch den Rhein- und Donaustrom, den Sarmaten und Daciern durch wechselseitige Furcht oder durch Gebirge geschieden. Das übrige umgrenzt der Ozean, weitausgedehnte Landspitzen und Inseln von unermeßlichem Umfange umfassend, mit einigen erst unlängst bekannt gewordenen Völkern und Königen, zu denen der Krieg den Weg eröffnet hat[1]. Der Rhein, auf einem unzugänglichen und jähen Gipfel der rätischen Alpen entspringend, wendet sich in mäßiger Biegung westwärts, und ergießt sich in den nördlichen Ozean. Die Donau, einer sanften und gemach aufsteigenden Höhe des Abnobagebirges[2] entströmend, durchfließt das Gebiet mehrerer Völker, bis sie in sechs Armen in das pontische Meer hinausbricht; ein siebter verliert sich in Sümpfen.

[1] Die Räter besiedelten Tirol und die Ostschweiz. – Die Pannonier wohnten am rechten Donauufer vom Wienerwald bis zur Savemündung; beide Völker illyrischer Abstammung. – Die Sarmaten waren Nomaden in den Steppen östlich der Weichsel. – Die Dacier wohnten im heutigen Siebenbürgen. – Unter trennenden Gebirgen versteht Tacitus die Karpathen. – Mit Inseln meint Tacitus die Dänemarks und Skandinavien, das noch lange unerforscht blieb und bis ins 11. Jahrhundert n. Chr. für eine Insel galt.
[2] Abnoba, der Schwarzwald.

Die Herkunft der Germanen

2. Die Germanen selbst möchte ich für Ureinwohner halten, und am wenigsten durch Einwanderungen anderer Völker und gastliche Verbindungen vermischt, weil einesteils ehedem diejenigen ja nicht zu Lande, sondern auf Flotten kamen, welche ihren Wohnsitz zu vertauschen suchten, andernteils der unermeßlich jenseits und, um mich so auszudrücken, für uns auf der Kehrseite sich ausdehnende Ozean von unserem Länderkreise aus nur selten zu Schiffe besucht wird. Wer möchte auch, ganz abgesehen von den Gefahren dieses grausenhaften und unbekannten Meeres, Asien, Afrika oder Italien verlassen und nach Germanien ziehen, einem wenig anmutigen Land, von rauhem Klima, und zur Bewohnung wie für das Auge trübselig für jeden, dem es nicht Vaterland ist.

Die Germanen feiern in alten Liedern, was bei ihnen die einzige Art von Überlieferung und Jahrbüchern ist, den der Erde entsprossenen Gott Tuisto und seinen Sohn Mannus als Stammväter und Gründer ihres Volkes. Dem Mannus schreiben sie drei Söhne zu, nach deren Namen die dem Ozean zunächst wohnenden Ingävonen, die in der Mitte Hermionen, die übrigen Istävonen heißen. Einige behaupten, wie es bei der Freiheit, die das Altertum gewährt, zu gehen pflegt, jener Gott habe noch mehr Söhne gehabt, und somit gebe es auch noch mehr Volksnamen, nämlich Marser[1], Gambrivier, Sueben und Vandalen, und das seien die wahren alten Namen. Dagegen sei der Name Germanien neu und erst unlängst hinzugekommen, weil ja diejenigen, welche zuerst den Rhein überschritten und die Gallier vertrieben hätten, jetzt Tungrer und damals Germanen genannt worden wären. So sei der Name eines Stammes allmählich zum Namen des ganzen Volkes erweitert worden, so daß nämlich alle zuerst von den Sie-

---

[1] Die Marser wohnten östlich vom Rhein; ebenso die Gambrivier.

gern, um Furcht einzujagen, hierauf auch von ihnen selbst, da der Name einmal erfunden war, Germanen genannt wurden[1].

3. Auch Herkules, erzählt man, sei einst bei ihnen gewesen, und ihn besingen sie zuvorderst unter allen Helden, wenn sie zur Schlacht ausziehen wollen. Dann haben sie auch noch Lieder, durch deren Anstimmung, Barditus von ihnen genannt, sie ihren Mut entflammen und den Ausgang des bevorstehenden Kampfes schon aus dem bloßen Klange vorausahnen. Denn sie erschrecken andere oder verzagen selbst, je nachdem die Schlachtreihe schallte, und es scheint dies nicht nur aus Worten zu bestehen, als vielmehr ein Einklang zum Ausdruck der Tapferkeit zu sein. Man strebt dabei besonders nach Rauheit des Tones und dumpfem Getöse, indem man den Schild vor den Mund hält, damit die Stimme desto voller und kräftiger durch das Zurückprallen derselben anwachse.

Übrigens meinen einige, auch Odysseus sei auf seiner langen und fabelhaften Irrfahrt in diesem Ozean verschlagen und nach Germanien gekommen, und Asciburgium[2], das, am Ufer des Rheins gelegen, noch heute blüht, sei von ihm begründet und benannt worden; ja, selbst ein von Odysseus geweihter Altar mit beigefügtem Namen seines Vaters Laertes sei an eben jenem Orte ehedem gefunden worden, so wie es noch jetzt auf der Grenze von Germanien und Rätien einige Denkmäler und Grabhügel mit griechischen Inschriften gebe. Dies alles bin ich mit Gründen weder zu bestätigen noch zu

---

[1] Diese Stelle ist in der Geschichtsforschung viel umstritten. Wir wissen nicht, woher Tacitus seine Angaben nahm. Die Entwicklung des Stammesnamens Germanen zum Namen des gesamten Volkes wird heute aber als geschichtlich gesichert betrachtet. Der Rest der Angaben des Tacitus wird als weniger zuverlässig angesehen. Vermutlich haben sich nur die Germanen selbst mit dem Volksnamen bezeichnet, die im römischen Reich lebten und lateinisch sprachen.

[2] Asciburgium, heute Asberg am Rhein, Stadtteil von Moers. Daß Odysseus bei seinen Irrfahrten bis nach Germanien gekommen sei, kann man als reine Sage abtun.

widerlegen willens; jeder mag ihm nach seiner eigenen Weise
den Glauben entziehen oder schenken.

4. Ich selbst trete der Meinung derer bei, die glauben, daß
Germaniens Völkerschaften, durch keine Heiratsverbindun-
gen mit andern Stämmen berührt, von Anbeginn ein eigenes,
unvermischtes und nur sich selbst ähnliches Volk gewesen
seien. Daher denn auch die Leibesbildung, trotz der großen
Menschenzahl, bei allen dieselbe ist: wildblickende blaue
Augen, rötliches Haar, hohe und nur zum Angriff kräftige
Gestalten, während sie Anstrengung und Arbeit nicht so leicht
aushalten. Am wenigsten sind sie durch Klima oder Bodenbeschaffenheit gewöhnt, Durst und Hitze, wohl aber Kälte und
Hunger zu ertragen.

Die Natur des Landes

5. Das Land, obgleich von nicht geringer Verschiedenheit im
Ansehen, ist im allgemeinen doch entweder von finstern Waldungen oder scheußlichen Sümpfen bedeckt[1], feuchter nach
Gallien, windiger nach Noricum und Pannonien hin, für
Kornsaaten ertragreich, für Obstbäume untauglich, an Vieh
reich, das jedoch meistens unansehnlich ist[2]. Nicht einmal
das Rindvieh hat sein sonst gewöhnliches stattliches Aussehen
und der Stirne Zier. Auf die Größe ihrer Herden sind sie stolz;
dies ist ihr einziger und liebster Reichtum. Silber und Gold

---

[1] Diese Beschreibungen des unwirklichen Germaniens finden wir auch bei Caesar, Strabo, Mela oder Plinius. Man darf sich trotzdem Germanien nicht als
eine Waldwildnis vorstellen. Der Wald hat zu Zeiten des Tacitus zwar einen
erheblich größeren Raum eingenommen, aber schon die Kopfzahlen, die für
die germanischen Heere und Völker angegeben wird, lassen auf eine stärkere
Besiedlung des Landes schließen. Zwischen den Wäldern muß weites Sied-
lungsland gelegen haben, das zum großen Teil schon seit vorgeschichtlicher
Zeit waldfrei und gut bebaut war.
[2] Das kann auf Nahrungsmangel zurückzuführen sein. Eine Verzwergung bei
den Haustieren Germaniens ist durch Funde nachgewiesen. Langhornige Rin-
derrasse waren nur bei den Römern bekannt.

haben ihnen, ich weiß nicht ob aus Huld oder im Zorn, die Götter versagt. Doch möchte ich nicht behaupten, daß keine Ader Germaniens Silber oder Gold erzeuge; denn wer hat nachgeforscht? Besitz desselben und Gebrauch zieht sie nicht sonderlich an[1]. Sieht man doch bei ihnen silberne Gefäße, welche ihre Gesandten und Häuptlinge zum Geschenk erhalten haben, ebenso gering geachtet als die aus Ton geformten. Trotzdem halten unsere Nachbarn, wegen des Gebrauches im Handel, Gold und Silber wert, und gewisse Münzen unserer Prägung kennen oder ziehen sie vor; die mehr im Innern Wohnenden bedienen sich einfacher und altertümlicher des Warentausches. Von Geld nehmen sie nur altes und lange bekanntes an, ausgezahnte oder mit dem Abzeichen eines Zweigespanns versehene Münzen[2]. Auch gehen sie mehr dem Silber als dem Golde nach, nicht aus irgend einer besondern Vorliebe, sondern weil ihnen die Menge der Silbermünzen zum Gebrauch bequemer ist, da sie gemeine und wohlfeile Waren zu erhandeln pflegen.

Das Kriegswesen

6. Nicht einmal Eisen ist in Überfluß vorhanden, wie sich aus der Art ihrer Waffen schließen läßt[3]. Selten führen sie Schwerter oder größere Lanzen. Speere oder, nach ihrem eigenen Ausdruck, Framen tragen sie mit einer schmalen und kurzen, doch so scharfen und so gut zum Gebrauche passenden Eisenspitze, daß sie mit derselben Waffe, wie es die Um-

---

[1] Diese Geringschätzung des Goldes bei Tacitus beruht auf der vorgefaßten Meinung, daß Naturvölker im Gegensatz zu den Römern genügsam und anspruchslos seien. Zahlreiche Schatzfunde und Grabbeigaben bezeugen das Gegenteil. Die Mattiaken besaßen Silbergruben im Taunus, Rohgold wurde allerdings meist eingetauscht.
[2] Münzen mit der Victoria auf dem Zwiegespann und mit gezahntem Rand wurden nur bis in Caesars Zeit geprägt.
[3] Zur Bewaffnung der Germanen vgl. auch Annalen II, 14.

stände erfordern, in der Nähe und aus der Ferne kämpfen. Der Reiter begnügt sich mit Schild und Frame; das Fußvolk schleudert auch noch Wurfgeschosse, deren einer mehrere führt. Sie werfen sie ungeheuer weit, weil sie nackt sind oder mit einem kleinen Kriegsmantel leicht bekleidet. Mit Waffenschmuck prahlen sie nicht; nur die Schilde bemalen sie mit den grellsten Farben. Wenige haben Panzer, kaum einer oder der andere eine Sturmhaube oder einen Helm. Ihre Pferde zeichnen sich weder durch Schönheit noch durch Schnelligkeit aus; aber sie werden auch nicht nach unserer Weise zu wechselnden Kreiswendungen abgerichtet; sie reiten geradeaus oder in einer Wendung nach rechts, und zwar in so geschlossener Schwenkungslinie, daß niemand zurückbleibt.

Im ganzen genommen besteht ihre größte Stärke im Fußvolk, und darum kämpfen sie auch gemischt, wobei die Schnelligkeit der Fußgänger, die sie, aus der ganzen Mannschaft auserlesen, vor die Schlachtreihe stellen, dem Reiterkampfe sich eng anzuschließen weiß. Auch die Anzahl ist bestimmt: immer hundert aus jedem Gaue bilden eine Gemeinschaft; darnach nennen sie sich auch untereinander, und was anfangs bloße Zahlbestimmung war, ist jetzt Name und Ehrentitel.

Die Schlachtordnung wird keilförmig aufgestellt. Vom Platze zu weichen, wenn man nur nachher wieder vordringt, halten sie mehr für Klugheit als für Furchtsamkeit. Die Leichen der ihrigen holen sie auch in unentschiedenen Schlachten fort. Den Schild im Stich gelassen zu haben ist die größte Schande, und dem Entehrten weder Opfern beizuwohnen noch in eine Versammlung zu kommen verstattet; ja, viele, welche sich aus den Kriegen gerettet, haben ihrer Schande durch Erhängen ein Ende gemacht.

7. Könige wählen sie nach dem Adel, Feldherrn nach der Tapferkeit. Wie die Könige keine unumschränkte oder willkürliche Gewalt haben, so befehligen auch die Feldherrn mehr durch Beispiel als durch Kommando, wenn sie tapfer, vor andern kenntlich und vor der Schlachtreihe tätig sind: die Bewunderung verschafft ihnen Gehorsam. Übrigens ist außer

den Priestern niemand berechtigt, jemand hinzurichten, zu
fesseln oder selbst zu schlagen. Dies alles geschieht nicht wie
zur Strafe, noch auf Geheiß des Feldherrn, sondern wie wenn
es die Gottheit geböte, von welcher sie glauben, daß sie bei
den Kämpfenden gegenwärtig sei, weshalb sie auch Bildnisse
und gewisse aus Hainen hervorgeholte Zeichen mit in die
Schlacht nehmen. Was aber einen ganz besonderen Sporn zur
Tapferkeit gewährt, ist das, daß nicht der Zufall oder unge-
fähre Zusammenhäufung das Geschwader oder den Keil bildet, sondern Familien und Verwandtschaften. Dabei haben sie
ihre Lieben ganz in der Nähe, so daß das Geheul der Weiber
und das Gewimmer der Kinder vernommen werden kann.
Das sind für jeden die heiligsten Zeugen und die größten Lob-
redner. Zu den Müttern wie zu den Gattinnen bringen sie ihre
Wunden, und diese scheuen sich nicht, ihre Zahl und die Art
der Verwundung genau zu untersuchen. Ebenso bringen sie
den Kämpfenden Speisen und gewähren ihnen Ermunte-
rung.

8. Es wird erzählt, daß manche schon weichende und wan-
kende Schlachtordnung durch die Frauen wieder hergestellt
worden sei durch die Beharrlichkeit des Flehens, durch Entge-
genhalten ihrer Brust und Hinweisung auf die nahe Gefangenschaft, deren Gedanke sie um ihrer Weiber willen noch weit
empfindlicher peinigt, so daß man sich nachdrücklicher derjenigen Gaue versichert halten kann, von denen man unter den
Geiseln auch edle Jungfrauen einfordert. In ihnen, meinen sie
ja sogar, liege etwas Heiliges und Prophetisches, und deshalb
verschmähen sie weder ihren Rat, noch lassen sie ihre Aus-
sprüche unbeachtet. Unter dem Divus Vespasianus haben wir
Veleda[1] gesehen, die lange bei den meisten für eine Gottheit
galt; aber auch vor Zeiten haben sie Albruna und noch mehrere andere verehrt, nicht aus Schmeichelei und nicht als wollten sie Göttinnen aus ihnen machen.

---

[1] Zur Veleda vgl. Historien IV, 61.

Götter und religiöse Gebräuche

9. Unter den Göttern verehren sie am meisten den Merkur[1], dem sie an gewissen Tagen auch Menschenopfer darzubringen für recht halten. Herakles und Mars sühnen sie mit den erlaubten Tieropfern. Ein Teil der Sueben opfert auch der Isis. Woher dieser ausländische Opferdienst seinen Grund und Ursprung habe, ist mir nicht recht bekannt geworden, nur daß das Sinnbild schon, wie eine Liburne[2] gestaltet, lehrt, der Gottesdienst sei aus der Fremde her. Übrigens halten sie es mit der Größe des Himmlischen unvereinbar, die Götter mit Wänden zu umschließen, noch sie auf irgend eine menschenähnliche Weise abzubilden. Sie weihen ihnen Haine und Gehölze, und geben nur den Namen der Götter der geheimnisvollen Stätte, wofür nur ihre Ehrfurcht Augen hat.

10. Wahrzeichen und Lose beachten sie wie nur irgend jemand in der Welt. Die Art zu losen ist einfach. Sie zerschneiden eine von einem Fruchtbaume abgehauene Rute in kleine Reiser, und streuen diese, mit gewissen Merkzeichen versehen, regellos und wie es der Zufall will, über ein weißes Gewand aus. Dann hebt, bei öffentlichen Beratungen der Priester des Gaues, in Privatangelegenheiten aber der Familienvater selbst, nachdem er zu den Göttern gebetet und gen Himmel emporgeblickt, dreimal ein jedes auf und deutet sie nach dem vorher eingeschnittenen Zeichen. Wenn sie ungünstig sind, so findet über diese Sache für diesen Tag keine Beratung mehr statt; ist es aber erlaubt, so wird noch durch Wahrzeichen Beglaubigung erfordert. Das nun ist auch hier bekannt, daß man der Vögel Stimmen und Flug zu Rate zieht, dem Volke der Germanen aber ist eigentümlich, auch von Pferden Vorbedeutungen und Mahnungen auszuforschen. Sie werden öffentlich in jenen eben erwähnten Gehölzen und Hainen gehalten, weiß von Farbe und von keiner irdischen Arbeit berührt. Man

---

[1] Der Merkur entspricht dem Wotan (vgl. mercredi und Wednesday).
[2] Liburnen, leichte, schmale Schiffe nach ilyrischer Bauart.

spannt sie vor den heiligen Wagen, der Priester und der König oder das Oberhaupt des Gaues begleiten sie und beobachten ihr Wiehern und Schnauben. Keinem Wahrzeichen schenkt man größeren Glauben, nicht allein beim Volke, sondern auch bei den Großen und bei den Priestern; denn sich selbst halten sie für Diener, jene aber für Vertraute der Götter. Es gibt aber auch noch eine andere Beobachtung von Wahrzeichen, womit man den Ausgang schwerer Kriege erforscht. Sie stellen aus dem Volke, mit welchem der Krieg geführt wird, den ersten besten Gefangenen, dessen sie sich bemächtigt haben, mit einem aus ihren Landsleuten Auserkorenen, jeden in seinen vaterländischen Waffen, zum Zweikampf zusammen. Der Sieg des einen oder des andern wird als Vorentscheidung angesehen.

Politisches und soziales Leben

11. Über geringere Sachen ratschlagen die Häupter, über größere alle, jedoch so, daß auch das, worüber das Volk zu bestimmen hat, von den Häuptern erst in Überlegung gezogen wird. Sie kommen, wenn nicht ein zufälliges und plötzliches Ereignis vorfällt, an bestimmten Tagen, entweder bei Neumond oder bei Vollmond, zusammen; denn sie halten dies für den günstigsten Anfangspunkt von Geschäften. Auch rechnen sie nicht, wie wir, nach Tagen, sondern nach Nächten[1]. Auf diese Weise setzen sie Termine fest und treffen Verabredungen. Die Nacht erscheint als Führerin des Tages. Eine nachteilige Folge der Freiheit ist es, daß sie nicht zugleich und nicht wie Leute, denen es anbefohlen ist, zusammenkommen, sondern daß selbst der zweite und dritte Tag über dem Zögern der sich Versammelnden hingeht. Sobald es dem Haufen gutdünkt, setzen sie sich bewaffnet nieder. Von den Priestern wird

---

[1] „Sie zählen nach Nächten" wie viele alte Völker; vgl. Fastnacht, Weihnacht, Sonnabend, sennight und fortnight.

Schweigen geboten, welche dann auch das Strafrecht haben.
Dann läßt sich der König oder ein Häuptling, wie Alter, wie
Adel, wie Kriegsehre, wie Wohlredenheit einen jeden berechtigt, vernehmen, mehr mit dem Ansehen der Überredung, als
mit der Macht des Befehls. Mißfällt der Antrag, so verwerfen
sie denselben mit Gemurr, gefällt er, so schlagen sie die Framen zusammen. Die ehrenvollste Art der Beistimmung ist das
Lob mit den Waffen.

12. Erlaubt ist, vor der Versammlung auch zu klagen und auf
Todesstrafe anzutragen. Der Unterschied der Strafen richtet
sich nach dem Vergehen. Verräter und Überläufer hängen sie
an Bäumen auf; Feige, Kriegsscheue, am Körper Geschändete
versenken sie, noch Flechtwerk darüber werfend, in Schlamm
und Sumpf. Die Verschiedenheit dieser Bestrafung deutet darauf hin, daß man Verbrechen durch die Strafe an das Licht
bringen, Schändlichkeiten dagegen verhüllen müsse. Doch
auch auf leichtere Vergehen steht eine angemessene Strafe; die
Überführten müssen mit einer bestimmten Zahl von Pferden
und Schafen büßen; ein Teil der Buße wird dem Könige oder
der Gemeinde, der andere dem Beleidigten selbst oder seinen
Verwandten entrichtet. Ferner wählt man auch in diesen Versammlungen die Häupter, welche in den Gauen und Dörfern
Recht sprechen. Jedem steht ein Geleit von Hunderten aus
dem Volke zugleich als Rat und zu größerem Ansehen zur
Seite.

13. Nichts aber, weder von öffentlichen noch Privatgeschäf-
ten, verhandeln sie anders als bewaffnet. Jedoch erlaubt keinem die Sitte, früher die Waffen zu tragen, als die Gemeinde
ihn dazu bewährt gefunden hat. Dann schmückt den Jüngling
in der Versammlung selbst entweder eins der Häupter, oder
der Vater, oder ein Verwandter mit dem Schilde und der
Frame. Das ist ihre Toga, das ihr erster Jugendschmuck; vorher erscheinen sie nur als Glieder der Familie, dann erst als die
des Gemeinwesens. Hohe Herkunft oder große Verdienste der
Väter verschaffen auch den unreifen Jünglingen die Anerkennung des Häuptlings. Die übrigen werden den schon Kräftige-

ren und bereits längere Zeit Bewährten beigesellt, und keiner schämt sich, in einem Gefolge zu erscheinen. Ja, es gibt sogar in der Gefolgschaft selber Abstufungen nach der Bestimmung dessen, welchem man sich angeschlossen hat; und groß ist sowohl der Wetteifer des Gefolges, wer den ersten Platz bei seinem Häuptling behaupten soll, als auch der der Häuptlinge, wer das zahlreichste und mutigste Gefolge habe. Darin besteht ihre Würde, darin ihre Macht, immer von einer großen Schar auserlesener Jünglinge umgeben zu sein, im Frieden zur Ehre, im Kriege zum Schutz. Und nicht bloß in ihrem eigenen Stamme, sondern auch bei den benachbarten Völkerschaften erwerben sie sich damit einen Namen und Ruhm, wenn sie sich durch die Menge ihres Gefolges und durch Tapferkeit hervortun; denn an sie wendet man sich mit Gesandschaften, sie ehrt man mit Geschenken, und recht oft beseitigen sie Kriege schon durch ihren bloßen Ruf.

14. Kommt es aber zum Kampfe, so ist es schimpflich für den Häuptling, an Tapferkeit übertroffen zu werden, schimpflich für das Gefolge, es der Tapferkeit des Häuptlings nicht gleichzutun. Das aber ist vollends für das ganze Leben eine Schande und eine Schmach, seinen Häuptling überlebend aus der Schlacht zurückzukommen. Ihn zu verteidigen, zu schützen, selbst seine eigenen Heldentaten seinem Ruhme zuzurechnen, ist die erste Pflicht. Die Häuptlinge kämpfen für den Sieg, das Gefolge für den Häuptling. Wenn der Gau, in welchem sie geboren, in langer Friedensruhe erschlafft, so ziehen die meisten Jünglinge von Adel unaufgefordert zu den Stämmen hin, die gerade einen Krieg führen, ebensowohl weil diesem Volke die Ruhe zuwider ist, als weil sie auch leichter in Gefahren zu Ruhm gelangen, und ein bedeutendes Gefolge sich nur gewaltsam und durch Krieg unterhalten läßt. Denn von der Freigebigkeit ihres Häuptlings verlangen sie ihr Streitroß, ihre blutige und sieggewohnte Frame; ferner gelten statt des Soldes Schmausereien und, wenn auch einfache, so doch reichliche Bewirtung. Mittel zu solchem Aufwande bieten nur die Kriege und der Raub, und nicht so leicht möchte man sie dazu über-

reden, das Land zu pflügen oder den Ertrag des Jahres abzu-
warten, als den Feind herauszufordern und sich Wunden zu
verdienen. Ja, es scheint ihnen sogar faul und träge, sich mit
Schweiß das zu erwerben, was man doch mit Blut gewinnen
kann.

15. So oft sie nicht in den Krieg ziehen, bringen sie viele Zeit
mit Jagen, mehr aber noch im Müßiggange hin, dem Schlafen
und Essen ergeben, die Tapfersten gerade und Kriegslustig-
sten ganz unbeschäftigt. Die Sorge für Haus und Herd sowie
für ihre Felder den Frauen, Greisen und überhaupt den
Schwächsten in der Familie überlassend, leben sie selbst in den
Tag hinein, in sonderbarem Widerspruche mit ihrer Natur, da
dieselben Menschen so sehr die Trägheit lieben und die Ruhe
hassen. Es ist Sitte, daß jeder Gau freiwillig und zwar Mann
für Mann den Häuptlingen entweder Hornvieh oder Früchte
darbringt, was, als Ehrengabe angenommen, auch den Be-
dürfnissen abhilft. Sie freuen sich besonders an Geschenken
von benachbarten Völkern, die nicht bloß von einzelnen, sondern auch im Namen des Landes geschickt werden, wie auserlesene Pferde, schwere Waffen, Pferdeschmuck und Halsketten.
Schon haben wir sie auch Geld anzunehmen gelehrt.

Dörfer und Wohnsitze

16. Daß die Völker der Germanen keine Städte bewohnen, ist
hinreichend bekannt; sie dulden nicht einmal miteinander
verbundene Wohnsitze. Abgesondert und zerstreut bauen sie
sich an, wie ein Quell, ein Feld, ein Gehölz ihnen eben gefiel.
Dörfer legen sie nicht nach unserer Weise so an, daß die Gebäude verbunden sind und zusammenhängen, sondern jeder
umgibt sein Haus mit einem Raume, sei es zum Schutze gegen
Feuersgefahr, sei es aus Unwissenheit in der Baukunst. Nicht
einmal Mauersteine und Ziegel sind bei ihnen in Gebrauch; zu
allem bedienen sie sich rohen Holzes, ohne Schönheit und
Anmut. Einige Stellen bestreichen sie sorgfältiger mit einer so

reinen und glänzenden Erde, daß sie wie Malerei und Farben-
zeichnung aussieht. Sie pflegen auch unterirdische Höhlen
auszugraben, und belasten diese oben noch mit vielem Dün-
ger, als Zufluchtsstätte für den Winter und zum Behältnis für
die Früchte, weil sie die Strenge der Kälte durch solche Anla-
gen mildern, und, wenn einmal der Feind kommt, er nur das
Offenliegende verheert, während das Verborgene und Vergra-
bene entweder unbemerkt bleibt, oder es eben deshalb ent-
geht, weil man es suchen muß.

Die Kleidung

17. Zur Bedeckung haben alle einen Kittel, der mit einer
Spange, oder wenn diese nicht vorhanden ist, mit einem Dorn
zusammengehalten wird; im übrigen bringen sie ganze Tage
unbedeckt neben dem Herde am Feuer zu. Die Wohlhabend-
sten zeichnen sich durch ihre Kleidung aus, die nicht, wie die
der Sarmaten und Parther, weit ist, sondern eng anschließt
und jedes Glied hervortreten läßt. Sie tragen auch Felle wilder
Tiere, die dem Rheinufer zunächst Wohnenden ohne viel darauf zu geben, die Entfernteren mit größerer Auswahl, weil sie
ja sonst durch Handel keinen Putz haben. Sie wählen sich
dazu besonderes Wild, ziehen ihm das Fell ab und besetzen es
hie und da mit Flecken und Häuten von Tieren, die der äußerste Ozean und ein unbekanntes Meer erzeugt. Die Tracht
der Frauen ist von der der Männer nicht verschieden, nur daß
die Frauen sich häufiger in Leinwand kleiden, diese mit Pur-
purstreifen zieren, und den oberen Teil der Kleidung nicht in
Ärmel auslaufen lassen; Oberarm wie Unterarm, sowie auch
der nächste Teil der Brust bleibt frei.

Ehe und Familie

18. Gleichwohl sind die Ehen dort streng, und in keinem
Punkt möchten ihre Sitten mehr zu loben sein. Denn sie sind
fast die einzigen unter den Barbaren, die sich mit einem Weibe

begnügen, äußerst wenige ausgenommen, mit denen, nicht
aus Sinneslust, sondern um ihres Adels willen, von allen Seiten
Eheverbindungen gesucht werden.

Mitgift bringt nicht das Weib dem Manne, sondern der Mann
dem Weibe zu. Zugegen sind Eltern und Verwandte, und
mustern die Geschenke, die nicht zu Weibertändeleien, nicht
zum Putz der Neuvermählten auserlesen sind, sondern es werden Rinder, ein aufgezäumtes Roß und ein Schild nebst
Frame und Schwert geschenkt. Gegen solche Geschenke wird
die Gattin in Empfang genommen und sie selbst bringt ihrem
Manne auch ein Waffenstück. Dies gilt ihnen als das stärkste
Band, dies als geheimnisvolle Weihe, dies als die Götter des
Ehebundes. Damit sich nicht die Frau von allen Gedanken an
männliche Tugenden und von allen Kriegsschicksalen ausgeschlossen wähne, wird sie schon durch die Vorzeichen der
beginnenden Ehe daran erinnert, sie komme als Gefährtin von
Beschwerden und Gefahren, werde im Frieden und im
Kampfe gleiches dulden und gleiches wagen. Dies kündigen
ihr die zusammengespannten Rinder, dieses das aufgeschirrte
Roß, dies die überreichten Waffen an, die ihr gegeben werden.
Damit muß sie leben, damit sterben; sie empfängt, was sie
ihren Kindern unentweiht übergeben muß, und was wert ist,
daß ihre Schwiegertöchter es empfangen und es so auch auf
die Enkel komme.

19. So leben sie denn in wohlbeschirmter Keuschheit, und
durch keine Lockungen von Schauspielen, keine Reizungen
von Gastmählern verführt. Die Heimlichkeiten der Briefe[1]
sind den Männern so gut wie den Frauen unbekannt. Sehr
selten für ein so zahlreiches Volk ist der Ehebruch, dessen
Bestrafung unverzüglich geschieht und den Gatten überlassen
bleibt. Vor den Augen ihrer Verwandten jagt sie der Ehe-

---

[1] In diesem und den folgenden Kapiteln idealisiert Tacitus das sittliche Leben
der Germanen, um es in den Gegensatz zum Sittenverfall Roms zu stellen. So
manche dieser Angaben passen überhaupt nicht auf die Germanen, so das
Fehlen geheimer Liebesbriefe hier bei einem Volk, das die Schrift gar nicht
kennt, so das Fehlen des Wuchers und der Geldanlage unten in Kap. 26,
obwohl es gar keine Geldwirtschaft gibt.

mann, entblößt und mit abgeschnittenem Haupthaare, aus dem Hause und treibt sie mit einer Geißel durch das ganze Dorf. Preisgegebener Keuschheit gewährt man vollends keine Verzeihung; nicht durch Schönheit, nicht durch Jugend, nicht durch Reichtum fände ein solches Weib einen Mann. Denn hier lacht niemand über das Laster, und verführen und sich verführen lassen nennt man nicht den Geist der Zeit. Noch besser freilich sind die Volksstämme, in welchen nur Jung-frauen sich verheiraten, und es mit der Hoffnung und dem Gelübde der Gattin bei einem Male sein Bewenden hat. So empfangen sie nur einen Mann, wie nur einen Leib und ein Leben, so daß kein Gedanke darüber hinaus, kein Verlangen weiter reicht, und sie nicht sowohl den Ehemann in ihrem Gatten lieben als die Ehe selbst. Die Zahl der Kinder zu beschränken oder irgend einen von den Nachgeborenen zu töten, wird für eine Missetat gehalten, hier vermögen gute Sitten mehr als anderswo gute Gesetze.

20. In jedem Hause wachsen sie halbnackt und schmutzig zu dem Gliederbau, zu der Leibesgestalt empor, die wir bewun-dern. Jeden nährt seine eigene Mutter an ihrer Brust, Mägden und Ammen werden sie nicht überwiesen. Den Herrn und Knecht kann man in keiner Art durch weichlichere Erziehung unterscheiden; unter demselben Vieh, an demselben Erdbo-den halten sie sich auf, bis das Alter die Freigeborenen abson-dert und Tapferkeit sie kenntlich macht. Spät erwacht beim Jünglinge die Sinnlichkeit, und darum ist seine Manneskraft unerschöpft. Auch mit den Jungfrauen eilt man nicht; ihre Jugendkraft ist dieselbe wie bei den Jünglingen, ihre hohe Gestalt ähnlich. Gleich an Alter und Stärke verehelichen sie sich, und von der Kraft der Eltern zeugen die Kinder. Die Söhne der Schwestern sind gleich angesehen bei dem Oheim wie bei dem Vater. Einige halten diese Blutsverwandtschaft für noch heiliger und enger, und ziehen, wenn sie Geiseln neh-men, diese vor, als seien sie sowohl für das Herz ein festeres, als für das Haus ein umfassenderes Band. Zu Erben jedoch und Nachfolgern hat jeder seine eigenen Kinder: Testamente gibt

es nicht[1]. Sind keine Kinder vorhanden, so haben die nächsten Ansprüche auf den Besitz, Brüder und Oheime von väter-
licher und mütterlicher Seite. Je mehr Angehörige, je größer
die Zahl der Anverwandten, desto angesehener ist das Alter:
Kinderlosigkeit bringt nicht den mindesten Gewinn.

21. Feindschaften, sei es des Vaters oder eines Angehörigen,
ebenso wie Freundschaften derselben zu übernehmen, ist Gesetz. Doch dauern sie nicht unversöhnlich fort. Denn selbst der
Totschlag wird mit einer bestimmten Zahl von Rindern oder
Schafen gesühnt, und das ganze Haus läßt sich die Genugtuung gefallen, ein Glück für das allgemeine Wohl, weil ja
Feindschaften neben der Freiheit um so gefährlicher sind.

Sitten und Privates Leben

Gelage und Gastlichkeit liebt wohl kein anderes Volk so ohne
Grenzen. Irgend jemand, wer es auch sei, von seinem Hause
wegzuweisen, wird für frevelhaft gehalten; ein jeder bewirtet
ihn nach Vermögen, indem er ihm ein Mahl zurichtet. Ist das
aufgezehrt, dann gehen sie, der, welcher soeben Wirt gewesen,
nun Wegweiser zu gastlicher Aufnahme und Begleiter, ungela-
den in das nächste Haus; auch macht dies keinen Unterschied:
mit gleicher Freundlichkeit nimmt man beide auf. Zwischen
einem Bekannten und einem Unbekannten macht, was das
Recht des Gastes anlangt, niemand einen Unterschied. Es ist
Sitte, dem Scheidenden zu gewähren, was er etwa fordert;
dagegen nimmt man ebensowenig Anstand, auch von ihm
etwas zu fordern. Man freut sich über Geschenke, rechnet aber
weder das Geben derselben an, noch fühlt man sich durch ihre
Annahme zu irgend etwas verpflichtet. Die gegenseitige
Dienstfertigkeit ist das Band, welches den Gast mit seinem
Wirte verbindet.

---

[1] Testamente gab es nicht. Das Eigentum mußte in der Familie bleiben; Anspie-
lung auf römische Erbschleicherei.

22. Gleich nach dem Schlafe, den sie gewöhnlich bis in den Tag ausdehnen, baden sie, in der Regel warm, da ja bei ihnen meistens Winter ist. Nach dem Bade nehmen sie Speise zu sich; jeder hat seinen besondern Sitz und seinen eigenen Tisch. Dann gehen sie an ihre Geschäfte und nicht minder oft in Waffen zu Gastgelagen. Tag und Nacht in einem fort zu zechen, gereicht keinem zur Schande. Die unter Berauschten natürlich häufigen Zänkereien enden selten bloß mit Schimpfreden, häufiger mit Mord und Blutvergießen. Aber auch über Aussöhnung von Feinden, Verschwägerungen, Häuptlingswahlen, ja über Krieg und Frieden ratschlagen sie meistenteils bei Gastgelagen, als ob zu keiner Zeit das Herz so sehr für aufrichtige Gesinnung empfänglich und voll Begeisterung für erhabene sei. Dieses weder listige noch verschlagene Volk enthüllt noch die Geheimnisse seiner Brust in der Ungebundenheit, die der Ort gewährt. Was sich nun so unverhüllt und offen ausgesprochen, wird am folgenden Tage wieder vorgenommen; man hat beide Zeiten gut berechnet; sie überlegen, wenn sie unfähig sind sich zu verstellen, und beschließen, wenn sie sich nicht täuschen können.

23. Zum Getränk dient ihnen ein Aufguß auf Gerste oder Korn, zu einiger Ähnlichkeit mit Wein gegoren. Die nächsten Uferanwohner erhandeln auch Wein. Ihre Speisen sind einfach: wildes Obst, frisches Wild oder geronnene Milch. Ohne besondere Zurüstung und ohne Leckereien vertreiben sie den Hunger. Gegen den Durst beobachten sie nicht dieselbe Mäßigkeit. Wollte man ihrer Trinksucht willfahren, indem man ihnen gäbe, soviel sie begehrten, so würden sie mindestens eben so leicht durch Laster, als durch Waffen zu besiegen sein.

24. Von Schauspielen haben sie nur eine Art und in jeder Gesellschaft dieselbe. Nackt stürzen sich die Jünglinge, denen dies Vergnügen macht, im Sprunge zwischen Schwerter und feindlich drohende Framen. Die Übung hat Gewandtheit, die Anstand erzeugt, doch nicht um Gewinn oder Lohn, so gewagt auch der Mutwille ist, es belohnt ihn nur das Vergnügen der

Schauenden. Das Würfelspiel treiben sie, worüber man sich wundern möchte, nüchtern, ganz wie ein ernsthaftes Geschäft, mit solcher Verwegenheit bei Gewinn und Verlust, daß sie, wenn sie nichts mehr haben, auf den äußersten und letzten Wurf sogar ihre Freiheit und Person setzen. Der Überwundene begibt sich freiwillig in die Knechtschaft; ist er auch jünger und stärker, so läßt er sich dennoch binden und verkaufen. So groß ist ihr Starrsinn bei solcher Verkehrtheit: sie selbst nennen es Worthalten. Sklaven dieser Art verkaufen sie, um sich zugleich auch von der Schande ihres Sieges zu befreien.

25. Die übrigen Sklaven verwenden sie nicht so wie wir, daß die Geschäfte unter die Dienerschaft verteilt sind, sondern jeder schaltet über sein eigenes Haus und über seinen eigenen Herd. Eine bestimmte Menge Getreide, Vieh oder Kleidungsstücke legt ihm der Herr wie einem Lehnsmann auf, und insoweit gehorcht er als Sklave. Die übrigen Geschäfte des Hauses verrichten Frau und Kinder. Einen Sklaven zu geißeln oder durch Bande und Arbeit zu züchtigen, ist selten. Zu töten pflegt man sie, nicht der Zucht und Strenge wegen, sondern in der Aufwallung und im Zorne, wie einen Feind, nur daß es ungestraft geschieht. Freigelassene stehen nicht viel über den Sklaven, haben selten einiges Gewicht im Hause, nie in der Gemeinde, lediglich die Völkerschaften ausgenommen, welche unter Königsherrschaft stehen. Denn da erheben sie sich selbst über Freigeborene, selbst über den Adel. Bei den übrigen ist eben das Nachstehen der Freigelassenen ein Beweis der Freiheit.

26. Geldgeschäfte zu machen und Geld auf Wucherzins zu legen, ist unbekannt und dadurch besser verhütet, als wenn es verboten wäre. Die Äcker werden der Anzahl der Bebauer gemäß von den Dörfern im Ganzen in Besitz genommen und man verteilt dieselben nach dem Range unter sich. Erleichtert wird das Teilungsgeschäft durch die weiten Räume der Felder. Mit den Saatfeldern wechselt man alljährlich, und es ist dazu an Acker Überfluß. Denn bei des Bodens Fruchtbarkeit und

weiter Ausdehnung strengen sie sich nicht an, Fleiß anzuwen-
den, um Obstpflanzungen anzulegen, Wiesen abzusondern
und Gärten zu bewässern: nichts als die Saat wird der Erde
anbefohlen. Daher teilen sie denn auch das Jahr schon in
weniger Abschnitte ein: für Winter, Frühling und Sommer
gibt es Begriffe und auch Benennungen, der Name des Herb-
stes ist, wie seine Gaben, unbekannt.

27. Bei Leichenbegängnissen findet keine Prunksucht statt.
Das allein wird beobachtet, daß man Leichen berühmter
Männer mit besonderen Holzarten verbrennt. Den Bau des
Scheiterhaufens überladen sie weder mit Decken noch mit
Spezereien; jedem werden seine Waffen, einigen auch ihr Roß
in das Feuer mitgegeben. Über der Grabstätte erhebt sich ein
Rasenhügel. Der Denkmäler hochragende und mühevolle
Ehre verschmähen sie, als drückend für die Abgeschiedenen.
Wehklagen und Tränen lassen sie bald, Schmerz und Trauer
spät aufhören. Den Frauen ziemt die Totenklage, den Män-
nern die Erinnerung.

Dies haben wir im allgemeinen vom Ursprung und den Sitten
der Germanen insgesamt erfahren. Jetzt will ich die Einrichtungen und Gebräuche der einzelnen Völkerschaften, sofern
sie voneinander verschieden sind, und welche Stämme aus
Germanien nach Gallien eingewandert sind, auseinanderset-
zen[1].

Die Stämme der Germanen

28. Daß die Gallier einst mächtiger gewesen sind, bezeugt als
vornehmster Gewährsmann Divus Julius Caesar[2]: daher ist
es glaublich, daß auch Gallier nach Germanien hinüberge-
wandert sind. Denn wie wenig konnte doch ein Strom es hin-

---

[1] Für die Wohngebiete der einzelnen Stämme sie auf die beigegebene Karte
verwiesen.
[2] Gaius Julius Caesar.

dern, daß, wenn Völkerschaften stark geworden waren, sie gemeinsame und durch keine Reichsgewalt getrennte Wohnsitze einnahmen und mit den früheren vertauschten? So ließen sich zwischen dem hercynischen Walde[1], den Flüssen Rhein und Main die Helvetier, weiterhin die *Boier* nieder, beides gallische Völkerschaften. Noch lebt der Name Boiaemum fort, und deutet auf die alten Zeiten des Landes hin, obwohl seine Bewohner gewechselt haben. Ob aber die *Aravisker* von den *Osen*, einem germanischen Stamme, nach Pannonien, oder die Osen von den Araviskern nach Germanien gewandert sind, da sie noch heute gleiche Sprache, Einrichtungen und Sitten haben, ist ungewiß, weil ehedem bei gleicher Dürftigkeit und Freiheit die Vorzüge und Mängel beider Ufer einander gleich waren. Die *Treverer* und *Nervier* wetteifern sogar in der Behauptung germanischen Ursprungs, als ob sie sich durch diesen Ruhm der Blutsverwandtschaft von der Ähnlichkeit und Schlaffheit der Gallier entfernten. Die Rheinufer selbst bewohnen unstreitig germanische Völker, *Vangionen, Triboker* und *Nemeter*. Selbst die Ubier erröten, obwohl sie durch ihre Verdienste eine Römerkolonie geworden und sich lieber Agrippinenser nach dem Namen ihrer Gründerin[2] nennen, über ihren Ursprung nicht, nachdem sie vorzeiten herübergekommen und, da sie sich treu bewährt, dicht am Rheinufer angesiedelt worden sind, damit sie selbst die Germanen abwehren sollten, und nicht um bewacht zu werden.

29. Unter allen diesen Völkern sind die ersten an Tapferkeit die *Bataver*. Sie bewohnen einen kleinen Teil der Ufergegend sowie die Insel des Rheinstroms. Einst waren sie ein Zweig der *Chatten*, und wanderten erst wegen einheimischen Zwiespalts in diese Gegend aus, um darin mit zum römischen Reiche zu kommen. Noch hat die Ehre und Auszeichnung alter Bundesgenossenschaft Bestand: kein Tribut erniedrigt sie, kein Steuer-

---

[1] Mit den hercynischen Wäldern werden die deutschen Mittelgebirge bezeichnet.

[2] Agrippinenser nannten sich die Ubier nach der Gattin des Claudius.

pächter saugt sie aus. Frei von Lasten und Lieferungen, und ausgesondert, um nur in Schlachten verwendet zu werden, spart man sie wie Wehr und Waffen für die Kriege auf. In demselben Abhängigkeitsverhältnis steht auch der Stamm der Mattiaker. Denn über den Rhein und die alten Grenzen hinaus hat die Größe des Römervolkes die Ehrfurcht vor seiner Herrschaft auszudehnen gewußt. So leben sie, was Wohnsitz und Gebiet betrifft, auf ihrem Uferlande, mit Herz und Sinn für uns, im übrigen den Batavern ähnlich, nur daß sie schon infolge der Bodenbeschaffenheit und des Klimas ihres Landes noch geweckteren Sinnes sind.

Nicht möchte ich, wiewohl sie sich jenseits des Rheines und der Donau niedergelassen haben, diejenigen zu den Völkern Germaniens zählen, die das dekumanische Land[1] bebauen. Das loseste, aus Armut unternehmungslustige Gesindel der Gallier besetzte es, da der Grundbesitz zweifelhaft war. Nachher zog man den Grenzwall und ließ die Posten dahin weiterrücken, so daß es nun als Vorland es Reichs und Teil der Provinz betrachtet wird.

30. Über diese hinaus beginnt zuerst mit dem hercynischen Walde das Gebiet der *Chatten*. Diese Gegenden sind nicht so flach und sumpfig, wie die übrigen Gaue in den Ebenen Germaniens. Es ziehen sich nämlich Hügel ganz hindurch, und werden nur allmählich seltener; der hercynische Wald begleitet seine Chatten, und verläßt sie erst an ihrer Grenze. Dieses Volk hat einen festeren Körperbau, gedrungene Glieder, einen drohenden Blick und größere Regsamkeit des Geistes. Groß ist, für Germanen, ihr Verstand und ihre Gewandtheit. Sie wählen sich ihre Befehlshaber, leisten ihnen dann Gehorsam, kennen Reih und Glied, nehmen Gelegenheiten wahr, verschieben den Angriff, machen ihre Einteilung für den Tag, Umwallung für die Nacht, halten Glück für etwas Ungewisses,

---

[1] Dekumatenland liegt zwischen Rhein, Donau und Limes.

Tapferkeit für das Gewisse, und rechnen, was so selten und sonst nur römischer Kriegszucht gegeben ist, mehr auf den Feldherrn als auf das Heer. Ihre ganze Stärke besteht im Fußvolk, welches sie außer den Waffen auch noch mit Eisengerät und Mundvorrat belasten. Andere Völker sieht man in die Schlacht ziehen, die Chatten in den Krieg. Streifzüge und zufälliger Kampf sind selten. Freilich ist das eine Eigentümlichkeit der Reitermacht, den Sieg schnell zu erkämpfen und sich schnell zurückzuziehen; aber Schnelligkeit ist der Furcht verwandt, und Bedachtsamkeit steht festem Mute näher.

31. Eine Sitte, die auch bei andern Völkern der Germanen vorkommt, aber nur selten und als Beweis der Tatenlust einzelner, die ist bei den Chatten allgemein geworden, sobald sie ins Jünglingsalter getreten sind, Haupthaar und Bart wachsen zu lassen, und erst nach Erlegung eines Feindes die der Tapferkeit gelobte und verpflichtete Gestaltung ihres Antlitzes wieder abzulegen. Über Blut und Waffenbeute enthüllen sie die Stirn, und meinen nun erst die Schuld ihres Daseins abgetragen zu haben und ihres Vaterlandes sowie ihrer Eltern würdig zu sein. Feige und Kriegsscheue behalten ihr zottiges Aussehen. Die Tapfersten tragen überdies einen eisernen Ring – bei diesem Volke eine Schande – wie eine Fessel, bis sie sich durch Tötung eines Feindes davon erlösen.

Sehr vielen Chatten gefällt dieses Äußere, und sie haben oft schon bei grauem Haar noch diese Auszeichnung und sind deshalb wie bei den Feinden so bei ihren Landsleuten auch hochangesehen. In allen Schlachten machen sie den Anfang, sie sind stets die erste Schlachtreihe, ein befremdender Anblick; nimmt ihr Antlitz doch im Frieden selbst kein milderes Ansehen an. Keiner hat eine Wohnung oder ein Feld oder irgendein Geschäft: zu wem sie gerade kommen, von dem werden sie ernährt, Verschwender fremden Guts, des eigenen Verächter, bis kraftloses Alter sie zu so rauher Kriegsmannsweise unfähig macht.

32. Den Chatten zunächst wohnen am Rhein, wo sein Bett

schon sicher ist und er als Grenze genügt, die *Usiper* und *Tenkterer*. Letztere zeichnen sich außer dem gewöhnlichen Ruhme in Kriegen noch besonders durch kunstmäßig geübte Reiterei aus, und die Berühmtheit des chattischen Fußvolks ist nicht größer als die der tenkterischen Reiter. So ordneten es die Vorfahren an, die Nachkommen machen es ebenso. Darin bestehen die Spiele der Kinder, darin der Wettstreit der Jünglinge, und noch die Greise halten daran fest. Wie Gesinde, Haus und Hof, sowie alle Gegenstände des Erbrechtes, so erben auch die Pferde fort. Einer von den Söhnen erhält sie, jedoch nicht gerade, wie das übrige, der älteste, sondern wer der mutigste im Kriege und der ausgezeichnetste ist.

33. Neben den Tenkterern saßen ehedem die *Brukterer*; jetzt sollen dort die *Chamaver* und *Angrivarier* eingewandert sein, nachdem die Brukterer von den vereinten Nachbarvölkern geschlagen und gänzlich ausgerottet worden sind, sei es aus Haß wegen ihres Übermutes, sei es aus Beutelust oder vermöge einer gewissen Gunst der Götter gegen uns. Denn selbst den Anblick des Kampfes gönnten sie uns; über sechzigtausend fielen nicht durch Waffen und Geschosse, sondern, was noch glanzvoller ist, zum Ergötzen und zur bloßen Augenweide Roms. Möchte doch, so flehe ich, diesen Völkern bleiben und fortbestehen, wenn nicht Liebe zu uns, so doch Haß widereinander, weil bei dem drohenden Verhängnis des Reiches das Schicksal uns nichts Größeres gewähren kann, als die Zwietracht der Feinde!

34. An die Angrivarier und Chamaver schließen sich im Rükken die *Dulgubnier, Chasuarier* und andere nicht eben häufig erwähnte Völkerstämme an; vorn stoßen an sie die Friesen. Groß- und Kleinfriesen heißen sie, nach Maßgabe ihrer Macht. Beide Stämme ziehen sich den Rhein entlang bis an den Ozean, und außerdem noch um ungeheure Seen herum, die auch schon von Römerflotten befahren worden sind. Haben wir uns doch hier selbst auf dem Ozean schon versucht, und so hat die Sage denn erzählt, es seien hier noch Säulen des

Herkules[1]; mag wirklich Herkules hierhergekommen sein, oder sind wir nur einmal gewohnt, alles Große, wo es irgend sein mag, auf seine Verherrlichung zurückzuführen. Auch fehlte es dazu dem Drusus Germanicus nicht an Kühnheit; aber der Ozean widerstand den Nachforschungen über sich wie über Herkules. Nachher hat es niemand wieder versucht; es schien frommer und ehrfurchtsvoller, was der Götter Taten anbetrifft, zu glauben als zu wissen.

35. Soweit kennen wir Germanien gegen Westen hin. Nach Mitternacht springt es in einem ungeheuern Bogen vor. Gleich zuerst zieht sich das Volk der *Chauken*, obwohl es schon bei den Friesen beginnt und einen Teil der Küste einnimmt, an der Seite all der Völker, die ich aufgezählt habe, entlang und biegt endlich bis in das Chattenland hinein. Einen so unermeßlichen Länderraum haben die Chauken nicht bloß inne, sondern füllen ihn auch aus, eine Völkerschaft, die unter den Germanen die angesehenste ist und dabei ihre Größe doch am liebsten durch Gerechtigkeit zu behaupten sucht. Ohne Habgier, ohne Herrschsucht, still und für sich, reizen sie zu keinem Kriege, erlauben sich keine Plünderungen und Räubereien. Das gerade ist der vorzüglichste Beweis ihrer Tapferkeit und ihrer Stärke, daß sie ihre Überlegenheit nicht durch Ungerechtigkeiten zu erlangen suchen. Doch haben alle ihre Waffen in Bereitschaft, und, wenn es die Umstände erfordern, ein Heer, eine große Menge von Männern und Rossen: auch wenn sie sich ruhig verhalten, bleibt ihr Ruf derselbe.

36. Zur Seite der Chauken und Chatten lebten die *Cherusker*

---

[1] Als Säulen des Herkules galten im Altertum vor allem die Vorgebirge an der Meerenge von Gibraltar. Daß im Zusammenhang mit einem vom Drusus unternommenen Kriegszug das Gerücht entstanden war, es gebe auch in der Nordsee Säulen des Herkules, kann nur durch den Anblick von Helgoland verursacht sein. Damals gab es neben dem heute noch vorhandenen Buntsandsteinfelsen auf der vorgelagerten Düne noch einen weißen Felsen in fast derselben Höhe. Der Rest von diesem Felsen ist erst 1711 von einer Springflut davongespült worden.

lange unangefochten einen allzu langen und schlaffen Frieden.
Das war denn für sie mehr behaglich als sicher, weil eine Ruhe
mitten unter Herrschsüchtigen und Starken trügerisch ist; wo
es auf die Faust ankommt, sind Mäßigung und Rechtschaffen-
heit nur Namen für den Überlegenen. So werden die Cherusker, die vordem brav und rechtschaffen hießen, jetzt feige und
töricht genannt; den Chatten, welche Sieger blieben, rechnete
man das Glück als Klugheit an. Mit hineingezogen in den
Sturz der Cherusker wurden auch die Fosen, ein benachbarter
Stamm, im Mißgeschick gleichgeltende Gefährten, während
sie im Glück schwächer gewesen waren.

37. Dieselbe Landspitze von Germanien zunächst am Ozean
bewohnen die *Cimbern*, jetzt eine kleine Völkerschaft; doch ist
ihr Ruhm unendlich groß, und noch weit umher bestehen
Spuren ihres alten Rufes fort, diesseits und jenseits des Rheins
weite Lagerplätze, aus deren Umfang man noch jetzt die
Masse und Stärke des Volkes ermessen kann, sowie die Glaub-
haftigkeit einer so bedeutenden Auswanderung.

Im sechshundertundvierzigsten Jahre[1] befand sich unsere
Stadt, als man zuerst von den Waffen der Cimbern hörte,
unter dem Konsulat des Caecilius Metellus und des Papirius
Carbo. Rechnen wir von da bis auf das zweite Konsulat des
Kaisers Trajan, so kommen ungefähr zweihundertundzehn
Jahre heraus. So lange wird Germanien besiegt! Innerhalb
dieses so langen Zeitraumes gab es wechselseitig viele Verluste.
Nicht die Samniten, nicht die Punier, nicht Hispanien oder
Gallien, selbst nicht die Parther haben uns häufigere Mah-
nungen gegeben. Denn gewaltiger als Arsaces[2] Thron ist die
Freiheit der Germanen. Was dürfte uns das unter einen Venti-
dius gebeugte Morgenland wohl weiter als die Niederlage des
Crassus vorzuhalten haben, wobei es noch dazu selbst Pacorus

---

[1] 113 v. Chr.
[2] Arsaces, ein Partherkönig.

verlor? Die Germanen dagegen raubten dem Volke Roms, als
sie Carbo, Cassius, Aurelius Scaurus, Servilius Caepio und
auch Marcus Manlius geschlagen oder gefangen genommen
hatten, zugleich fünf konsularische Heere, Varus und mit ihm
drei Legionen sogar dem Caesar[1], und nicht ohne Verlust
schlug Gaius Marius sie in Italien, Julius Caesar in Gallien,
Drusus, Nero und Germanicus in ihrer eigenen Heimat nieder.
Bald darauf wurde des Gaius Caesar[2] mächtiges Drohen
zum Gespött, und nun trat Ruhe ein, bis sie auf Veranlassung
unserer Zwietracht und unserer Bürgerkriege die Winterlager
der Legionen eroberten und es selbst auf Gallien absahen; und
auch als man von da sie wiederum vertrieben hatte, haben wir
in den letzten Zeiten mehr über sie triumphiert[3] als sie besiegt.

38. Nun ist von den *Sueben* zu reden, die nicht wie die Chatten
und Tenkterer ein Volk bilden. Sie haben nämlich den größten Teil Germaniens inne, und zerfallen wieder in besondere
Stämme mit eigenen Namen, obwohl sie im allgemeinen Sueben genannt werden. Abzeichen dieses Volkes ist es, das Haar
schräg über den Kopf zu nehmen, und in einen Knoten zu-
sammenzuschürzen. So unterscheiden sich die Sueben von den
übrigen Germanen, so unter ihnen wieder selbst die Freigeborenen von den Sklaven. Bei andern Völkern geschieht dies, sei
es infolge von Verwandtschaft mit den Sueben, oder, was ja
häufig der Fall ist, aus Nachahmung, doch selten und nur in
der Jugendzeit; bei den Sueben nimmt man, sogar bis es grau
ist, das starre Haar aufwärts zusammen und knüpft es häufig
bloß am Scheitel selber fest; die Großen tragen es auch wohl
mit größerer Sorgfalt geschmückt. Darin besteht ihre Sorge für
Schönheit, die jedoch unverfänglich ist; denn nicht um zu
lieben und geliebt zu werden, sondern gleichsam für des Fein-

---

[1] Der Caesar ist hier Augustus.
[2] Gaius Caesar ist hier Caligula.
[3] Vgl. Agricola, Kap. 39.

des Auge schmücken sie sich so, wenn sie in den Krieg ziehen wollen, zu einer gewissen Hoheit und zum Schrecken aufgeputzt.

39. Für die ältesten und edelsten der Sueben geben sich die *Semnonen* aus. Der Glaube an ihr Alter wird durch ihre Religion bestärkt. Zu einer festgesetzten Zeit kommen nämlich in einem durch die Weihe der Väter und altertümliche Ehrfurcht geheiligten Walde alle Völker desselben Gebüts, durch Abgeordnete vertreten, zusammen und beginnen mit einem öffentlichen Menschenopfer die schauderhafte Feier dieses barbarischen Brauches. Auch auf eine andere Weise noch bezeugt man dem Haine seine Ehrerbietung. Niemand tritt anders als mit einer Fessel angetan hinein, um sich dadurch als unterwürfig und der Gottheit Allmacht zu bekennen. Ist er etwa einmal hingefallen, so ist ihm nicht erlaubt, sich aufhelfen zu lassen und aufzustehen; auf dem Boden wälzt man sich hinaus. Darauf bezieht sich überhaupt der ganze Aberglaube, daß von hier der Ursprung des Volkes ausgegangen, hier der über alles waltende Gott, alles übrige aber untertan und dienstbar sei. All dem verschafft der Wohlstand der Semnonen noch mehr Ansehen. Sie wohnen in hundert Gauen, und schon die Größe ihrer Körperschaft bewirkt, daß sie ihren Stamm für das Haupt der Sueben halten.

40. Die *Langobarden* dagegen adelt ihre geringe Zahl. Rings von sehr vielen und sehr kräftigen Völkerstämmen umgeben, schützen sie sich nicht durch Unterwürfigkeit, sondern durch gefahrvolle Schlachten. Die *Reudigner* sodann, die *Avionen*, die *Anglen*, die *Variner*, die *Eudosen*, die *Suardonen* und die *Muithonen* sind durch Flüsse oder Wälder geschirmt, und nichts ist bei ihnen besonders bemerkenswert, als daß sie gemeinsam die Nerthus, das ist die Mutter Erde, verehren, und glauben, sie greife in die Verhältnisse der Menschen ein und fahre bei den Völkern umher. Auf einer Insel des Ozeans befindet sich ein heiliger Hain, und in diesem ein geweihtes Fuhrwerk, mit einer Decke umhüllt. Es zu berühren ist allein dem Priester verstattet. Dieser ahnt die Anwesenheit der Göttin im Heilig-

tume und begleitet sie, wenn sie mit Kühen dahinfährt, in
tiefer Ehrfurcht. Das sind dann Freudentage, und an jedem
Orte Feste, den sie ihres Besuches und gastlichen Verweilens
würdigt. Dann ziehen sie nicht in Kriege und greifen nicht zu
den Waffen; verschlossen ist jedes Eisen; dann kennt, dann
liebt man nur Frieden und Ruhe, bis derselbe Priester die
Göttin, wenn sie genug Verkehr mit den Sterblichen gehabt
hat, der geweihten Stätte wiedergibt. Sofort werden Fuhrwerk
und Decken und, wer es glauben will, die Gottheit selbst in
einem geheimen See gewaschen. Sklaven verrichten dieses Geschäft, und gleich verschlingt sie nachher derselbe See. Daraus
entsteht ein geheimes Grauen und heilige Scheu, zu wissen,
was das sei, was nur dem Tode Geweihte·schauen.

41. Dieser Teil der Sueben nun erstreckt sich in das entlege-
nere Gebiet Germaniens hinein. Näher – um, wie kurz zuvor
dem Rheine, so jetzt der Donau zu folgen – wohnt die Völkerschaft der *Hermunduren*, den Römern treu ergeben, weshalb sie
auch die einzigen Germanen sind, die nicht nur am Ufer,
sondern auch im Innern und selbst in der glänzendsten Koloniestadt[1] der Provinz Rätien Handelsverkehr treiben. Überall und ohne Wächter kommen sie herüber, und während wir
den übrigen Stämmen nur unsere Waffen und Lager zeigen,
haben wir diesen, auch ohne ihr Verlangen, unsere Wohnungen und Landhäuser eröffnet. Im Lande der Hermunduren
entspringt die Elbe, ein berühmter und einst bekannter Fluß[2],
jetzt hört man nur von ihm.

42. Neben den Hermunduren wohnen die *Naristen* und dann
die *Markomanen* und *Quaden*. Ausgezeichnet ist der Markomanen Ruhm und Stärke, und selbst ihren Wohnsitz haben sie
sich, nachdem sie einst die Bojer vertrieben hatten, erst durch
Tapferkeit errungen. Auch die Naristen und Quaden sind

---

[1] Die Koloniestadt der Hermunduren war Augusta Vindelicorum, heute Augs-
burg.
[2] Bekannt wurde der Oberlauf der Elbe durch die Kriegszüge des Drusus und
des Tiberius.

nicht entartet, und so bilden diese alle gewissermaßen die Vormauer Germaniens an der Donau entlang. Die Markomanen und Quaden hatten bis auf unsere Tage noch Könige aus ihrem eigenen Volke: das angesehene Geschlecht des Marbod[1] und des Tuder; jetzt lassen sie sich Ausländer auch gefallen; doch Gewalt und Macht haben diese Könige nur durch römischen Einfluß. Selten werden sie von unseren Waffen, häufiger mit unserem Gelde unterstützt; doch sind sie darum nicht weniger mächtig.

43. Weiter rückwärts schließen sich hinten an die Markomanen und Quaden die *Marsigner,* die *Cotiner, Osen* und *Burer* an. Unter diesen verraten die Marsigner und Burer durch Sprache und Lebensweise suebische Abkunft. Bei den Cotinern beweist die gallische, bei den Osen die pannonische Mundart, daß sie keine Germanen sind; dazu kommt, daß sie sich Tribut gefallen lassen. Einen Teil desselben legen ihnen die Sarmaten, einen andern die Quaden als Fremden auf. Die Cotiner gewinnen, weshalb sie um so mehr sich schämen sollten, aus Bergwerken auch Eisen. Überhaupt bewohnen alle diese Völker nur wenige ebene Gegenden, im übrigen Waldgebirge, Berghöhen und den Gebirgszug[2]. Denn es teilt und durchschneidet Suebien eine zusammenhängende Bergkette, jenseits welcher noch sehr viele Völkerschaften hausen. Unter diesen dehnt sich der über mehrere Stämme verbreitete Name der *Lugier* am weitesten aus. Es wird genügen, die bedeutendsten zu nennen, die *Harier, Helvekonen, Manimer, Elisier* und *Nahanarvalen.* Bei den Nahanarvalen wird ein altem Gottesdienst geweihter Hain gezeigt. Den Vorsitz führt ein Priester in weiblichem Ornate, doch nennen sie die Götter nach römischer Deutung Castor und Pollux. Das ist das Wesen der Gottheit, ihr Name Alcis. Keine Bildnisse, keine Spur ausländischen Glaubens gibt es hier, sondern sie verehren diese Gottheiten als Brüder im kräftigen Mannesalter. Übrigens kommen die

---

[1] Marbod, der sich in Rom Bildung und Kriegskunst angeeignet hatte, führte sein Volk dann nach Böhmen, wo die Macht seines Reiches immer mehr wuchs.
[2] Mit dem Gebirgszug meint Tacitus die Sudeten.

Harier, abgesehen davon, daß sie mit ihren Kräften die kurz
zuvor aufgezählten Völkerschaften übertreffen und schon so
voll von tapferem Mute sind, ihrer angeborenen Wildheit
noch durch Kunst und die Wahl der Tageszeit zu Hilfe. Ihre
Schilde sind schwarz, ihr Leib gefärbt, schwarze Nächte wählen sie zu den Schlachten, und jagen schon durch die Furcht-
barkeit und das Schattenhafte ihres totenähnliches Heeres
Schrecken ein, indem kein Feind den neuen und gleichsam
höllischen Anblick aushält; denn zuerst wird ja in allen
Schlachten das Auge besiegt. Jenseits des Gebietes der Lugier
wohnen die *Gotonen*, welche von Königen beherrscht werden,
und zwar schon etwas strenger als die übrigen Völkerschaften
der Germanen, jedoch noch nicht so, daß sie die Freiheit verloren hätten. Hierauf dann am Ozean *Rugier* und *Lemovier*: allen
diesen Völkern sind runde Schilde eigen, kurze Schwerter und
Folgsamkeit gegen die Könige.

44. Die dann im Ozean selbst folgenden Völkerstämme der
Suionen sind außer Männern und Waffen auch durch Flotten
mächtig. Die Gestalt der Schiffe ist dadurch ausgezeichnet,
daß Schnäbel an beiden Enden eine immer zum Landen be-
reite Front bilden. Man bedient sie weder mit Segeln, noch
befestigt man die Ruder reihenweis an den Seiten; lose, wie auf
einigen Flüssen, und beweglich, wie es die Umstände erfordern, nach der einen oder andern Seite ist das Ruderwerk.
Auch steht bei ihnen der Reichtum in Ehren: darum gebietet
einer, hier nun schon ohne alle Beschränkung und ohne sein
Recht auf Gehorsam erst erbitten zu müssen. Auch sind die
Waffen nicht wie bei den übrigen Germanen in freiem Gebrauch, sondern eingeschlossen unter einem Wächter, und
zwar einem Sklaven, weil der Ozean plötzliche Einfälle der
Feinde abwehrt, ferner eine müßige Schar Bewaffneter leicht
übermütig wird. Daß man nämlich weder einen Edeln, noch
einen Freigeborenen, ja nicht einmal einen Freigelassenen
über die Waffen setzt, liegt im Interesse des Königs.

45. Jenseits des Gebietes der Suionen ist noch ein anderes,
träges und fast unbewegliches Meer: daß von ihm der Erdkreis

umgürtet und geschlossen werde, ist daher glaublich, weil hier der letzte Glanz der schon untersinkenden Sonne bis zum Aufgange derselben fortdauert und so hell ist, daß er die Sterne verdunkelt. Überdies fügt noch die Einbildung hinzu, man vernehme auch ein Geräusch und sehe Gestalten von Göttern und die Strahlen ihres Hauptes. Nur bis dahin reicht, auch selbst der Sage nach, die eigentliche Natur. Am rechten Ufer also des suebischen Meeres wohnen die Völkerstämme der *Aestier*[1], bei denen Gebräuche und äußere Erscheinung suebisch sind, während sich die Mundart mehr der britannischen nähert. Sie verehren die Mutter der Götter. Als Abzeichen ihres Glaubens tragen sie Bilder von Ebern. Dies gewährt statt der Waffen und jeglicher Schutzwehr dem Verehrer der Göttin selbst unter Feinden Sicherheit. Selten ist der Gebrauch von Eisenwehr, häufig der von Knütteln. Korn und andere Früchte bauen sie unter größeren Mühen als man nach der gewohnten Trägheit der Germanen erwarten sollte. Aber auch das Meer durchsuchen sie; sie sind die einzigen unter allen, die den Bernstein, den sie selbst Glaesum[2] nennen, in den Untiefen und am Ufer selbst sammeln. Doch haben natürlich diese Barbaren die Natur und Entstehungsart desselben ununtersucht und unerforscht gelassen; ja, lange lag er unter den übrigen Auswürfen des Meeres, bis unsere Putzsucht ihm einen Namen gab[3]. Sie selbst benutzen ihn zu nichts; roh wird er gesammelt, formlos ausgeführt, und staunend nehmen sie den Preis dafür in Empfang. Daß er aber ein Baumsaft ist, läßt sich darauf erkennen, daß häufig Tiere,

---

[1] Mit den Aestiern bezeichnet Tacitus die baltischen Stämme an der Ostsee. Er hat sie irrtümlich als Germanen betrachtet, wenn er auch feststellt, daß ihre Sprache eine andere ist. Daß sie der britannischen näher stünde, trifft allerdings auch nicht zu, das baltische ist am engsten mit dem slawischen verwandt.

[2] Falsch ist die Angabe, daß die Esten selbst den Bernstein glesum genannt hätten. Diese Bezeichnung ist vielmehr rein germanisch und später von den Römern als Lehnswort übernommen worden.

[3] Die erste römische Nachricht von einer Bernsteininsel stammt schon von Pytheas von Massalia, der um das Jahr 325 v. Chr. von England aus eine Fahrt zur Erkundung des germanischen Nordens machte. Diese Bernsteininsel dürfte allerdings Helgoland gewesen sein.

kriechende wie geflügelte, durchschimmern, welche, in die
Flüssigkeit hineingeraten, dann, wenn sich der Stoff verhärtet,
darin eingeschlossen werden. Ich möchte daher glauben, daß
es, wie in den unbekannteren Gegenden des Orients, wo Weih-
rauch und Balsam ausschwitzt, so auch auf den Inseln und in
den Ländern des Westens fruchtbarere Gehölze und Haine
geben, die, von den Strahlen der nachbarlichen Sonne ausge-
saugt und auf diese Weise flüssig geworden, in das nächste
Meer fließen und durch die Gewalt der Stürme an das entge-
gengesetzte Ufer geschwemmt werden. Wenn man die Natur
des Bernsteins prüft, indem man Feuer daran hält, so entzün-
det er sich wie Kien und nährt eine fette und wohlriechende
Flamme, nachher wird er zähe, wie Pech oder Harz.

An die Suionen reihen sich die Völkerstämme der *Sitonen* an.
Im übrigen ihnen ähnlich, unterscheiden sie sich durch den
einen Umstand, daß ein Weib die Herrschaft hat. So tief sind
sie, nicht nur aus der Freiheit, sondern noch selbst unter die
Knechtschaft hinabgesunken.

46. Hier ist das Gebiet von Suebien zu Ende. Ob ich die
Stämme der *Peuciner, Veneter* und *Fennen*[1] zu den Germanen
oder zu den Sarmaten rechnen soll, weiß ich nicht, obwohl die
Peuciner, welche einige *Bastarner* nennen, in Sprache, Lebensweise, Wohnart und Behausung sich wie Germanen ansehen.
Schmutzig und träge sind alle. Die Großen haben durch
Wechselheiraten mit den Sarmaten auch von deren Mißgestalt
etwas angenommen. Die Veneter haben sich auch von ihren
Sitten vieles angeeignet; denn was von Wäldern und Bergen
zwischen den Peucinern und Fennen sich erhebt, das durch-
streifen sie in Raubzügen. Jedoch werden sie besser noch zu
den Germanen gezählt, weil sie sowohl feste Wohnungen
haben, als auch Schilde führen und, gern zu Fuß, ja selbst
schnelle Läufer sind, was alles bei den Sarmaten anders ist, die

[1] Die Peuciner wohnten am Donaudelta, Veneter sind die Wenden, Fennen die
Finnen.

ihr Leben auf Wagen und zu Pferde führen. Die Fennen aber sind ausnehmend wild und schmutzig arm. Sie haben keine Waffen, keine Pferde, keinen Herd. Zur Nahrung dient ihnen Kraut, zur Kleidung Felle, zum Lager der Erdboden. Ihr Wohl und Weh sind Pfeile, welche sie aus Mangel an Eisen mit Knochen spitzen, und ebenso Weiber wie Männer nährt die Jagd; denn überall sind jene mit dabei und fordern ihren Anteil an der Beute. Da haben denn die Kinder keine andere Zuflucht gegen wilde Tiere und Regengüsse, als daß man sie in irgendeinem Zweiggeflecht verbirgt. Dahin kehren sie auch als Jünglinge zurück, das ist noch das Obdach der Greise. Ja, sie halten diese Lebensweise für beglückender, als auf Äckern zu stöhnen, sich in Häusern abzumühen, um fremdes und eigenes Gut zwischen Furcht und Hoffnung zu schwanken. Unbekümmert um die Menschen, unbekümmert um die Götter, wie sie sind, ist ihnen ja das schwerste gelungen, daß sie nämlich nicht einmal mehr einen Wunsch bedürfen.

Alles Weitere nun ist bloße Fabel, zum Beispiel, daß die *Hellusier* und *Oxionen* Gesicht und Augen von Menschen, Leib und Gliedmaßen wilder Tiere haben, was ich als unverbürgt unentschieden lasse.

GAIUS JULIUS CAESAR

AUSZÜGE
AUS DEM GALLISCHEN
KRIEG

ERSTES BUCH

Das Jahr 58 v. Chr.

Beschreibung Galliens

1. Gallien[1] in seiner Gesamtheit zerfällt in drei Teile: den einen bewohnen die Belgier, den andern die Aquitanier, den dritten die Stämme, die in ihrer eigenen Sprache Kelten, in der unsrigen aber Gallier heißen. Diese alle sind nach Sprache, Einrichtungen und Gesetzen untereinander verschieden. Die Gallier scheidet von den Aquitaniern der Fluß Garumna (Garonne), von den Belgiern die Matrona (Marne) und Sequana (Seine). Die Tapfersten von allen sind die Belgier. Die Ursache dafür liegt darin, daß sie von der Verfeinerung und Bildung der Provinz[2] am weitesten entfernt sind und mit

---

[1] Gallien im weitesten Sinne zerfiel zu Caesars Zeit in zwei Hauptteile: 1. das diesseitige oder cisalpinische Gallien, die oberitalische Poebene, und 2. das jenseitige oder transalpinische Gallien, schlechthin „Gallien" genannt, das den größten Teil der Schweiz, das heutige Frankreich, den westlich vom Rhein liegenden Teil Deutschlands und die Niederlande umfaßte. Caesar versteht hier unter „Gallien in seiner Gesamtheit" nur das transalpinische Gallien mit Ausnahme der schon früher unterworfenen „römischen Provinz".

[2] Unter „Provinz" versteht Caesar die bereits 121 v. Chr. von den Römern eroberte, von Kelten und Ligurern bewohnte „römische Provinz" (die heutige Provence) im südöstlichen Gallien. Später hieß sie nach der Hauptstadt Narbo Provincia Narbonensis. In ihr lag die bedeutende Handelsstadt Massilia (Marseille).

Kaufleuten, welche Luxusartikel einführen, nur selten in Berührung kommen, sodann daß sie in der Nachbarschaft der Germanen des jenseitigen Rheinufers wohnen und fortwährend mit ihnen Krieg führen. Aus demselben Grund übertreffen auch die Helvetier alle übrigen Gallier an Tapferkeit, weil sie sich fast tagtäglich mit den Germanen im Kampfe messen, indem sie diese entweder von ihrem Gebiet abwehren oder selbst in Feindesland Krieg führen. Der eine Teil des Gebietes dieser Völkerschaften, den, wie oben erwähnt, die Gallier innehaben, beginnt bei dem Fluß Rhodanus (der Rhone), wird von der Garumna, dem Ozean und dem Gebiet der Belgier eingeschlossen und berührt auch mit dem Land der Sequaner und Helvetier den Rheinstrom; er dehnt sich in nördlicher Richtung aus. Belgien reicht von den äußersten Grenzen Galliens bis zum Niederrhein und hat nordöstliche Lage. Aquitanien erstreckt sich von der Garumna bis zum Gebirge der Pyrenäen und dem Teil des Ozeans, der Hispanien bespült; es hat eine nordwestliche Lage[1].

Der Feldzug gegen Ariovist

Die Gallier beklagen sich über den Germanenkönig Ariovist
bei Caesar

30. Nach Beendigung des helvetischen Krieges kamen beinahe von ganz Gallien die Häuptlinge der Staaten als Abgesandte zu Caesar, um ihm ihre Glückwünsche darzubringen. Wenn er auch die Helvetier für ihre alten Unbilden gegen das römische Volk in diesem Kriege bestraft habe, so sähen sie

---

[1] Alle diese Lagebestimmungen gibt Caesar vom Standpunkt der Provinz aus.

doch ein, daß dieser Ausgang dem Lande Gallien nicht geringeren Vorteil brächte als dem römischen Volke; denn die Helvetier hätten trotz der überaus glücklichen Lage ihres Staates
nur in der Absicht ihre Wohnsitze verlassen, um ganz Gallien
mit Krieg zu überziehen, dasselbe zu unterwerfen und sich
dann aus allen Gegenden diejenige zum Wohnsitze zu erwäh-
len, die ihnen als die beste und fruchtbarste im ganzen gallischen Lande erscheinen würde, sowie um sich die übrigen
Staaten abgabepflichtig zu machen. Zugleich baten die Gesandten, einen allgemeinen Landtag für ganz Gallien mit Caesars Erlaubnis anberaumen zu dürfen; sie hätten einige Wünsche, die sie ihm einem gemeinsamen Beschluß zufolge vortra-
gen wollten. Nachdem ihnen dies gestattet war, setzten sie
einen Tag für die Versammlung fest und verpflichteten sich
untereinander durch einen Eid, niemand solle etwas verlaut-
baren außer denen, die man durch einen gemeinschaftlichen
Beschluß damit beauftragen würde.

31. Nachdem dieser Landtag auseinandergegangen war,
kehrten dieselben Häuptlinge der gallischen Staaten, welche
zuvor bei Caesar gewesen waren, zu ihm zurück und baten um
die Erlaubnis, über ihr eigenes und das allgemeine Wohl im
geheimen mit ihm verhandeln zu dürfen. Als ihnen diese Bitte
gewährt wurde, warfen sie sich allesamt unter Tränen dem
Caesar zu Füßen und erklärten: Ihr ganzes Streben und Be-
mühen sei nicht minder darauf gerichtet, daß ihre Mitteilungen geheim blieben, als daß sie ihre Wünsche erreichten; denn
würde die Sache kund, so müßten sie offenbar auf die schreck-
lichsten Martern gefaßt sein. Dann führte in ihrem Namen der
Häduer Divitiacus das Wort: Ganz Gallien sei in zwei Parteien
gespalten: an der Spitze der anderen die Arverner[1]. Nach
einem erbitterten und langjährigen Kampf um die Oberherrschaft sei es dahin gekommen, daß die Arverner und Sequaner

---

[1] Die Arverner, eine der mächtigsten Völkerschaften Galliens, wohnten in der
heutigen Auvergne, nördlich von der römischen Provinz; ihre Hauptstadt war
Gergovia, auf dem Bergplateau südlich von Clermont.

die Germanen in Sold genommen hätten. Anfangs seien von
diesen ungefähr 15000 Mann über den Rhein gekommen;
nachdem aber die rohen und wilden Gesellen an den Fluren,
der Lebensart und dem Wohlstand der Gallier Gefallen gefunden hätten, wären sie in immer größerer Zahl herübergezo-
gen. Nun ständen schon gegen 120000 Mann in Gallien. Mit
diesen hätten die Häduer und deren Schutzgenossen zu wiederholten Malen gekämpft, sie wären aber mit schwerem Verlust geschlagen worden und hätten ihren ganzen Adel, ihren
obersten Rat und die gesamte Reiterei eingebüßt. Durch diese
unglücklichen Kämpfe gebrochen, seien die Häduer, welche
sowohl durch eigene Tapferkeit wie auch durch Gastfreund-
schaft und gutes Einvernehmen mit dem römischen Volke
zuvor die größte Macht in ganz Gallien gehabt hätten, gezwungen worden, den Sequanern die vornehmsten Männer
ihres Volkes als Geiseln zu stellen und sich für den ganzen
Staat eidlich zu verpflichten, weder die Geiseln zurückzuver-
langen noch das römische Volk um Hilfe anzuflehen, noch
gegen die Botmäßigkeit und Oberhoheit der Germanen zu
irgendeiner Zeit sich aufzulehnen. Er sei der einzige aus dem
ganzen Stamm der Häduer, der sich nicht dazu hätte nötigen
lassen, den Eid zu schwören oder seine Kinder als Geiseln
herzugeben. Deswegen sei er aus seinem Vaterland geflohen
und nach Rom zum Senate gekommen, um Hilfe zu suchen,
da er allein weder durch einen Eid noch durch Geiseln gebunden wäre. Indessen sei es den siegreichen Sequanern noch
schlimmer ergangen als den besiegten Häduern; Ariovist[1]
nämlich, der König der Germanen, habe sich in ihrem Lande
niedergelassen, den dritten Teil des Sequanergebietes, des vor-
züglichsten in ganz Gallien, in Beschlag genommen, und nun
verlange er von den Sequanern, daß sie ihm auch das zweite
Drittel abtreten sollten, da vor wenigen Monaten 24000 Ha-

---

[1] Ariovist gilt gewöhnlich für einen König der Sueben, der seinen Sitz wahrscheinlich am Oberrhein hatte.

ruder[1] zu ihm gestoßen seien, denen Felder und Wohnsitze angewiesen werden müßten. In wenigen Jahren würden alle Gallier aus ihrem Lande vertrieben werden und alle Germanen über den Rhein kommen. Denn weder könne dem gallischen Boden der germanische gleichgestellt noch die gallische Lebensweise mit der germanischen verglichen werden. Ariovist aber führe seit dem großen Sieg, den er über die Truppen der Gallier bei Admagetobriga[2] erfochten habe, ein stolzes und grausames Regiment, verlange die Kinder des höchsten Adels als Geiseln und übe gegen diese jegliche Härte und Grausamkeit, sobald irgend etwas nicht nach seinem Wink und Willen geschehe. Er sei ein wilder, jähzorniger und leidenschaftlicher Mensch; sie könnten seine Herrschaft nicht mehr länger ertragen. Fänden sie bei Caesar und dem römischen Volk keine Hilfe, so müßten alle Gallier dasselbe tun, was die Helvetier getan hätten, nämlich auswandern, sich nach einer anderen Heimat und anderen Wohnsitzen, fern von den Germanen, umsehen und ihr Glück versuchen, wie es sich auch immer gestalten möge. Wenn diese Unterredung dem Ariovist zu Ohren käme, so würde er ohne Zweifel an allen in seiner Gewalt befindlichen Geiseln die grausamste Todesstrafe vollziehen lassen. Caesar könne entweder durch sein und seines Heeres Ansehen oder durch den Ruhm seines jüngst gewonnenen Sieges oder durch den Namen des römischen Volkes verhindern, daß eine noch größere Menge Germanen über den Rhein herübergeführt würde; ja er könne ganz Gallien gegen die Unbilden Ariovists schützen.

32. Nach dieser Rede des Diviciacus begannen alle Anwesenden unter Weinen und Jammern den Caesar um Hilfe zu bitten. Caesar bemerkte, daß einzig und allein die Sequaner sich nicht so benahmen wie die übrigen, sondern traurig ge-

---

[1] Die Haruder, welche ursprünglich in Nordjütland wohnten, waren mit den Cimbern ausgezogen und wahrscheinlich am Rhein in der Gegend der Neckarmündung zurückgeblieben.
[2] Admagetobriga („Magetobriga" = „großer Berg") war eine gallische Stadt, wahrscheinlich das jetzige La Moigte de Broie in der Nähe der Saône. Die erwähnte Schlacht fand 72 v. Chr. statt.

senkten Hauptes die Erde anstarrten. Voll Verwunderung
fragte er sie nach der Ursache ihres Verhaltens. Die Sequaner
gaben keine Antwort, sondern verharrten in ihrer stummen
Traurigkeit. Als er trotz wiederholter Fragen auch nicht ein
einziges Wort aus ihnen herausbringen konnte, antwortete
wieder der Häduer Divitiacus: Das Los der Sequaner sei deshalb noch bedauernswerter und schrecklicher als das der übrigen, weil sie allein nicht einmal im geheimen sich zu beschwe-
ren oder Hilfe zu suchen wagten und vor der Grausamkeit
Ariovists in seiner Abwesenheit gerade so zitterten, als wenn er
persönlich zugegen wären. Den übrigen bliebe doch wenigstens die Möglichkeit der Flucht, die Sequaner aber, die den
Ariovist in ihr eigenes Land aufgenommen hätten und deren
Städte insgesamt in seinen Händen wären, müßten jegliche
Mißhandlung über sich ergehen lassen.

Caesar schickt umsonst Gesandte an Ariovist

33. Nach dieser Mitteilung hielt Caesar an die Gallier eine
ermutigende Ansprache und versicherte, daß er sich ihrer
Sache annehmen wolle. Er hoffe zuversichtlich, Ariovist werde
sich durch die ihm seinerseits erwiesenen Dienste[1] sowie
durch sein Ansehen bestimmen lassen, seinen Gewalttätigkei-
ten ein Ende zu machen. Mit dieser Rede entließ er die Versammlung. Außer jenen Mitteilungen bewogen ihn noch viele
andere Ursachen, die Sache in Erwägung zu ziehen und in
Angriff zu nehmen. Vor allem wirkte bei ihm ein Umstand; er
sah, wie die Häduer, die der römische Senat zu wiederholten
Malen als Brüder und Blutsverwandte anerkannt hatte, von
den Germanen in Knechtschaft und Botmäßigkeit gehalten
wurden, und erfuhr, daß Ariovist und die Sequaner Geiseln
von ihnen in Gewahrsam hatten. Dies war nach seiner Meinung bei der Weltherrschaft des römischen Volkes die größte

---

[1] Ariovist hatte nämlich vom Senat die Titel „König" und „Freund des römischen Volkes" verliehen bekommen.

Schmach für ihn und für seinen Staat. Ferner erblickte er darin eine Gefahr für das römische Volk, wenn sich die Germanen allmählich daran gewöhnten, über den Rhein zu ziehen, und ihre gewaltigen Scharen nach Gallien kämen. Sodann, glaubte er, würden sich diese rohen Barbaren mit der Eroberung von ganz Gallien nicht begnügen, sondern nach dem Beispiel der Kimbern und Teutonen[1] sogar in die Provinz vordringen und von da nach Italien einfallen, zumal da das Sequanerland von unserer Provinz nur durch den Rhodanus geschieden sei. Dieser Gefahr meinte er unverzüglich vorbeugen zu müssen. Ariovist hatte übrigens so viel Hochmut und Dünkel angenommen, daß er schier unerträglich erschien.

34. Caesar beschloß daher, an Ariovist Gesandte zu schicken mit der Aufforderung, er möge einen in der Mitte zwischen beiden gelegenen Ort zu einer Unterredung bestimmen; er wolle sich mit ihm über Staatsangelegenheiten und andere Fragen, die für beide von größter Wichtigkeit wären, besprechen. Dieser Gesandtschaft gab Ariovist zur Antwort: Wenn er den Caesar gebraucht hätte, würde er sich zu ihm begeben haben; wenn jener von ihm etwas wolle, so müsse jener zu ihm kommen. Überdies wage er es nicht, ohne ein Heer in jene Gebiete Galliens zu gehen, welche Caesar in seiner Gewalt habe, noch könne er ein solches ohne große Verproviantierungskosten und viel Umstände an einem Punkte zusammenziehen. Im übrigen müsse er sich wundern, was denn in seinem nach Kriegsrecht unterworfenen Gallien Caesar oder überhaupt das römische Volk zu schaffen habe.

35. Nachdem diese Antwort dem Caesar überbracht war, schickte er wiederum Gesandte an ihn mit folgenden Aufträgen: Damit also vergelte Ariovist die besondere Gunst, die er

---

[1] Die Cimbern und Teutonen wohnten ursprünglich in Jütland und an den Küsten der Ostsee. 113 v. Chr. wanderten sie, vielleicht von den Sueben gedrängt, aus und zogen nach Italien. Sie wurden jedoch vernichtet, die Teutonen von Marius bei Aquae Sextiae (102 v. Chr.), die Cimbern von Marius und Catulus auf der raudischen Ebene von Vercellae (101 v. Chr.).

von seiten Caesars und des römischen Volkes erfahren habe; unter Caesars Konsulate[1] sei er vom Senat mit dem Titel eines Königs und Freundes ausgezeichnet worden, und nun wolle er seine Einladung zu einer Unterredung nicht annehmen und weigere sich, über gemeinsame Angelegenheiten Rat zu halten und Erkundigungen einzuziehen. So stelle er denn an ihn diese Forderungen: Erstens solle er keine weiteren Scharen über den Rhein nach Gallien führen; zweitens solle er den Häduern ihre Geiseln wieder zurückgeben und auch den Sequanern gestatten, die Geiseln, welche sie von den Häduern in Händen hätten, mit seiner Bewilligung freigeben zu dürfen; endlich solle er die Häduer nicht durch Unbilden reizen und weder sie noch ihre Bundesgenossen mit Krieg überziehen. Käme er diesen Forderungen nach, so würde Caesar und das römische Volk stets in Frieden und Freundschaft mit ihm leben; im entgegengesetzten Falle dürfe er zufolge der Bestimmung des Senatsbeschlusses aus dem Konsulatsjahr des Marcus Messala und Marcus Piso[2], daß der jedesmalige Statthalter der gallischen Provinz, soweit er es ohne Nachteil für den Staat tun könne, die Häduer und die anderen Bundesgenossen des römischen Volkes beschützen müsse, die Mißhandlungen der Häduer nicht ungeahndet lassen.

36. Darauf antwortete Ariovist: Es sei Kriegsrecht, daß die Sieger mit den Besiegten nach ihrem Belieben schalten dürften. So pflege auch das römische Volk die Besiegten nicht nach der Vorschrift eines anderen, sondern nach eigenem Gutdünken zu beherrschen. Wenn er dem römischen Volk nicht vorschreibe, wie es von seinem Rechte Gebrauch machen solle, so dürfe es auch ihn nicht in der Ausübung seines Rechtes hindern. Die Häduer seien ihm zinspflichtig geworden, da sie das Kriegsglück versucht hätten, doch in offener Schlacht ihm unterlegen wäre. Caesar begehe ein großes Unrecht, wenn er durch seine Ankunft ihm seine Einkünfte schmälere. Den Hä-

[1] 59 v. Chr.
[2] 61 v. Chr.

duern werde er die Geiseln nicht zurückgeben, er werde aber weder sie noch ihre Bundesgenossen widerrechtlich mit Krieg überziehen, wenn sie den vereinbarten Bedingungen Genüge leisteten und Jahr für Jahr ihren Tribut entrichteten. Täten Sie dies nicht, so würde ihnen ihr Name „Brüder des römischen Volkes" gar wenig nützen. Wenn ihm Caesar ankündige, er werde die Mißhandlungen der Häduer nicht ungeahndet lassen, so bemerke er, daß noch niemand ohne sein eigenes Verderben mit ihm gestritten habe. Caesar möge nur an ihn herankommen, wenn er Lust habe; er werde erfahren, was die unüberwindlichen Germanen, die waffengeübtesten Leute, die seit vierzehn Jahren[1] unter kein Dach gekommen wären, mit ihrer Tapferkeit vermöchten.

Caesar zieht gegen Ariovist zu Felde und erobert Vesontio

37. Zu derselben Zeit, als dieser Bescheid dem Caesar überbracht wurde, kamen auch Gesandte von den Häduern und Treverern[2]; die Häduer beschwerten sich darüber, daß die erst vor kurzem nach Gallien verpflanzten Haruder ihr Gebiet verwüsteten; nicht einmal durch Stellung von Geiseln hätten sie sich Frieden von Ariovist erkaufen können. Die Treverer aber meldeten, daß die hundert Stämme der Sueben[3] sich am Rheinufer gelagert hätten[4] mit der Absicht, den Strom zu übersetzen; an ihrer Spitze ständen zwei Brüder, Nasua und Cimberius. Caesar, durch diese Nachrichten in heftige

[1] Ariovist war 72 v. Chr. über den Rhein gegangen.
[2] Ein Stamm germanischen Ursprungs zu beiden Seiten der Mosel; ihr Hauptort war Augusta Treverorum, das heutige Trier.
[3] Sueben hieß eine Masse germanischer Völkerschaften, die diesen Gemeinnamen von ihrem umherschweifenden Leben erhalten haben sollen. Sie waren den Römern schon früh als die kriegerischsten unter den Germanen bekannt. Ihre Wohnsitze werden verschieden angegeben. Nach Tacitus wohnten sie von den Karpathen bis zur Ostsee, nach Caesar in dem heutigen Württemberg, Bayern und den thüringischen Fürstentümern. Über ihre Sitten und Gebräuche vgl. Tacitus' „Germania" und Caesar, „Gallischer Krieg", Buch IV Anfang.
[4] Wahrscheinlich zwischen Oppenheim und Mainz.

Unruhe versetzt, glaubte eiligst handeln zu müssen, damit nicht die neue Schar der Sueben sich mit den alten Truppen des Ariovist vereinigen könnte und ihm dadurch der Widerstand erschwert würde. Er regelte daher möglichst rasch die Verpflegung und rückte in Eilmärschen[1] dem Ariovist entgegen.

38. Nachdem er einen Weg von drei Tagen zurückgelegt hatte, erhielt er die Nachricht, Ariovist sei mit allen seinen Truppen aufgebrochen, um Vesontio[2], die größte Stadt der Sequaner, zu besetzen; bereits drei Tagemärsche weit sei er über sein Gebiet hinaus vorgerückt. Dies glaubte Caesar um jeden Preis verhüten zu müssen. Denn allen Kriegsbedarf konnte man sich in dieser Stadt auf die leichteste Art verschaffen; sodann war sie durch ihre natürliche Lage so geschützt, daß sie in hohem Grade Gelegenheit bot, den Krieg in die Länge zu ziehen. Der Fluß Dubis (Doubs) nämlich umschließt fast die ganze Stadt, wie wenn er mit einem Zirkel um sie gezogen wäre. Der noch übrige Zugang von nicht mehr als 1600 Fuß Breite wird da, wo der Fluß fehlt, von einem ziemlich hohen Berg eingenommen, in der Art, daß der Fuß des Berges auf beiden Seiten vom Ufer des Flusses berührt wird. Dieser Berg wird von einer Mauer umgeben, die ihn zur Festung macht und ihn mit der Stadt verbindet. Hierher eilte Caesar in starken Tages- und Nachtmärschen, nahm die Stadt und legte in sie eine Besatzung.

Furcht der römischen Soldaten vor den Germanen.
Caesars ermutigende Ansprache

39. Während Caesar des Proviantes und des sonstigen Kriegsbedarfes halber einige Tage bei Vesontio verweilte, ergriff infolge der Erkundigungen der Unsrigen und des Geredes der Gallier und der Kaufleute plötzlich ein so großer Schrecken

---

[1] Ein gewöhnlicher Marsch betrug 6–7, ein Eilmarsch 8–9 Stunden.
[2] Vesontio war ein fester Hauptort der Sequaner am Dubisfluß, heutzutage Besançon am Doubs, einem Nebenfluß der Saône, der auf dem Jura entspringt.

das ganze Heer, daß Kopf und Herz aller in nicht geringem Grade verwirrt und beunruhigt wurde. Es rühmten nämlich jene die Germanen als Leute von riesigem Körperbau, unglaublicher Tapferkeit und Gewandtheit im Gebrauch der Waffen; gar oft wären sie mit ihnen zusammengetroffen, hätten aber nicht einmal ihre Miene und den stechenden Blick ihrer Augen ertragen können. Diese Furcht begann zunächst bei den Kriegstribunen[1], den Präfekten und den übrigen, welche nur aus Freundschaft dem Caesar aus Rom gefolgt waren, ohne viel Erfahrung im Kriegswesen zu besitzen. Von diesen brachte der eine den, der andere jenen Grund vor, der ihn angeblich zur Abreise nötige, um so von Caesar die Bewilligung zum Urlaub zu erhalten. Nur wenige blieben aus Ehrgefühl zurück, um den Verdacht der Feigheit zu vermeiden; allein sie konnten weder ihre Mienen beherrschen, noch zuzeiten ihre Tränen zurückhalten. In den Zelten[2] versteckt beklagten sie entweder ihr Los oder jammerten mit ihren Vertrauten über die gemeinsame Gefahr. Allenthalben im ganzen Lager wurden Testamente gemacht. Das Gejammer und die Zaghaftigkeit dieser Leute setzte allmählich auch Männer von praktischer Kriegserfahrung, Soldaten, Centurionen[3] und

---

[1] Die Kriegstribunen (Oberste), früher von den Consuln und vom Volk gewählt, wurden am Ende der Republik meist vom Feldherrn selbst ernannt. Es waren gewöhnlich junge Leute aus dem Ritterstand, die mit diesem Posten nach einem oder zwei Dienstjahren in der Leibgarde des Feldherrn ihre politische Laufbahn begannen. Es gehörten sechs zu jeder Legion, die im Dienst abwechselten, so daß jeder zwei Monate fungierte. Sie wurden von Caesar meist nur zur Erledigung unbedeutender Aufträge verwendet. – Die Präfekten waren Offiziere von ritterlichem Stand wie die Tribunen. Sie wurden vom Feldherrn ernannt und zu sehr verschiedenen Kommandos (über die Bundesgenossen, über die Reiterei) wie zu anderen Geschäften verwendet.

[2] Die Zelte der Römer hatten die Gestalt von Baracken; im Sommer waren sie mit Fellen oder grober Leinwand, im Winter mit Stroh bedeckt; sie faßten 8–10 Mann.

[3] Die Centurionen (Hauptleute) waren die Anführer der einzelnen Centurien. Sie gingen aus der Truppe selbst hervor, der weitere Aufstieg blieb ihnen jedoch verschlossen. Die 60 Centurionen einer Legion wurden vom Feldherrn ernannt und befördert. Sie hatten nach Alter und Tüchtigkeit verschiedenen Rang und Namen. Als der erste galt der Führer der ersten Centurie der Legion (der sogenannte primipilus), der das Recht hatte, am Kriegsrat teilzunehmen.

Oberste der Reiterei, in Schrecken. Manche von diesen, die für weniger furchtsam gelten wollten, sagten, sie fürchteten nicht den Feind, sondern die Engpässe und die ausgedehnten Waldungen, die noch zwischen ihnen und Ariovist lägen, oder sie gaben der Besorgnis Ausdruck, daß eine regelmäßige Zufuhr der Lebensmittel nicht leicht möglich sein werde. Einige meldeten dem Caesar sogar, wenn er Befehl zum Aufbruch und Abmarsch gebe, so würden ihm die Soldaten den Gehorsam verweigern und aus Furcht nicht vorrücken.

40. Als Caesar dies bemerkt hatte, berief er seine Versammlung, in welche die Centurionen jeden Ranges erscheinen mußten; diesen machte er heftige Vorwürfe, fürs erste, weil sie es für ihre Sache hielten, nach der Richtung oder dem Zweck ihres Zuges zu fragen oder darüber nachzudenken. Ariovist habe sich doch in Caesars Konsulatsjahr[1] eifrigst um die Freundschaft des römischen Volkes beworben; warum also sollte jemand meinen, daß er so ohne Grund seine Pflicht vergessen werde. Er für seine Person sei fest überzeugt, Ariovist werde weder seine noch des römischen Volkes Gunst zurückstoßen wollen, wenn er nur erst deren Forderungen vernommen und die Billigkeit ihrer Vorschläge eingesehen hätte. Wenn er aber aus Wut und Verblendung ihnen wirklich den Krieg erklärte, wovor sollten sie sich dann fürchten? Oder warum wollten sie in ihre eigene Tapferkeit oder in die Pflichttreue ihres Feldherrn kein Vertrauen setzen? Man habe sich ja schon zur Zeit unserer Väter mit diesem Feind gemessen, als bei der Niederwerfung der Cimbern und Teutonen durch Gaius Marius sich das Heer offenbar nicht geringeren Ruhm erwarb als der Feldherr selbst; man habe sich ferner jüngst in Italien mit ihm gemessen bei dem Aufstand der Sklaven[2],

---

[1] 59 v. Chr.
[2] 73–71 v. Chr. Die Sklaven, an deren Spitze Spartacus stand, waren meist Gallier und Germanen. Der Aufstand wurde durch Marcus Licinius Crassus unterdrückt.

denen doch die von uns erlernte Kriegsübung und Kriegszucht einigermaßen zustatten kam. Das sei ein Beweis dafür,
welch großen Vorteil feste Entschlossenheit gewähre; denn
endlich habe man dieselben Sklaven, da sie in Waffen standen
und Sieger waren, überwunden, die man eine Zeitlang, als sie
unbewaffnet waren, ohne Grund gefürchtet habe. Endlich sei
dies der gleiche Feind, den die Helvetier nicht allein in ihrem
Gebiet, sondern auch in Feindesland in häufigen Kämpfen
meist besiegt hätten, dieselben Helvetier, die unserem Heere
nicht gewachsen waren. Wenn aber auf einige die Niederlage
und die Flucht der Gallier Eindruck machen sollte, so könnten
diese bei näherer Untersuchung finden, daß die Gallier durch
den langwierigen Krieg ermüdet waren, Ariovist aber, nachdem er sich viele Monate im Lager und zwischen Sümpfen
eingeschlossen hatte und einem Kampf ausgewichen war, den
an einer Schlacht verzweifelnden und zerstreuten Feind plötzlich überrumpelt und mehr durch schlaue Berechnung als
durch Tapferkeit besiegt habe. Durch eine solche Kriegsführung, die gegenüber wilden und unerfahrenen Leuten am
Platz gewesen sei, werde wohl Ariovist selbst nicht hoffen,
unsere Heere hintergehen zu können. Diejenigen, welche ihre
eigene Furcht dadurch zu verbergen suchten, daß sie Besorg-
nisse wegen der Verpflegung und der Engpässe vorschützten,
handelten vermessen, da sie entweder an der Pflichterfüllung
ihres Feldherrn zu verzweifeln oder ihm Vorwürfe zu machen
schienen. Das sei seine Sorge; das Getreide müßten die Sequaner, Leucer[1] und Lingonen liefern; schon sei das Korn auf
den Feldern reif; über den Marsch würden sie in kurzer Zeit
selbst urteilen können. Das Gerede, sie wollten ihm den Gehorsam verweigern und nicht ins Feld rücken, lasse ihn ganz
gleichgültig; denn er wisse wohl, alle Feldherren, denen ihr
Heer den Gehorsam verweigert habe, hätten entweder ihre
Sache schlecht geführt und kein Glück gehabt oder seien

---

[1] Die Leucer wohnten im südlichen Belgien, im Quellgebiet der Maas und der
Mosel; ihr Hauptort war Tullium (Toul).

durch Aufdeckung irgendeiner Schandtat der Habsucht überwiesen worden. Seine Uneigennützigkeit sei durch sein ganzes
Leben, sein Glück durch den Krieg mit den Helvetiern er-
probt. Er werde daher, was er länger hätte hinausschieben
wollen, sogleich vornehmen und in der nächsten Nacht nach
der vierten Nachtwache das Lager abbrechen, um sich sobald
als möglich zu überzeugen, ob bei ihnen Scham und Pflichtgefühl oder Furcht mehr vermöchte. Sollte ihm auch sonst niemand folgen, so werde er dennoch allein mit der zehnten
Legion, in die er keinen Zweifel setze, aufbrechen, und diese
werde auch in Zukunft seine Leibgarde[1] bilden. (Dieser Legion war nämlich Caesar ganz besonders zugetan, und er
setzte auch in sie ihrer Tapferkeit wegen das größte Vertrauen.)

41. Infolge dieser Rede wurden alle in wunderbarer Weise
umgestimmt, und es ergriff sie die größte Begeisterung und
Lust zum Kampf. Vor allem ließ ihm die zehnte Legion durch
ihre Kriegstribunen Dank sagen, daß er ein so günstiges Urteil
über sie ausgesprochen hätte; zugleich erklärte sie, daß sie
sofort zum Kampf bereit wäre. Hierauf besprachen sich auch
die übrigen Legionen mit den Kriegstribunen und den Centurionen ersten Ranges, wie sie Caesar zufriedenstellen könnten.
Sie versicherten, sie wären nie unschlüssig oder furchtsam gewesen; auch hätten sie nie geglaubt, daß ihnen ein Urteil über
die oberste Leitung des Krieges zustände, sondern daß dies
Sache des Feldherrn sei. Caesar nahm ihre Rechtfertigung an
und ließ durch Divitiacus, dem er vor allen anderen am meisten vertraute, einen solchen Weg auskundschaften, um das
Heer durch offene Gegend, freilich auf einem Umweg von
mehr als 50 Meilen, zu führen; sodann brach er um die vierte
Nachtwache auf, wie er früher erklärt hatte. Nachdem er
sieben Tage unausgesetzt vorwärts marschiert war, erhielt er

---

[1] Die Leibgarde aus einer Schar auserlesener Soldaten und junger Leute aus
vornehmer Familie, welche die Person des Feldherrn umgaben.

von seinen Kundschaftern die Nachricht, daß die Truppen des
Ariovist 24 Meilen von den Unsrigen entfernt wären.

Eine Unterredung zwischen Caesar und Ariovist wird durch den
Angriff der Germanen aufgehoben

42. Auf die Nachricht von Caesars Ankunft schickte Ariovist
Gesandte an ihn mit der Erklärung: Gegen die in betreff einer
Unterredung gestellten Forderungen habe er für seine Person
nichts mehr einzuwenden, da Caesar näher gerückt sei; auch
glaube er nun dies ohne Gefahr tun zu können. Caesar wies
den Vorschlag nicht zurück und meinte schon, daß Ariovist
wieder zur Vernunft käme, da er sich aus freien Stücken zu
dem erbot, was er ihm früher trotz seiner Bitte verweigert
hatte; daher ward er auch von großer Hoffnung erfüllt, jener
werde mit Rücksicht auf die so bedeutenden Freundschaftsbe-
weise, die er von Caesar und dem römischen Volke empfangen
hätte, von seinem Starrsinn ablassen, wenn er nur erst seine
Forderungen vernommen hätte. Der fünfte Tag darauf wurde
für die Unterredung festgesetzt. Während inzwischen öfters
hinüber und herüber Gesandte geschickt wurden, verlangte
Ariovist, Caesar sollte kein Fußvolk zur Unterredung beiziehen. Er befürchte, hinterlistigerweise von ihm in eine Falle
gelockt zu werden. Beide sollten mit ihrem berittenen Gefolge
erscheinen; andernfalls werde er überhaupt nicht kommen. Da
nun Caesar weder wollte, daß durch diesen Vorwand die
Unterredung zunichte würde, noch die Sicherheit seiner Person der gallischen Reiterei anzuvertrauen wagte, hielt er es für
das Angemessenste, den gallischen Reitern alle Pferde zu nehmen und mit diesen die Soldaten der zehnten Legion, auf die
er sich unbedingt verlassen konnte, beritten zu machen, um so
im Falle der Not eine möglichst ergebene Bedeckung zu
haben. Bei dieser Gelegenheit machte ein Soldat der zehnten
Legion die witzige Bemerkung: Caesar tue mehr, als er ver-

sprochen; er habe versprochen, die zehnte Legion zu seiner Leibwache zu erheben; jetzt mache er sie sogar zu Rittern.

43. Es war dort eine große Ebene, auf welcher sich ein ziemlich hoher Erdhügel erhob; dieser Ort war vom Lager des Ariovist und des Caesars fast gleich weit entfernt. Dahin kamen sie der Vereinbarung gemäß zur Besprechung. Caesar ließ die beritten gemachte Legion 200 Schritt vom Hügel entfernt haltmachen; ebenso stellten sich die Reiter Ariovists in gleichem Abstand auf. Ariovist verlangte, die Unterredung solle zu Pferde gehalten werden und jeder sollte noch zehn Begleiter beiziehen. Sobald sie hier zusammengekommen waren, erwähnte Caesar im Eingange seiner Rede die Beweise des Wohlwollens, welche Ariovist von ihm und dem Senate erhalten hätte. Er habe vom Senate den Titel „König“, den Titel „Freund“ bekommen, und es seien ihm Geschenke im reichsten Maße geschickt worden, welche Auszeichnung, wie er erklärte, nur wenigen zuteil geworden wäre und in der Regel nur als Belohnung großer Dienste verliehen würde. Ariovist habe ohne eine Berechtigung oder einen gegründeten Anspruch darauf diese Auszeichnungen nur seiner und des Senates Huld und Freigebigkeit zu danken. Zugleich machte ihn Caesar aufmerksam, welch alte und rechtmäßige Gründe einer Verbindung sie mit den Häduern vereinigten, wie viele und wie ehrenvolle Senatsbeschlüsse in bezug auf diese gefaßt worden wären, wie endlich die Häduer zu jeder Zeit den Vorrang in ganz Gallien behauptet hätten, auch schon vor ihrer Bewerbung um unsere Freundschaft. Es sei Gepflogenheit der Römer, danach zu streben, daß ihre Bundesgenossen und Freunde nicht nur nichts von dem Ihrigen verlieren, sondern an Einfluß, Ansehen und Ehre zunehmen sollten. Daß ihnen aber das entrissen werde, was sie schon vor ihrer Freundschaft mit dem römischen Volk besessen hätten, wer könnte dies dulden? Hierauf forderte er von ihm dasselbe, was er schon früher durch seine Gesandten ihm hatte mitteilen lassen. Er solle weder die Häduer noch deren Bundesgenossen mit Krieg überziehen, die Geiseln zurückgeben, und wenn er wirklich

nicht einen Teil der Germanen nach Hause zurückschicken könne, so solle er wenigstens fernerhin keine über den Rhein ziehen lassen.

44. Ariovist antwortete auf die Forderung Caesars nur weniges, viel Rühmens aber machte er aus seinen eigenen Vorzügen: Er habe den Rhein nicht aus eigenem Antrieb überschritten, sondern auf Bitten und Einladung der Gallier. Nicht ohne große Aussicht auf lohnenden Gewinn habe er Heimat und Verwandte verlassen. Seine Wohnsitze in Gallien seien ihm von den Galliern selbst eingeräumt worden, die Geiseln hätten sie ihm freiwillig gestellt, den Tribut lasse er sich nach Kriegsrecht zahlen, wie ihn doch die Sieger den Besiegten aufzuerlegen pflegten. Nicht er habe die Gallier, sondern die Gallier hätten ihn mit Krieg überzogen. Alle Stämme Galliens seien gekommen, ihn zu bekriegen, und seien gegen ihn im Felde gestanden; jedoch habe er alle ihre Truppen in einer einzigen Schlacht geschlagen und überwunden. Wollten sie einen zweiten Versuch wagen, so sei er zum zweiten Male zu einer Schlacht bereit; wollten sie aber Frieden haben, so sei es unbillig, ihm den Tribut zu verweigern, den sie ihm doch nach ihrem eigenen Willen bisher gezahlt hätten. Die Freundschaft des römischen Volkes müsse ihm zur Ehre und zum Schutze, nicht zum Nachteil gereichen; in dieser Hoffnung habe er darum angesucht. Wenn ihm durch das römische Volk der Tribut vorenthalten und die Untertanen entzogen würden, so wolle er auf die Freundschaft des römischen Volkes ebenso gerne Verzicht leisten, als er sie früher gesucht habe. Was den Umstand betreffe, daß er eine Menge Germanen nach Gallien herüberführe, so tue er dies zu seiner eigenen Sicherheit, nicht um die Gallier zu bekriegen. Dafür liefere den Beweis, daß er nur auf deren Bitten hin erschienen sei und keinen Angriffs-, sondern lediglich einen Verteidigungskrieg geführt habe. Er sei früher nach Gallien gekommen als das römische Volk; niemals vor dieser Zeit habe ein Heer des römischen Volkes die Grenzen der Provinz Gallien überschritten. Was wolle denn Caesar von ihm? Warum käme er in seine Besitzungen? Dies

Gallien sei seine Provinz, wie jenes unsere Provinz. Wie man es ihm nicht gestatten dürfte, wenn er in unser Gebiet einfalle, ebenso sei es von uns unbillig, ihn in seinem Recht zu stören. Wenn Caesar bemerke, daß der Senat die Häduer Brüder genannt habe, so sei er kein solcher Barbar und auch nicht so unkundig der Verhältnisse, um nicht zu wissen, daß weder im letzten Krieg mit den Allobrogern[1] die Häduer den Römern Hilfe gebracht noch die Häduer selbst in ihren Fehden mit ihm und den Sequanern die Unterstützung des römischen Volkes genossen hätten. Er müsse daher argwöhnen, daß Caesar, da er ein Heer in Gallien habe, dieses zu seiner Unterdrückung halte und jene Freundschaft nur als Vorwand gebrauche. Wenn er also nicht abziehe und sein Heer aus diesen Gegenden fortführe, so werde er ihn nicht als Freund, sondern als Feind ansehen. Ja, er würde vielen Vornehmen und Großen des römischen Volkes einen Gefallen erweisen, wenn er Caesar ums Leben brächte; dies hätten sie selbst ihm durch ihre Boten kundgetan; mit Caesars Tod könne er sich die Gunst und Freundschaft aller dieser Männer erkaufen. Wenn Caesar dagegen abzöge und den ungestörten Besitz Galliens ihm selbst überließe, so werde er es ihm mit einer großen Belohnung vergelten und ihm alle Kriege, deren Führung er wünschen sollte, ohne dessen geringste Anstrengung und Gefahr ausfechten.

45. Caesar erörterte ausführlich, warum er sein Vorhaben nicht fallenlassen könne; weder seine noch des römischen Volkes Gewohnheit gestatte es, so wohlverdiente Bundesgenossen im Stiche zu lassen. Auch könne er nicht zugeben, daß Ariovist mehr Recht auf Gallien habe als das römische Volk. Durch Krieg seien die Arverner und Rutener von Quintus Fabius Maximus überwunden worden[2], aber das römische Volk

---

[1] Die Allobroger waren 121 v. Chr. von Quintus Fabius Maximus besiegt worden. Da sie sich 62 und 61 v. Chr. wieder empörten, wurden sie bald darauf durch den Prätor Pomptinus neuerdings unterworfen.

[2] Die Schlacht wurde 121 v. Chr. am Zusammenschluß der Isère und der Rhône geschlagen. – Die Rutener wohnten zum Teil in der Provinz, zum Teil in Aquitanien, ihre Hauptstadt war Segodunum, heute Rhodez.

habe ihnen verziehen und sie weder in die abhängige Stellung einer römischen Provinz gebracht noch ihnen einen Tribut auferlegt. Sollte also das Alter der Ansprüche den Ausschlag geben, so sei die Herrschaft des römischen Volkes in Gallien am meisten berechtigt; wolle man aber die Entscheidung des Senats in Betracht ziehen, so müsse Gallien frei sein, weil der Senat diesem Lande auch nach dessen Unterwerfung die eigene Verfassung gelassen habe.

46. Während dies in der Unterredung verhandelt wurde, erhielt Caesar die Meldung, daß die Reiter Ariovists näher gegen den Hügel vorrückten, auf die Unsrigen heransprengten und Steine und Geschosse auf sie schleuderten. Caesar brach das Gespräch ab, zog sich zu den Seinigen zurück und befahl diesen, den Angriff der Feinde auch nicht mit einem Geschoß zu erwidern. Denn obwohl er überzeugt war, seine auserlesene Legion werde sich ohne irgendeine Gefahr mit der Reiterei in ein Treffen einlassen können, glaubte er dennoch keine Veranlassung geben zu dürfen, daß man nach Besiegung der Feinde sagen könnte, sie seien von ihm, da sie seinem Worte trauten, bei der Unterredung umzingelt worden. Sobald es unter den Soldaten allgemein bekannt wurde, mit welcher Anmaßung Ariovist bei der Unterredung den Römern den Aufenthalt in Gallien streitig gemacht habe, wie seine Reiter auf die Unsrigen einen Angriff gemacht hätten und durch diesen Umstand die Unterredung abgebrochen worden sei, ergriff das Heer eine noch viel größere Begeisterung und Kampfbegierde.

Ariovist wirft Caesars Gesandte ins Gefängnis – Niederlage und Flucht der Germanen

47. Zwei Tage darauf schickte Ariovist Gesandte an Caesar. Er wünsche aufs neue mit ihm die Angelegenheiten zu besprechen, über welche zwischen ihnen die Unterhandlung zwar eingeleitet, aber nicht beendigt worden wäre. Er möge daher

entweder einen Tag zur Unterredung bestimmen oder, wenn
er dies nicht wolle, einen seiner Leute an ihn schicken. Dem
Caesar schien kein Grund zu einer Unterredung vorzuliegen,
besonders weil tags vorher die Germanen sich nicht zurückhalten ließen, auf die Unsrigen Geschosse zu schleudern. Einen
seiner Leute als Bevollmächtigten an ihn zu senden und ihn
den wilden Menschen preiszugeben, schien ihm mit großer
Gefahr verbunden. So hielt er es denn für das Passendste, den
Gajus Valerius Procillus an ihn abzusenden, den Sohn des
Gajus Valerius Caburus, einen Mann von großer Tüchtigkeit
und edler Bildung, dessen Vater von Gajus Valerius Flaccus[1]
mit dem Bürgerrecht beschenkt worden war. Diesen wählte er
sowohl wegen seiner Vertrautheit mit der gallischen Sprache,
die Ariovist bei seinem langen Aufenthalt in Gallien bereits
geläufig sprach, wie auch, weil die Germanen keine Veranlassung haben konnten, sich an ihm zu vergehen. Mit ihm
schickte er auch den Marcus Metius, einen Gastfreund des
Ariovist. Diesen nun trug er auf, den Bescheid des Ariovist zur
Kenntnis zu nehmen und ihm zu berichten. Kaum erblickte
sie Ariovist bei sich im Lager, als er in Gegenwart seines Heeres laut aufschrie, weshalb sie zu ihm kämen, etwa um zu
spionieren? Er ließ sie gar nicht zu Worte kommen und in
Ketten legen.

48. Noch an demselben Tage rückte Ariovist vor und lagerte
sich sechs Meilen von Caesar entfernt am Fuße eines Berges.
Am nächsten Tage führte er seine Truppe an Caesars Lager
vorbei und schlug zwei Meilen oberhalb sein Lager auf, in der
Absicht, Caesar vom Getreide und dem sonstigen Bedarf, der
ihm aus dem Lande der Sequaner und Häduer geliefert werden sollte, abzuschneiden. Von diesem Tage an führte Caesar
fünf Tage hintereinander seine Truppen vor das Lager und
hielt sie in Schlachtreihe aufgestellt, damit dem Ariovist, wenn
er sich in ein Treffen einlassen wolle, die Gelegenheit hierzu

---

[1] Er war 83 v. Chr. Statthalter der römischen Provinz gewesen.

nicht fehle. Ariovist hielt jedoch an allen diesen Tagen sein Fußvolk im Lager zurück, versuchte sich aber täglich in einem Reitergefecht. Die Kampfart, in welcher die Germanen eine besondere Übung hatten, war folgende. Es waren 6000 Reiter und ebensoviel äußerst behende und tapfere Fußsoldaten. Jeder Reiter hatte sich nämlich aus der ganzen Menge einen Mann zu seinem Beistand auserlesen; mit diesen gingen sie in den Kampf, zu ihnen zogen sich die Reiter zurück. Die Fußsoldaten eilten zu Hilfe, wenn es irgendwo hart herging, und wenn ein Reiter schwer verwundet vom Pferde stürzte, so nahmen sie ihn in ihre Mitte. Mußte man irgendwohin weiter vorrücken oder sich schnell zurückziehen, so entwickelten sie infolge ihrer Übung eine solche Geschwindigkeit, daß sie sich an den Mähnen der Pferde festhielten und ebenso schnell liefen wie die Pferde selbst[1].

49. Als Caesar merkte, daß Ariovist nicht aus seinem Lager ausrückte, wählte er, um nicht länger von der Zufuhr abgeschnitten zu werden, jenseits des Ortes, wo sich die Germanen gelagert hatten, ungefähr 600 Schritte von demselben entfernt, einen günstigen Lagerplatz und marschierte in einer dreifachen Schlachtreihe dorthin. Die erste und zweite Schlachtlinie ließ er unter den Waffen stehen, die dritte das Lager schlagen. Dieser Punkt war, wie gesagt, vom Feind etwa 600 Schritte entfernt. Dahin schickte Ariovist ungefähr 16000 Mann leichter Truppen mit der gesamten Reiterei, damit diese die Unsrigen in Schrecken setzen und an der Verschanzung verhindern sollten. Nichtsdestoweniger gab Caesar gemäß der früher getroffenen Maßregel den Befehl, daß die beiden ersten Treffen den Feind abwehren, das dritte hingegen die Schanzarbeit vollenden solle. Als das Lager befestigt war, ließ er daselbst zwei Legionen und einen Teil der Hilfstruppen; die vier übrigen führte er in das größere Lager zurück.

---

[1] Vgl. Tacitus, Germania, Kap. 6.

50. Am nächsten Tag führte Caesar nach seiner Gewohnheit
aus beiden Lagern die Truppen heraus, stellte sie in geringer
Entfernung vom größeren Lager in Schlachtordnung auf und
bot den Feinden ein Treffen an. Als er aber erkannt hatte, daß
sie auch jetzt nicht vorrückten, führte er ungefähr um Mittag
das Heer ins Lager zurück. Nun erst entsandte Ariovist einen
Teil seiner Truppen zum Angriff auf das kleinere Lager. Dort
wurde bis zum Abend auf beiden Seiten heftig gekämpft. Mit
Sonnenuntergang führte Ariovist seine Truppen nach großen
Verlusten auf beiden Seiten ins Lager zurück. Caesar erkundigte sich bei den Gefangenen, weshalb Ariovist keine ent-
scheidende Schlacht liefere, und erfuhr folgenden Grund. Bei
den Germanen sei es Brauch, daß ihre Frauen durch Lose[1]
und Weissagungen entschieden, ob es vorteilhaft sei, ein Treffen zu liefern oder nicht; diese nun verkündeten, es sei nicht
der Wille der Götter, daß die Germanen siegten, wenn sie sich
vor Neumond in eine Schlacht einließen.

51. Tags darauf ließ Caesar in beiden Lagern so viel Besatzung zurück, als ihm ausreichend zu sein schien. Sämtliche
Hilfstruppen stellte er im Angesicht der Feinde vor dem kleineren Lager auf, um sich ihrer zum Scheine zu bedienen, weil
er im Verhältnis zu der Anzahl der Feinde an Legionssoldaten
nicht stark genug war. Er selbst rückte in dreifacher Schlachtlinie gegen das feindliche Lager vor. Da endlich führten die
Germanen notgedrungen ihre Truppen aus dem Lager heraus
und stellten sie nach Völkerschaften in gleichen Zwischenräu-
men auf: Haruder, Marcomannen, Tribocer, Vangionen, Nemeter, Sedusier[2] und Sueben; zugleich umschlossen sie ihre
ganze Schlachtordnung mit Wagen und Karren, damit ihnen

---

[1] Vgl. Tacitus, Germania, Kap. 10.
[2] Die Marcomannen wohnten ursprünglich zwischen Neckar, Main und Donau,
   später am Fichtelgebirge und Böhmerwald, die Vangionen und Nemeter auf
   dem linken Rheinufer in der bayrischen und hessischen Pfalz, die Tribocer im
   Elsaß, die Sedusier in Baden.

keine Hoffnung auf Flucht übrigbliebe. Dorthin brachten sie
ihre Weiber, welche die in die Schlacht ziehenden Männer
unter Händeringen und Tränen anflehten, sie nicht in die
Knechtschaft der Römer fallen zu lassen.

52. Caesar übertrug das Kommando der einzelnen Legionen
seinen Legaten und dem Quästor[1], damit ein jeder diese als
Zeugen seiner Tapferkeit hätte; er selbst begann auf dem rechten Flügel das Treffen, weil er bemerkt hatte, daß dieser Teil
der Feinde am schwächsten war. So hitzig griffen die Unsrigen
auf das gegebene Signal[2] den Feind an, und so plötzlich und
geschwind stürzten die Feinde ihnen entgegen, daß keine Zeit
blieb, die Wurfspeere auf sie zu schleudern. Man warf diese
also weg und kämpfte Mann gegen Mann mit den Schwertern. Allein die Germanen bildeten nach ihrer Gewohnheit
schnell eine Phalanx und fingen so die Hiebe der Schwerter
auf. Doch fanden sich mehrere unter unseren Soldaten, welche
auf die Phalangen lossprangen, die Schilde mit ihren Händen
voneinanderrissen und von oben herab die Feinde verwundeten. Als nun die Schlachtlinie der Feinde auf dem linken Flügel geworfen und in die Flucht geschlagen war, setzten sie auf
dem rechten Flügel mit ihrer Übermacht den Unsrigen um so
heftiger zu. Dies bemerkte der junge Publius Crassus[3], der
Anführer der Reiterei, da er minder in Anspruch genommen
war als die am Gefecht Beteiligten, und schickte daher die
dritte Schlachtlinie den Unsrigen in ihrer Not zu Hilfe.

---

[1] Die Quästoren gehörten dem Senatorenstand an und wurden vom Volk gewählt. Ihre Zahl betrug seit Sulla zwanzig. Zwei verwalteten die Staatskasse in
Rom, die übrigen gingen in die Provinz. Jedem Statthalter wurde als eine Art
Generalintendant oder Schatzmeister in der Regel ein Quästor beigegeben, der
die finanziellen Geschäfte erledigen mußte, zuweilen aber auch ein selbständi-
ges Kommando erhielt.
[2] Das Signal zum Anmarsch gegen den Feind wurde mit der Trompete (tuba)
gegeben. War man näher gekommen, so wurde die Feldherrnfahne geschwun-
gen zum Zeichen, daß das Angriffssignal mit allen Blasinstrumenten (Hörnern
und Trompeten) zugleich gegeben werden solle. Hierauf erhob sich der
Schlachtruf, und man stürzte auf den Feind.
[3] Ein Sohn des Triumvirators Crassus; später fiel er mit seinem Vater im Krieg
gegen die Parther.

53. So wurde das Treffen wiederhergestellt; alle Feinde ergriffen die Flucht und ließen nicht eher davon ab, als bis sie zum Rheinstrom, ungefähr fünf Meilen vom Schlachtfelde entfernt, gekommen waren[1]. Nur sehr wenige versuchten hier im Vertrauen auf ihre Kräfte hinüberzuschwimmen, oder sie fanden Rettung auf zufällig vorgefundenen Kähnen; unter diesen befand sich auch Ariovist, der ein am Ufer angebundenes Schiffchen erreichte und auf diesem entfloh[2]. Alle übrigen wurden von unserer Reiterei eingeholt und niedergemacht. Ariovist hatte zwei Frauen, eine Suebin von Geburt, die er aus der Heimat mit sich geführt hatte, und eine aus Noricum, die Schwester des Königs Voccio, die er in Gallien geheiratet hatte, wohin sie ihm von ihrem Bruder geschickt worden war; beide kamen auf dieser Flucht ums Leben. Er hatte auch zwei Töchter, von denen die eine getötet, die andere gefangen wurde. Gajus Valerius Procillus, den seine Wächter auf der Flucht in dreifachen Ketten fortschleppten, fiel dem Caesar selbst in die Hände, als dieser die Feinde mit der Reiterei verfolgte. Und dieser Umstand bereitete dem Caesar keine geringere Freude als der Sieg selbst, da er den angesehensten Mann in der Provinz Gallien, seinen Vertrauten und Gastfreund, den Händen der Feinde entrissen und sich zurückgegeben sah, und da das Schicksal die große Freude und den Siegesjubel nicht durch das Mißgeschick des Freundes getrübt hatte. Procillus erzählte, es sei in seiner Gegenwart dreimal das Los gezogen worden, ob man ihn sofort dem Feuertode übergeben oder auf spätere Zeit aufheben sollte. Durch die Gunst der Lose sei er gerettet worden. Auch Marcus Metius wurde aufgefunden und zu Caesar geführt.

54. Als die Kunde von dieser Schlacht über den Rhein ge-

---

[1] Wahrscheinlich suchten die Germanen auf ihrer Flucht zwischen Ensisheim und Mühlhausen über den gallischen Rhein (einem Rheinarm im jetzigen Gebiet der Ill) zu kommen.
[2] Auch nach Dio Cassius soll Ariovist mit seiner Reiterei aufs rechte Rheinufer entkommen sein.

drungen war, zogen sich die Sueben, die bereits an dessen Ufern angelangt waren, allmählich nach Hause zurück. Die Ubier, welche zunächst am Rhein wohnen, setzten jenen, da sie in Unordnung gerieten, nach und hieben einen großen Teil derselben nieder. – So hatte Caesar in einem einzigen Sommer zwei sehr bedeutende Kriege zu Ende gebracht und ließ daher etwas früher, als es die Jahreszeit verlangte, sein Heer bei den Sequanern das Winterlager beziehen; den Oberbefehl übergab er dem Labienus. Er selbst begab sich ins diesseitige Gallien, um Gerichtstage zu halten[1].

---

[1] Caesar war zugleich Statthalter im Cisalpinischen Gallien (Oberitalien). In dieser Funktion war er nicht nur Militärgouverneur, sondern beaufsichtigte auch die Verwaltung. Die römischen Provinzen waren zu diesem Zweck in eine bestimmte Anzahl von Verwaltungsbezirken eingeteilt, die man Conventus nannte. In jedem dieser Bezirke bekleideten etwa 20 Provinzialen das Amt der Gerichtsassessoren und bereiteten besonders wichtige Prozesse zur Aburteilung durch den Statthalter selbst vor.

ZWEITES BUCH

Das Jahr 57 v.Chr.

Der Feldzug gegen die Belgier

Abstammung der Belgier

4. Als er sie fragte, welche und wie mächtige Staaten unter
Waffen ständen und wie groß deren Streitkräfte wären, erfuhr
er folgendes: Die meisten Belgier stammten von den Germanen[1], seien vor alters über den Rhein gezogen, hätten sich
wegen der Fruchtbarkeit des Bodens daselbst niedergelassen
und die Gallier, die damaligen Bewohner dieser Gegenden,
verdrängt; sie seien die einzigen, welche zur Zeit unserer Väter
die Teutonen und Cimbern in ihr Gebiet nicht hätten eindrin-
gen lassen, als diese ganz Gallien verheerten; daher komme es,
daß sie sich in der Erinnerung an jene Ereignisse in Sachen des
Krieges ein großes Ansehen beilegten und sich viel einbilde-
ten. Von ihrer Anzahl behaupteten die Remer aufs genaueste
unterrichtet zu sein, deshalb, weil sie, durch gemeinsame Abstammung und verwandtschaftliche Beziehungen mit ihnen
verbunden, erfahren hätten, wieviel Truppen jeder Kanton

---

[1] Vgl. Tacitus, Germania, Kap. 28: Wahrscheinlich sind die Belgier aus Germanien eingewandert, haben aber Sitten und Sprache der von ihnen unterworfenen Gallier angenommen, wie schon die gallischen Endungen ihrer Städtena-
men (-dunum, -briva, -magus) zeigen.

auf der allgemeinen Versammlung der Belgier für diesen Krieg
versprochen habe . . .

Unterwerfung der Aduatucer

29. Die Aduatucer, von denen wir oben berichtet haben,
zogen mit ihrer ganzen Streitmacht den Nerviern zu Hilfe,
kehrten jedoch auf die Kunde von dieser Schlacht noch während ihres Marsches in ihre Heimat zurück; hierauf gaben sie
alle ihre Städte und Burgen preis und brachten ihre ganze
Habe in eine Stadt zusammen, die von Natur außerordentlich
fest war[1]. Dieselbe hatte nämlich auf allen Seiten im Umkreis
sehr hohe Felsen und schroffe Wände; nur auf einer einzigen
Seite blieb ein sanft ansteigender Zugang von nicht mehr als
200 Fuß Breite übrig. Diesen Punkt hatten sie mit einer äußerst hohen Doppelmauer befestigt und brachten sodann
Steine von großem Gewicht und vorne zugespitzte Balken auf
die Mauer. Sie selbst waren Abkömmlinge der Cimbern und
Teutonen; als diese nämlich gegen unsere Provinz und gegen
Italien aufbrachen, legten sie das Gepäck, das sie nicht mit
sich führen und tragen konnten, auf dem diesseitigen Rheinufer ab und ließen zugleich eine Wache aus den Ihren und
eine Bedeckung von 6000 Mann zurück[2]. Diese wurden
nach Vernichtung der anderen viele Jahre von ihren Nachbarn beunruhigt; da sie aber bald selbst angriffen, bald einen
Angriff abwehrten, so kam nach allseitiger Übereinkunft ein
Friede zustande, und sie wählten sich jene Gegend zum Wohnsitz.

30. Gleich bei der Ankunft unseres Heeres machten sie häu-

---

[1] Nach der folgenden Beschreibung hat v. Göler die feste Stadt der Aduatucer
auf dem Berg Falhize auf dem linken Ufer der Maas, gegenüber Huy, gesucht,
Napoleon vermutet sie auf der Stelle der jetzigen Zitadelle von Namur.
[2] Gestützt auf diese Stelle, erklärt v. Göler den mehrfach vorkommenden Städte-
namen Aduatuca als Odwacca, d. h. Gutswache, was in der Sprache der Germanen eine Burg, ein Kastell bedeutet haben soll.

fige Ausfälle aus der Stadt und versuchten sich in kleinen Gefechten mit den Unsrigen; nachher aber, da sie Caesar mit einem Walle von 15 Meilen Umfang und vielen Redouten einschloß[1], hielten sie sich ruhig in der Stadt. Als sie aber sahen, daß Sturmlauben vorgeschoben, ein Damm aufgeschüttet und ein Turm in der Ferne erbaut wurde, lachten sie anfangs darüber von der Mauer herab und spotteten mit lautem Geschrei, daß ein so großes Werk in so weiter Entfernung errichtet würde; mit welchen Händen oder welchen Kräften sie als Leute von so winziger Statur sich zutrauten, einen Turm von so großer Last in Bewegung zu setzen? Bei der Größe ihres Körperbaues dient nämlich unsere eigene kleine Gestalt den Galliern meist nur zum Spott.

31. Sobald sie aber sahen, daß sich der Turm bewegte und gegen die Mauer heranrückte, wurden sie durch die wunderbare und ungewöhnliche Erscheinung dermaßen betroffen, daß sie Gesandte in Betreff des Friedens an Caesar schickten, die sich in folgender Weise aussprachen: Sie seien überzeugt, daß die Römer nicht ohne göttlichen Beistand Krieg führten, da sie Maschinen von solcher Höhe mit solcher Geschwindigkeit vorwärts zu bewegen imstande wären; daher seien sie bereit, sich mit all ihrer Habe unserer Macht zu unterwerfen. Nur eine dringende Bitte möchten sie an ihn stellen: Wenn er vielleicht gemäß seiner Milde und Gnade, die sie selbst von anderen rühmen hörten, beschlossen hätte, die Aduatucer zu schonen, so möge er sie nicht ihrer Waffen berauben. Fast alle Nachbarn seien ihnen feindlich gesinnt und auf ihre Tapferkeit eifersüchtig; müßten sie nun ihre Waffen ausliefern, so könnten sie sich gegen jene nicht verteidigen. Sollten sie also in

---

[1] Städte, die belagert werden sollten, wurden zunächst mit Wall und Graben (der Kontravallationslinie) umzogen, um feindliche Ausfälle abwehren und die Zufuhr abschneiden zu können. – Bisweilen wurde in noch größerer Entfernung eine zweite ebensolche Befestigungslinie (die Cirkumvallationslinie) als Schutz gegen ein etwaiges Entsatzheer angelegt.

diese Lage kommen, so zögen sie es vor, lieber irgendwelche Behandlung vom römischen Volk zu erdulden, als von denen zu Tode gemartert zu werden, unter welchen sie zu herrschen gewohnt wären.

32. Darauf antwortete Caesar: Mehr weil er es so gewohnt sei, als weil sie es verdient hätten, werde er ihrem Stamme Schonung angedeihen lassen, wenn sie sich ergäben, bevor noch der Sturmbock die Mauer berührt hätte; von Unterwerfung könne aber nur unter der Bedingung die Rede sein, daß sie ihre Waffen auslieferten. Was er bei den Nerviern getan habe, werde er auch bei ihnen tun und ihren Nachbarvölkern verbieten, den Untertanen des römischen Volkes irgendeine Unbill zuzufügen. Als die Gesandten diesen Bescheid den Ihrigen überbracht hatten, erklärten sich diese bereit, den Befehlen zu gehorchen. Hierauf warfen sie eine große Menge Waffen von der Mauer in den Graben vor der Stadt, so daß die Haufen der Waffen beinahe bis an den obersten Rand der Mauer und des Angriffsdammes reichten. Dessenungeachtet war, wie es sich später herausstellte, ungefähr der dritte Teil verheimlicht und in der Stadt zurückbehalten worden. Dann öffneten sie die Tore und hielten an diesem Tage Frieden.

33. Gegen Abend ließ Caesar die Tore schließen und die Soldaten aus der Stadt gehen, damit die Einwohner von denselben zur Nachtzeit keine Unbill zu erleiden hätten. Die Aduatucer hatten schon früher, wie es sich nachher zeigte, ihren Plan geschmiedet, in dem Glauben, die Unsrigen würden nach erfolgter Übergabe ihre Wachtposten zurückziehen oder sie doch mit weniger Sorgfalt besetzt halten. Sie ergriffen daher teils die zurückbehaltenen und verheimlichten Waffen, teils Schilde aus Baumrinde und geflochtenen Reisern, die sie in aller Eile, wie es die Kürze der Zeit erforderte, mit Fellen überzogen hatten; dann machten sie plötzlich um die dritte Nachtwache auf der Seite, wo sie unsere Befestigungen am leichtesten zu ersteigen dachten, mit ihrer ganzen Streitmacht aus der Stadt einen Ausfall. Schnell wurde, wie Caesar im

voraus angeordnet hatte, ein Feuersignal gegeben[1], aus den nächsten Redouten eilten Truppen herbei, und die Feinde kämpften mit solcher Hartnäckigkeit, wie es sich nur immer von tapferen Männern erwarten läßt, in der letzten Aussicht auf Rettung, in ungünstiger Stellung gegen Leute, die vom Wall und von den Türmen herab ihre Geschosse schleudern konnten, indem auf der Tapferkeit allein ihre ganze Hoffnung auf Rettung beruhte. Nachdem gegen 4000 Mann niedergemacht worden waren, wurden die übrigen in die Stadt zurückgeworfen. Am folgenden Tage wurden die Tore erbrochen, ohne daß jemand Widerstand leistete, und unsere Soldaten hineingelassen; Caesar ließ sämtliche Einwohner mit ihrer Habe verkaufen. Die Käufer gaben ihm die Kopfzahl auf 53000 an.

Gesandte der Germanen

35. So war denn durch diese Taten ganz Gallien zur Ruhe gebracht worden, und es verbreitete sich eine so hohe Meinung von diesem Krieg bei den Barbaren, daß sogar die Völkerschaften jenseits des Rheines Gesandte an Caesar schickten mit dem Versprechen, Geiseln zu stellen und seinen Befehlen Gehorsam zu leisten. Weil jedoch Caesar nach Italien und Illyrien eilte, so befahl er diesen Gesandtschaften, zu Beginn des nächsten Sommers wiederzukommen . . .

---

[1] Die Feuersignale wurden mittels Fackeln auf eigens hierzu errichteten Türmchen gegeben. Die Feuertelegraphie war schon bei den Persern und Griechen gebräuchlich.

VIERTES BUCH

Das Jahr 55 v.Chr.

Die Heerfahrt der Usipeter und Tencterer

Die Usipeter und Tencterer fallen in Gallien ein und bedrängen die Menapier, Eburonen und Condrusen. Teils werden sie von Caesar besiegt, teils ziehen sie sich über den Rhein zu den Sugambrern zurück

1. In dem darauffolgenden Winter, im Konsulatsjahr des Gaius Pompeius und Marcus Crassus, zogen die Usipeter und die Tencterer[1], zwei germanische Völkerschaften, mit einer großen Menschenmenge über den Rhein, nicht weit von der Gegend, wo sich dieser Fluß in das Meer ergießt[2]. Die Ursache ihres Überganges war, daß sie von den Sueben mehrere Jahre lang beunruhigt, mit Krieg überzogen und an der Bestellung ihrer Äcker verhindert worden waren.

Der Stamm der Sueben ist weitaus der größte und kriegerischeste von allen Germanen. Sie sollen hundert Gaue inneha-

---

[1] Die Usipeter und Tencterer wohnten ursprünglich im jetzigen Königreich Sachsen und in den preußischen Landen; von den Sueben gedrängt, wanderten sie aus und ließen sich (im Winter 56 auf 55 v.Chr.) nach Vertreibung der Menapier am Niederrhein von der Lippe bis Nimwegen nieder.

[2] Vermutlich zwischen Kleve und Xanten (im Menapierland).

ben[1] und schicken aus jedem von diesen alljährlich tausend Bewaffnete außer Landes in den Krieg. Die übrigen, welche in der Heimat geblieben sind, beschaffen für sich und jene den Unterhalt. Dafür stehen sie das nächste Jahr unter Waffen, während die anderen zu Hause verbleiben. So wird denn weder der Ackerbau noch die Kenntnis und Übung des Krieges vernachlässigt. Übrigens gibt es bei ihnen kein privates, abgegrenztes Grundeigentum; auch dürfen sie nicht länger als ein Jahr des Ackerbaues halber an einem Platze bleiben. Sie leben sowohl vom Getreide als auch größtenteils von der Milch und dem Fleische ihrer Herden und sind überdies eifrige Jäger. Die Jagd, verbunden mit der kräftigen Nahrung, der täglichen Übung in den Waffen und der ungezwungenen Lebensweise, da sie, von Jugend auf an keinen Gehorsam und an keine Zucht gewöhnt, durchaus nach ihrem freien Willen handeln, alles das mehrt ihre Kräfte und schafft Menschen von so erstaunlicher Körpergröße. In ihrer Abhärtung haben sie es so weit gebracht, daß sie in den Flüssen baden[2] und selbst in den kältesten Gegenden keine andere Kleidung tragen als kleine Felle, die einen großen Teil des Körpers unbedeckt lassen.

2. Kaufleuten gestatten sie den Zutritt in ihr Land, mehr deshalb, um Abnehmer für ihre Kriegsbeute zu haben, als weil sie nach irgendeinem Einfuhrartikel Verlangen trügen. Ja nicht einmal ausländischer Pferde, an denen doch die Gallier eine ganz besondere Freude haben und die sie sich um teures Geld anschaffen, bedienen sich die Germanen, sondern sie sorgen dafür, daß ihre kleine und häßliche einheimische Rasse durch tägliche Übung an die größten Anstrengungen gewöhnt

---

[1] Nach Tacitus (Germania, Kap. 39) waren nur die Semnonen, nicht der ganze Suebenstamm, in hundert Gaue geteilt.

[2] Nach Galen tauchten die Germanen neugeborene Kinder in den Fluß, um ihre Gesundheit zu prüfen. – Hingegen berichtet Tacitus (Germania, Kap. 22), daß die Germanen Freunde der bei den Römern beliebten warmen Bäder gewesen seien.

werde. In Reitergefechten springen sie oft von den Pferden herab und kämpfen zu Fuß. Die Pferde aber sind so dressiert, daß sie auf derselben Stelle stehenbleiben; daher können sich die Reiter, wenn es nötig ist, schnell zu ihnen zurückziehen. Nichts gilt in ihren Augen für schimpflicher und weichlicher, als sich des Sattels zu bedienen. Daher wagen sie es auch, in noch so geringer Anzahl jede beliebige Schar von Reitern auf gesattelten Pferden anzugreifen. Die Einfuhr von Wein ist bei ihnen ganz und gar verboten, weil sie der Ansicht sind, der Mensch werde dadurch verweichlicht und kraftlos, Strapazen zu ertragen[1].

3. Sie glauben, daß es für den Staat sehr rühmlich sei, wenn ihr ganzes Gebiet von Einöden umgeben wäre, denn das beweise, daß eine große Menge von Völkerschaften ihrer Macht nicht standhalten könnte. So soll denn auf der einen Seite des Suebenlandes[2] ein Gebiet von ungefähr 600 Meilen verödet daliegen. Auf der anderen Seite wohnen ihre Nachbarn, die Ubier[3], die nach germanischen Begriffen ein großes und blühendes Volk waren und die auch etwas kultivierter sind als ihre übrigen Stammesgenossen, deshalb, weil sie unmittelbar an den Rhein grenzen, in häufigem Verkehr mit Kaufleuten stehen und sich wegen der Nachbarschaft an die gallischen Sitten gewöhnt haben. Mit diesen versuchten sich die Sueben in vielen Kriegen; sie konnten die Ubier wegen der Größe und Bedeutung ihres Staates zwar nicht aus ihrem Gebiete vertreiben, doch machten sie sich dieselben wenigstens zinsbar und verringerten und schwächten ihr Ansehen.

4. In derselben Lage befanden sich die obenerwähnten Usipe-

---

[1] Ganz anders bei Tacitus, der schreibt (Germania, Kap. 23): „Wer den Germanen bei seiner schwachen Seite faßt und ihm zu trinken gibt, soviel er begehrt, der wird ihn ebensosehr durch das Laster wie durch Waffengewalt bezwingen."
[2] Wahrscheinlich gegen Osten; die Zahl 600 ist übertrieben.
[3] Die Ubier (Uferanwohner) wohnten vom Westerwald an rheinaufwärts bis zum Breisgau. Von den Sueben gedrängt, gingen sie 38. v. Chr. aufs linke Rheinufer und gründeten die „Stadt der Ubier" (Oppidum Ubiorum), bis 51 n. Chr. eine römische Kolonie dahin geschickt und zu Ehren der Gemahlin des Kaisers Claudius Colonia Agrippina genannt wurde (das heutige Köln).

ter und Tencterer. Mehrere Jahre hatten sie dem Andrang der
Sueben Trotz geboten; schließlich jedoch waren sie aus ihrer
Heimat vertrieben worden, schweiften drei Jahre lang in verschiedenen Gegenden Germaniens umher und gelangten an
den Rhein, in die Landstriche, welche die Menapier bewohn-
ten, die auf beiden Ufern des Flusses Felder, Gehöfte und
Dörfer besaßen. Durch die Ankunft einer so großen Volks-
menge in Schrecken gesetzt, wanderten die Menapier aus den
Gehöften jenseits des Flusses aus, stellten diesseits des Rheines
Posten auf und hinderten die Germanen am Übergang. Diese
versuchten alles, sie konnten aber weder den Übergang er-
zwingen aus Mangel an Schiffen, noch auch wegen der Wachen der Menapier heimlich übersetzen. Daher taten sie so, als
wollten sie in ihre Wohnsitze und Gegenden zurückkehren,
schwenkten aber nach einem Marsch von drei Tagen wieder
um, legten diesen Weg mit ihrer Reiterei in einer Nacht zurück und überfielen unversehens und unvermutet die Menapier, welche, von dem Abzug der Germanen durch Kundschafter benachrichtigt, sorglos über den Rhein in ihre Ortschaften zurückgezogen waren. Nachdem die Germanen diese
niedergemacht und ihre Schiffe weggenommen hatten, überschritten sie den Strom[1], bevor noch der Teil der Menapier
diesseits des Rheines Kunde erhalten konnte; dann besetzten
sie deren Gehöfte und nährten sich den Rest des Winters über
von deren Vorräten.

5. Sobald Caesar von diesen Vorgängen benachrichtigt
wurde, glaubte er, sich auf die Gallier durchaus nicht verlassen
zu dürfen; denn er fürchtete ihre Unzuverlässigkeit, da dieses
Volk im Fassen von Beschlüssen wankelmütig ist und überhaupt gerne auf Umsturz sinnt. Es ist dies nämlich bei den
Galliern eine ganz gewöhnliche Sitte, Reisende auch gegen
ihren Willen anzuhalten und einen jeden von ihnen auszufra-
gen, was er über dies und jenes gehört oder erfahren habe; so

---

[1] Wahrscheinlich bei Emmerich.

drängt sich das Volk in den Städten um die Kaufleute und nötigt sie, laut zu erzählen, aus welchen Gegenden sie kommen und was sie dort erfahren haben. Auf Grund solcher Nachrichten und Gerüchte lassen sie sich oft verleiten, in den wichtigsten Angelegenheiten Entschlüsse zu fassen, die sie auf der Stelle wieder bereuen müssen, da sie unsicherem Gerede Gehör schenken und die meisten ihnen zu Gefallen Lügen erdichten.

6. Weil Caesar diese Gewohnheit kannte, begab er sich, um den Krieg im Keime zu ersticken, früher als gewöhnlich zum Heer. Bei seiner Ankunft überzeugte er sich, daß das, was er geargwohnt hatte, bereits geschehen war; einige Völkerschaften hatten schon Gesandte zu den Germanen geschickt und sie eingeladen, vom Rhein weg mehr ins Land zu rücken; sie könnten der Erfüllung aller ihrer Wünsche gewärtig sein. Durch die Aussicht hierauf verleitet, dehnten die Germanen ihre Streifzüge weiter aus und waren bereits ins Gebiet der Eburonen und Condrusen[1], der Schutzgenossen der Treverer, gekommen. Caesar berief deshalb die Fürsten jener Gallier zu sich, hielt es aber für gut, seine Wahrnehmungen zu verheimlichen; hingegen sprach er ihnen mit freundlichen Worten Mut ein, verlangte von ihnen Reiterei und beschloß, den Krieg gegen die Germanen zu beginnen.

7. Nachdem Caesar die Verpflegung geregelt und Reiter ausgewählt hatte, trat er den Marsch in die Gegenden an, wo sich die Germanen den Nachrichten zufolge befanden[2]. Als er von dort nur noch wenige Tagesmärsche entfernt war, kamen Gesandte von ihnen, welche folgende Erklärung abgaben: Die Germanen wollten keineswegs den Krieg gegen das römische

---

[1] Die Eburonen, ein belgisches Volk, wohnten auf dem rechten Ufer der Maas zwischen Lüttich und Aachen. Die Condrusen wohnten im Gebiete von Namur und Lüttich, wo noch ein Dorf (Condroz) an sie erinnert.
[2] Die Germanen standen auf dem rechten Maasufer in der Gegend von Epoissum.

Volk beginnen; würden sie aber angegriffen, so seien sie zum Kampf bereit. Denn die Germanen hätten von ihren Vorfahren die Sitte überkommen, jedem, der sie mit Krieg überzöge, Widerstand zu leisten, zu Bitten aber niemals ihre Zuflucht zu nehmen. Nur so viel wollten sie erklären, sie seien gegen ihren Willen gekommen, da man sie aus ihrer Heimat vertrieben habe; wollten die Römer in gütlichem Einvernehmen mit ihnen stehen, so könnten sie denselben nützliche Freunde werden. Sie möchten ihnen in diesem Falle Ländereien anweisen oder sie im Besitz derjenigen lassen, die sie durch Waffengewalt erobert hätten. Sie stünden nur den Sueben nach, denen nicht einmal die unsterblichen Götter gewachsen seien. Sonst gäbe es auf Erden niemanden, den sie nicht überwinden könnten.

8. Hierauf antwortete ihnen Caesar, wie es ihm angemessen schien, und schloß mit folgenden Worten: Von Freundschaft zwischen ihm und ihnen könne keine Rede sein, solange sie in Gallien blieben. Es sei auch nicht billig, daß Leute ein fremdes Gebiet in Besitz nähmen, die ihr eigenes nicht hätten verteidigen können. Ferner gäbe es in Gallien keine herrenlosen Landstrecken, die man, zumal einer so großen Masse, ohne Rechtsverletzung anweisen könnte. Doch solle es ihnen gestattet sein, wenn sie wollten, sich im Gebiete der Ubier anzusiedeln, von denen sich gerade Gesandte bei ihm befänden, um sich sowohl über die Unbilden der Sueben zu beklagen, als auch um ihn um Hilfe zu bitten. Er werde den Ubiern die nötigen Befehle erteilen.

9. Die Gesandten sagten, sie wollten dies den Ihrigen mitteilen und, wenn sie die Sache erwogen hätten, nach drei Tagen zu Caesar zurückkehren; zugleich baten sie ihn, inzwischen nicht weiter gegen sie vorzurücken. Caesar erklärte, daß er sich nicht einmal darauf einlassen könne. Er hatte nämlich erfahren, daß ein großer Teil der Reiterei von den Germanen vor wenigen Tagen ins Gebiet der Ambivariten[1] über die

---

[1] Belgischer Stamm zwischen Marienburg und Givet; an sie erinnert noch Hièrges-Ambrive bei Givet.

Maas geschickt worden war, um Beute zu machen und Lebensmittel zu beschaffen. Er glaubte daher, sie wollten auf diese Reiter warten und suchten lediglich darum einen Aufschub.

10. Die Mosa (Maas) entspringt auf dem Bosegus-Gebirge[1], das im Gebiete der Lingonen liegt, nimmt dann einen Arm des Rheines auf, welcher Vacalus (Waal) heißt[2], bildet mit diesem die Insel der Bataver[3] und ergießt sich nicht weiter als 80 Meilen vom Rhein entfernt in den Ozean. Der Rhein aber entspringt im Lande der Lepontier, welche die Alpen bewohnen, und fließt auf einer weiten Strecke in raschem Lauf durch das Gebiet der Nantuaten, Helvetier, Sequaner, Mediomatriker[4], Triboker und Treverer; unfern des Ozeans teilt er sich in mehrere Arme und bildet viele große Inseln, deren Mehrzahl von wilden und barbarischen Völkerschaften bewohnt wird, welche zum Teil der Sage nach von Fischen und Vogeleiern leben; endlich ergießt er sich mit vielen Mündungen ins Meer.

11. Als Caesar nur noch zwölf Meilen vom Feind entfernt war, kehrten die Gesandten verabredetermaßen zu ihm zurück; sie trafen ihn auf dem Marsch und baten ihn inständig, nicht weiter vorzurücken. Da sie dies nicht erreichen konnten, ersuchten sie ihn, er möge zu den Reitern, welche den Vortrab bildeten, Boten vorausschicken und sie vom Kampf abhalten; auch möge er ihnen selbst gestatten, Gesandte an die Ubier zu senden; wenn deren Häuptlinge und Älteste (so erklärten sie) ihnen eidlichen Schutz gewährten, so wollten sie sich der Bedingung fügen, die ihnen Caesar vorlegen würde. Zu alledem möge er ihnen drei Tage Zeit geben. Caesar war überzeugt,

---

[1] Der jetzige Wasgau, Wasgenwald oder die Vogesen, franz. Vosges, nördlich vom Jura.
[2] Bei Gorkum; es ist dies der linke Hauptarm des Rheines.
[3] Umschlossen von der Waal, dem nördlichen Rheinarm, und der Nordsee, jetzt Bétuve oder Bétau, in der Provinz Geldern.
[4] Belgischer Volksstamm südlich von den Treverern, an der Mosel und am Rhein; ihr Hauptort war Divodurum, später Mettis, jetzt Metz.

daß alles das immer nur wieder darauf hinausliefe, drei Tage
Zeit zu gewinnen, bis die abwesenden Reiter der Germanen
zurückgekehrt wären. Dennoch versprach er ihnen, an diesem
Tage nicht weiter als vier Meilen vorzurücken, um keinen
Wassermangel zu haben. Dort sollten sie sich am folgenden
Tage in möglichst großer Anzahl einfinden, damit er über ihre
Forderungen entscheiden könne. Unterdessen schickte er an
die Befehlshaber, welche mit der ganzen Reiterei die Vorhut
bildeten, Boten mit dem Auftrage, sie sollten den Feind nicht
angreifen, und wenn sie selbst angegriffen würden, sich so
lange defensiv halten, bis er selbst mit der Hauptmacht näher
herangerückt wäre.

12. Unsere Reiterei war 5000 Mann stark, während die
Feinde nicht mehr als 800 Reiter zur Stelle hatten, weil diejenigen, welche, um zu furagieren, über die Maas gezogen, noch
nicht zurückgekommen waren; trotzdem machten die feindlichen Reiter auf die Unsrigen einen Angriff[1], sobald sie derselben ansichtig wurden, und brachten sie um so leichter in
Verwirrung, als sich die Unsrigen völlig sicher wähnten, weil
die germanischen Gesandten kurz vorher Caesar verlassen
und für diesen Tag um Waffenstillstand gebeten hatten. Da
sich nun die Römer wieder zur Wehr setzten, sprangen die
Feinde ihrer Kampfesweise gemäß von ihren Pferden herab,
stachen die Pferde der Unsrigen von unten nieder, brachten
dadurch mehrere von diesen zu Fall, schlugen die übrigen in
die Flucht und jagten sie in solcher Verwirrung vor sich her,
daß sie nicht eher von der Flucht abließen, als bis sie unseren
Zug erblickten. In diesem Treffen fielen von unseren Reitern
vierundsiebzig Mann, unter ihnen der so tapfere Aquitanier
Piso, ein Mann von sehr vornehmer Geburt, dessen Großvater
in seinem Stamme die königliche Herrschaft innegehabt und
von unserem Senate den Titel eines Freundes erhalten hatte.

---

[1] Die germanische Reiterei war nach Caesars wiederholten Angaben der gallischen weit überlegen. Auch Tacitus rühmt die germanischen Reiter, besonders
die Tencterer.

Da dieser seinem von den Feinden umringten Bruder Hilfe brachte, entriß er jenen zwar der Gefahr, er selbst aber stürzte mit seinem verwundeten Pferde zu Boden und leistete so lange als möglich überaus tapferen Widerstand; allein er wurde von allen Seiten umzingelt und fiel, nachdem er viele Wunden empfangen hatte. Sobald dies sein Bruder, der schon aus dem Treffen gewichen war, sah, sprengte er mit verhängten Zügeln in die Feinde und wurde niedergehauen.

13. Nach diesem Treffen glaubte Caesar, weder Gesandte anhören noch Vorschläge annehmen zu dürfen von Leuten, welche auf betrügerische und hinterlistige Art zuerst um Frieden gebeten, dann aber ohne Ursache den Krieg angefangen hätten. Zu warten aber; bis sich die Streitkräfte der Feinde durch die Rückkehr ihrer Reiterei vermehren würden, hielt er für die größte Torheit. Auch kannte er den Wankelmut der Gallier und wußte, welch großes Ansehen sich die Feinde bei ihnen schon durch dieses einzige Treffen erworben hätten. Daher glaubte er, ihnen zu neuen Plänen keine Zeit lassen zu dürfen. Nachdem er diesen Entschluß gefaßt hatte, verständigte er die Legaten und den Quästor von seiner Absicht, keinen Tag für eine Entscheidungsschlacht ungenutzt vorübergehen zu lassen. Da ereignete sich eine überaus vorteilhafte Begebenheit. Am folgenden Tag nämlich in der Frühe kamen die Germanen mit gleicher Treulosigkeit und Verstellung in großer Zahl unter Begleitung aller ihrer Fürsten und Ältesten zu ihm ins Lager, teils, wie sie vorgaben, um sich zu rechtfertigen, daß sie gegen die Verabredung und gegen ihr eigenes Ansuchen den Tag zuvor ein Treffen begonnen hätten, teils um womöglich durch List und Trug einen Waffenstillstand zu erwirken. Caesar freute sich, daß ihm diese in die Hände gefallen waren, und befahl, sie ohne weiteres gefangenzunehmen[1]. Er selbst

---

[1] Das Verfahren Caesars gegen die Germanen fand heftigen Tadel. Wie uns Plutarch und Sueton berichten, verlangte Cato in Rom, man solle Caesar wegen der Verletzung des Völkerrechtes an die Germanen ausliefern. Der Angriff der Germanen fiel nicht in die Zeit eines Waffenstillstandes, da sie einen solchen zwar verlangt, aber offenbar nicht erhalten hatten (s. Kap. 11).

führte alle Truppen aus dem Lager und ließ die Reiterei den Nachtrab bilden, da er glaubte, sie sei durch das letzte Treffen noch zu verschreckt.

14. Nachdem er drei Treffen formiert und einen Weg von acht Meilen schnell zurückgelegt hatte, gelangte er früher zum feindlichen Lager, als die Germanen merken konnten, was vorging. Auf jegliche Weise wurde diesen Furcht eingejagt, durch die Schnelligkeit unserer Ankunft wie durch das Ausbleiben der Ihrigen; auch blieb ihnen weder die Zeit, einen Kriegsrat zu halten, noch die Waffen zu ergreifen. In ihrer Bestürzung wußten sie nicht, ob es besser sei, ihre Truppen gegen den Feind zu führen oder das Lager zu verteidigen oder ihr Heil in der Flucht zu suchen. Da sich ihre Furcht durch Geschrei und Zusammenlaufen kundtat, brachen unsere Soldaten, über die Treulosigkeit des gestrigen Tages erbittert, in das Lager ein. Daselbst leisteten diejenigen, welche schnell zu den Waffen greifen konnten, den Unsrigen ein Weilchen Widerstand und fochten zwischen den Karren und dem Gepäck. Hingegen begann die übrige Masse von Kindern und Weibern (sie waren nämlich mit allen den Ihrigen ausgewandert und über den Rhein gezogen) allerorten zu fliehen; zu ihrer Verfolgung schickte Caesar die Reiterei aus.

15. Als die Germanen das Geschrei hinter ihrem Rücken hörten und sahen, wie die Ihrigen niedergehauen wurden, warfen sie ihre Waffen weg, ließen ihre Feldzeichen im Stiche und stürzten sich aus dem Lager heraus. An dem Zusammenfluß der Maas und des Rheines angekommen, mußten sie die Hoffnung auf weitere Flucht aufgeben, und so wurde ein großer Teil niedergemacht[1]. Der Rest stürzte sich in den Fluß und fand hier, von Angst, Mattigkeit und der heftigen Strömung überwältigt, seinen Tod. Die Unsrigen hatten nicht einen

---

[1] Vermutlich fand die Schlacht am Zusammenfluß der Maas und des Rheines statt (s. Kap. 10); v. Göler sucht das Schlachtfeld bei Mayenfeld in der Nähe von Koblenz und will statt der überlieferten Lesart Mosa (Maas) Mosella (Mosel) einsetzen.

Mann verloren[1], und nur sehr wenige von ihnen waren verwundet worden. So zogen sie sich ins Lager zurück, aus einem
Krieg, den man sehr gefürchtet hatte, weil sich die Anzahl der
Feinde auf 430000 Köpfe belaufen hatte. Caesar gab denen,
die er im Lager zurückgehalten hatte, die Erlaubnis fortzuge-
hen. Allein jene fürchteten die Strafen und Martern der Gallier, deren Fluren sie verwüstet hatten, und erklärten daher,
bei ihm bleiben zu wollen. Caesar gewährte ihnen die Freiheit.

Caesars erster Übergang über den Rhein

Caesar schlägt eine Brücke über den Rhein, verwüstet das
Gebiet der Sugambrer, schützt die Ubier gegen die Sueben und
kehrt nach Gallien zurück

16. Nach Beendigung des Krieges gegen die Germanen hielt
es Caesar aus vielen Gründen für nötig, den Rhein zu überschreiten. Die gewichtigste von allen war der, daß er die Germanen ihrer eigenen Sicherheit wegen in Besorgnis setzen
wollte, weil er sah, daß sich dieses Volk so leicht zu Einfällen
nach Gallien verleiten ließ; sie sollten erfahren, daß ein Heer
des römischen Volkes Macht und Mut genug habe, über den
Rhein zu gehen. Hierzu kam noch, daß jene Reiterabteilung
der Usipeter und Tencterer, die, wie oben erwähnt, der Beute
und der Lebensmittel wegen über die Maas gegangen und in
der Schlacht nicht zugegen war, sich nach der Flucht der
Ihrigen über den Rhein ins Gebiet der Sugambrer[2] zurückgezogen und sich mit denselben vereinigt hatte. Als nun Caesar Boten zu diesen schickte und die Auslieferung jener Leute
begehrte, die ihn und Gallien bekriegt hätten, erhielt er fol-

---

[1] Daß die Römer in einem Kampfe mit 430000 (!) Germanen auch nicht einen
   Mann verloren haben sollten, ist ganz und gar unglaubwürdig.
[2] Die Sugambrer, die nördlichen Nachbarn der Ubier, wohnten von der Sieg (in
   der sich ihr Name erhalten hat) rheinabwärts bis zur Lippe.

gende Antwort: Die Herrschaft des römischen Volkes höre am
Rhein auf. Wenn er es nicht für billig hielte, daß wider seinen
Willen Germanen nach Gallien herüberzögen, warum fordere
er dann, daß irgend etwas jenseits des Rheines unter seiner
Herrschaft und Amtsgewalt stehen solle? Überdies baten ihn
die Ubier, die allein von den „Überrheinischen" Gesandte an
Caesar geschickt, Freundschaft mit ihm geschlossen und Geiseln gestellt hatten, dringend um Hilfeleistung, weil sie von
den Sueben arg bedrängt würden. Sollte er aber durch Staats-
geschäfte daran verhindert sein, so möge er wenigstens sein
Heer über den Rhein führen; dies würde ihnen genügen zur
Hilfe und Hoffnung für die Zukunft. So groß sei der Name
und Ruhm seines Heeres nach der Besiegung des Ariovist,
besonders aber nach dem letzten Treffen selbst bei den entferntesten germanischen Völkerschaften, daß schon das Ansehen und die Freundschaft des römischen Volkes ihnen Sicherheit gewähren würde. Zum Transport des Heeres versprachen
sie eine große Menge von Schiffen.

17. Aus den obenerwähnten Gründen hatte Caesar beschlossen, über den Rhein zu gehen. Allein auf Schiffen überzuset-
zen schien ihm weder sicher genug, noch meinte er, daß dies
seiner und des römischen Volkes Würde angemessen sei. Obgleich sich ihm daher wegen der Breite, des starken Gefälles
und der Tiefe des Stromes für den Brückenbau sehr große
Schwierigkeiten entgegenstellten, so glaubte er doch, er müsse
darauf bestehen oder dürfe sonst das Heer gar nicht hinüber-
führen. Den Bau der Brücke ordnete er folgendermaßen an. Je
zwei anderthalb Fuß dicke Pfähle, welche am unteren Ende
scharf zugespitzt und nach der Tiefe des Flusses abgemessen
waren, ließ er in einem Abstand von zwei Fuß miteinander
verbinden. Nachdem er diese mit Maschinen in den Fluß hin-
abgelassen, festgestoßen und mit Rammen hineingetrieben
hatte (und zwar nicht nach Art eines gewöhnlichen Pfostens in
lotrechter Richtung, sondern vorwärts gebeugt und schräg, so
daß sie sich nach der Strömung neigten), ließ er diesen gegenüber stromabwärts in einer Entfernung von vierzig Fuß je

zwei andere Balken einschlagen, welche auf dieselbe Weise verbunden, jedoch gegen die Gewalt und den Andrang der Strömung gerichtet waren. Diese Paare von Tragbalken wurden durch oben eingelassene, zwei Fuß dicke Querbalken (so viel nämlich betrug der Abstand der zwei verbundenen Joche) auseinandergehalten, indem sich an den äußersten Enden je zwei Klammern befanden. Dadurch, daß die Joche auseinandergehalten und nach entgegengesetzter Richtung festgehalten wurden, bekam der Bau eine solche Festigkeit und Beschaffenheit, daß die Balken desto fester sich ineinanderfügten, je stärker die Gewalt des Stromes sich heranwälzte. Die Querbalken wurden durch daraufgelegte Langhölzer verbunden, dann mit Stangen und Flechtwerk bedeckt. Überdies wurden stromabwärts Pfähle schräg eingeschlagen, welche wie ein Mauerbrecher angelegt und mit dem ganzen Bau verbunden den Andrang des Flusses hemmen sollten, endlich noch andere oberhalb der Brücke in mäßiger Entfernung, damit, wenn der Feind Baumstämme oder Schiffe zur Zerstörung des Werkes heruntertreiben ließe, die Gewalt dieser Massen durch den Schutz der Balken gebrochen würde und sie der Brücke nicht schaden könnten[1].

18. Zehn Tage später, als man begonnen hatte, das Bauholz herbeizuschaffen, war das ganze Werk vollendet, und das Heer wurde hinübergeführt. Caesar ließ an den beiden Enden der Brücke eine starke Besatzung zurück und brach ins Gebiet der Sugambrer auf. Unterdessen kamen von mehreren Völkerschaften Gesandte zu ihm. Da sie ihn um Frieden und Freundschaft baten, gab er ihnen freundlichen Bescheid und befahl ihnen, Geiseln zu ihm zu bringen. Die Sugambrer hingegen hatten sich schon zur Zeit, als man den Brückenbau begann, zur Flucht angeschickt und auf Anraten derer, die sie aus dem Stamme der Usipeter und Tencterer bei sich aufgenommen

---

[1] Die Rheinübergänge Caesars fanden zwischen Andernach und Koblenz statt. Genau läßt sich die Stelle des ersten Überganges schwer angeben; die meisten neueren Forscher suchen sie zwischen Andernach und Engers, wo die Übergangspunkte taktisch sehr günstig sind.

hatten, ihr Land verlassen, alle ihre Habe fortgeschafft und sich in Einöden und Wäldern versteckt.

19. Caesar verweilte wenige Tage in ihrem Gebiete, ließ alle ihre Ortschaften und Gehöfte in Brand stecken, das Getreide abmähen und zog sich dann ins Gebiet der Ubier zurück. Diesen sagte er seine Hilfe zu, falls sie von den Sueben bedrängt würden. Bei dieser Gelegenheit erfuhr er von ihnen folgendes: Nachdem den Sueben durch ihre Kundschafter von dem Brückenbau Nachricht zugekommen wäre, hätten sie nach ihrer Gewohnheit eine Versammlung abgehalten und nach allen Richtungen Boten ausgesandt, sie sollten ihre Städte verlassen, Kinder, Weiber und ihre Habe in den Wäldern in Sicherheit bringen; die ganze waffenfähige Mannschaft sollte an einem Orte zusammenkommen. Hierzu habe man fast den Mittelpunkt aller der Gegenden ausgewählt, die von den Sueben bewohnt würden[1]. Hier hätten sie beschlossen, die Ankunft der Römer zu erwarten und die Entscheidungsschlacht zu schlagen. Dies brachte Caesar in Erfahrung, er glaubte aber, für den Ruhm und den Vorteil der Römer genug getan zu haben, da alles das vollbracht war, um dessen willen er das Heer hinüberzuführen beschlossen hatte: den Germanen hatte er Furcht eingejagt, die Sugambrer bestraft, die Ubier von ihrer Bedrängnis befreit. So zog er sich denn, nachdem er im ganzen achtzehn Tage jenseits des Rheines verweilt hatte, nach Gallien zurück und ließ die Brücke abbrechen.

[1] Dieser Ort lag wahrscheinlich in der Gegend des heutigen Nürnberg.

FÜNFTES BUCH

Das Jahr 54 v.Chr.

Der Krieg gegen Ambiorix

Abfall der Eburonen

29. Dagegen eiferte Titurius: Sie würden zu spät handeln, wenn einmal größere Scharen der Feinde in Verbindung mit den Germanen zusammengekommen wären oder man in den nächstgelegenen Winterquartieren eine Niederlage erlitten hätte. Man habe nicht lange Zeit, einen Entschluß zu fassen. Caesar sei seiner Meinung nach gewiß schon nach Italien abgereist. Sonst hätten weder die Carnuten den Plan gefaßt, den Tasgetius zu ermorden, noch auch würden die Eburonen, wenn jener noch in Gallien wäre, mit solcher Verachtung unseres Heeres gegen das Lager vorrücken. Nicht der Rat des Feindes sei für ihn maßgebend, sondern die Sache selbst. Der Rhein sei in der Nähe. Die Germanen seien über den Tod des Ariovist und unsere bisherigen Siege erbittert. Gallien stehe in Flammen, da es unter so vielen Demütigungen der Herrschaft des römischen Volkes untertan geworden und sein früherer Kriegsruhm erloschen sei. Endlich, wer könne sich wohl einbilden, Ambiorix sei zu einem derartigen Entschluß geschritten, ohne seiner Sache sicher zu sein? Sein Vorschlag gewähre in jedem Falle Sicherheit. Stehe die Sache nicht gar so schlimm, so würden sie ohne jede Gefahr zur nächsten Legion

gelangen; sei aber ganz Gallien mit den Germanen im Einverständnis, so gebe es nur eine einzige Rettung, nämlich schnellen Abzug. Welchen Ausgang könne aber der Plan des Cotta und der übrigen Andersgesinnten haben? Von ihm drohe, wenn auch keine augenblickliche Gefahr, so doch sicher Hungersnot als die Folge einer langwierigen Belagerung.

Der Aufstand der Senonen und Treverer

55. Die Treverer aber und Indutiomarus schickten während des Winters ohne Unterlaß Gesandte über den Rhein, suchten die dortigen Völkerschaften aufzuwiegeln, versprachen Geldsummen und streuten die Nachricht aus, daß der größte Teil unseres Heeres vernichtet und nur ein sehr kleiner noch übriggeblieben sei. Dennoch ließ sich kein germanischer Stamm bereden, über den Rhein zu gehen. Zweimal, so sagten sie, hätten sie schon den Versuch gemacht, im Krieg des Ariovist und beim Übergang der Tencterer; sie hätten keine Lust, das Glück noch weiter zu versuchen . . .

SECHSTES BUCH

Das Jahr 53 v. Chr.

Die Unterwerfung der abgefallenen Gallier

*Unterwerfung der Nervier, Senonen, Carnuten und Menapier
durch Caesar*

2. Nach dem Tode des Indutiomarus, von dem wir oben berichtet haben, wurde die Herrschaft von den Treverern auf
seine Verwandten übertragen. Diese hörten nicht auf, die benachbarten Germanen aufzuwiegeln und ihnen Geld zu versprechen. Als sie bei den nächsten Nachbarn nichts ausrichten
konnten, versuchten sie es bei den entfernteren. Endlich ließen
sich einige Völkerschaften herbei. Mit diesen verbanden sie
sich eidlich und leisteten ihnen durch Stellung von Geiseln
Sicherheit in betreff der Subsidien. Mit Ambiorix schlossen sie
ein Schutz- und Trutzbündnis. Caesar erhielt von diesen Vorgängen Kunde. Von allen Seiten sah er sich mit Krieg bedroht: die Nervier, Aduatucer und Menapier im Verein mit
allen Germanen diesseits des Rheines standen in Waffen, die
Senonen erschienen auf seinen Befehl nicht vor ihm, sondern
machten mit den Carnuten und anderen benachbarten Stämmen gemeinschaftliche Sache, die Germanen endlich wurden
von den Treverern durch häufige Gesandtschaften aufgereizt.
Unter solchen Umständen glaubte Caesar vor der gewöhnlichen Zeit an den Krieg denken zu müssen.

Der Feldzug gegen die Sueben

Caesars zweiter Übergang über den Rhein

9. Nachdem Caesar aus dem Lande der Menapier in das der Treverer gekommen war, beschloß er aus zwei Gründen den Rhein zu überschreiten: erstens, weil die Germanen den Treverern Hilfstruppen gegen ihn geschickt hatten, und zweitens, damit nicht Ambiorix bei jenen Zuflucht finden könne. Er ließ deshalb ein wenig oberhalb der Stelle, wo er früher sein Heer hinübergeführt hatte, eine Brücke schlagen[1]. Da die Bauart bereits bekannt und geläufig war, wurde das Werk bei dem großen Fleiß der Soldaten in wenigen Tagen vollendet. Im Lande der Treverer, zunächst der Brücke, ließ er eine starke Schutzwache zurück, um dem Ausbruch einer Empörung bei diesem Stamme vorzubeugen; die übrigen Truppen und die Reiterei setzte er über den Fluß. Die Ubier, welche schon früher Geiseln gestellt und sich unterworfen hatten, schickten zu ihrer Rechtfertigung Gesandte. Weder Hilfstruppen (so versicherten sie) seien aus ihrem Stamme zu den Treverern geschickt worden, noch hätten sie sonst die Treue verletzt. Sie baten dringend, Caesar möge ihrer schonen und nicht in seinem allgemeinen Germanenhaß Unschuldige statt der Schuldigen strafen. Wolle er noch mehr Geiseln, so seien sie auch dazu bereit. Bei näherer Untersuchung der Sache fand Caesar,

---

[1] Etwas weiter südlich als beim ersten Übergang. Nach vielen erfolglosen Baggerungen im Neuwieder Becken hat man erst 1886 am sogenannten Thurmer Werth, einer Insel oberhalb Neuwied, an beiden Flußufern Holzreste gefunden und 700 m weiter stromaufwärts auf dem linken Ufer ein Kastell ausgegraben. Danach vermutet Isphording, der die Baggerungen leitete, daß an dieser Stelle Caesars zweiter Rheinübergang stattgefunden habe. Dafür spräche auch die Angabe Caesars im 29. Kapitel, daß er einen Teil der Brücke (also den über den rechten Stromarm führenden) habe abbrechen lassen, während der andere unter dem Schutz eines Turmes und des obenerwähnten Kastells stehengeblieben sei. Jedenfalls gewährte dann das vor dem Thurmer Werth gelegene Kiesbecken einen Stützpunkt für die Brücke. Wenn wir nun diese Übergangsstelle für die zweite Brücke annehmen, so muß die erste bei oder unterhalb Neuwied angelegt gewesen sein.

daß die Sueben Hilfstruppen geschickt hatten. Er nahm daher die Rechtfertigung der Ubier an und zog über die Zugänge und Straßen ins Land der Sueben Erkundigungen ein.

Die Sueben ziehen sich zurück

10. Unterdessen erhielt er einige Tage darauf von den Ubiern die Nachricht, die Sueben zögen alle ihre Streitkräfte auf einen Punkt zusammen und erteilten den unter ihrer Herrschaft stehenden Stämmen den Auftrag, Hilfstruppen zu Fuß und zu Roß zu stellen. Auf diese Nachrichten hin sorgte er für die Verpflegung und wählte sich einen geeigneten Lagerplatz. Den Ubiern befahl er, ihre Herden in Sicherheit zu bringen und ihre ganze bewegliche Habe vom flachen Land in die Städte zu schaffen, in der Hoffnung, die barbarischen und kurzsichtigen Feinde könnten sich vielleicht durch Mangel an Lebensmitteln zu einem Kampf unter ungünstigen Verhältnissen verleiten lassen. Zugleich trug er den Ubiern auf, häufig Kundschafter zu den Sueben zu schicken und die dortigen Vorgänge auszuforschen. Jene leisteten den Befehlen Folge und berichteten schon nach Verlauf weniger Tage: Alle Sueben hätten sich, nachdem ihnen zuverlässige Kunde über das römische Heer zugekommen wäre, mit ihrer gesamten vereinigten Streitmacht und den Truppen ihrer Bundesgenossen ganz an die äußerste Grenze ihres Landes zurückgezogen. Dort sei ein Wald von unermeßlicher Ausdehnung, namens Bacenis[1]. Dieser erstrecke sich weit ins Innere und schütze als eine natürliche Grenzmauer die Cherusker vor den Unbilden und Überfällen der Sueben und die Sueben vor denen der

---

[1] Der (nur von Caesar erwähnte) Bacenis-Wald umfaßte den Thüringer und Frankenwald, das Fichtelgebirge, das Erzgebirge und Riesengebirge bis zu den Karpaten.

Cherusker. Am Eingang dieses Waldes[1] wollten die Sueben ihrem Beschluß zufolge die Ankunft der Römer erwarten.

Vergleichende Darstellung der gallischen und germanischen Sitten

11. Bei dieser Gelegenheit halte ich es für passend, über die Sitten Galliens und Germaniens und über die Verschiedenheit beider Nationen einiges vorzubringen. In Gallien finden sich nicht nur in allen einzelnen Kantonen, Gauen und Gemeinden, sondern beinahe auch in jedem Hause Parteien[2]. Führer dieser Parteien sind diejenigen, welche nach der öffentlichen Meinung das größte Ansehen besitzen. Ihrem Gutdünken und Urteil falle die höchste Entscheidung bei allen Verhandlungen und Entschlüssen anheim. Diese Einrichtung ist, wie es scheint, in alter Zeit deshalb getroffen worden, damit der gemeine Mann nicht der Hilfe gegen Mächtigere entbehre. Denn kein Häuptling duldet, daß sein Anhang unterdrückt oder beenträchtigt werde, andernfalls ist es mit seinem Ansehen bei den Seinigen vorbei. Gerade so steht es mit den Verhältnissen Galliens im großen und ganzen; denn sämtliche Völkerschaften bilden wieder unter sich zwei Parteien.

12. Als Caesar nach Gallien kam, standen an der Spitze der einen Partei die Häduer, an der Spitze der anderen die Sequaner. Die letzteren waren an und für sich minder mächtig, da die Häduer schon seit alter Zeit das größte Ansehen genossen

---

[1] Am Westende des Waldes, vielleicht bei Meiningen.
[2] So sagt auch Tacitus (Agricola, Kap. 12) von den Britanniern: „Einst gehorchten sie Königen; jetzt werden sie durch die Großen in Fraktionen und Parteiungen hin und her gezogen, und nichts ist gegen so kraftvolle Völker für uns ersprießlicher, als daß sie nicht zusammenhalten."

und viele Schutzvölker ihnen zur Seita standen. Daher hatten sich die Sequaner mit den Germanen und Ariovist verbunden und sie mit großen Opfern und Versprechungen veranlaßt, in ihr Land zu kommen. Nachdem sie aber mehrere glückliche Schlachten geschlagen und den ganzen Adel der Häduer niedergemacht hatten, waren sie hierdurch so übermächtig geworden, daß ein großer Teil der Schutzvölker von den Häduern zu ihnen übertreten, diese selbst aber die Söhne ihrer Fürsten als Geiseln stellen und sich von Staats wegen eidlich verpflichten mußten, nie etwas gegen die Sequaner unternehmen zu wollen. Überdies nahmen die letzteren einen Teil des Grenzlandes der Häduer gewaltsam in Besitz und erlangten die Hegemonie über ganz Gallien. Diese Notlage hatte den Divitiacus veranlaßt, nach Rom zu gehen und den Senat um Hilfe zu bitten[1]; er war aber unverrichteter Dinge wieder zurückgekehrt. Die Ankunft Caesars führte jedoch einen gänzlichen Umschwung herbei. Den Häduern wurden ihre Geiseln zurückgegeben, sie erhielten ihren alten Anhang wieder und gewannen neuen durch die Vermittlung Caesars, weil diejenigen, welche sich ihrer Partei angeschlossen hatten, sahen, daß sie sich in besseren Verhältnissen und unter einer gerechteren Herrschaft befänden. Da auch sonst noch der Einfluß und das Ansehen der Häduer stieg, hatten die Sequaner die Oberherrschaft aufgeben müssen. An ihre Stelle waren die Remer getreten. Weil man nämlich einsah, daß diese bei Caesar in derselben Gunst standen wie die Häduer, so begaben sich diejenigen, welche sich wegen alter Feindschaften schlechterdings nicht mit den Häduern verbinden konnten, unter den Schutz der Remer. Diese kamen ihrer Schutzpflicht getreulich nach und behaupteten dadurch ihr ebenso neues als plötzlich erlangtes Ansehen. Damals also standen die Dinge so, daß die Häduer unbedingt für das erste Volk gehalten wurden, die Remer aber den zweiten Rang einnahmen.

---

[1] Damals (im Jahre 61) machte auch Cicero, wie er in Buch I, Kap. 41, „Von der Weissagung", erzählt, Bekanntschaft mit Divitiacus.

13. In ganz Gallien gibt es überhaupt nur zwei Klassen von Menschen, die einigermaßen Geltung und Ansehen haben. Denn das gemeine Volk wird den Sklaven gleich geachtet; es kann nichts auf eigene Hand unternehmen und wird zu keiner Beratung beigezogen. Die meisten aus seiner Mitte sind von Schulden oder hohen Steuern oder der Willkür der Mächtigen so gedrückt, daß sie sich in die Hörigkeit der Adeligen begeben. Diesen stehen dann gegen solche Leute ganz dieselben Rechte zu, wie den Herren gegen ihre Sklaven. Die ersterwähnten beiden Klassen aber sind die Druiden[1] und die Ritter. Die Druiden sind beim Gottesdienste tätig, besorgen die öffentlichen und privaten Opfer und erklären die Satzungen der Religion. Sie haben daher einen großen Zulauf von Jünglingen, die sich bei ihnen ausbilden wollen, und stehen bei den Galliern in hohem Ansehen. Denn sie entscheiden fast über alle öffentlichen und privaten Streitigkeiten. Wurde irgendein Verbrechen begangen, eine Mordtat verübt, handelt es sich um einen Erbschafts- oder Grenzstreit, so sind sie ebenfalls die Richter und bestimmen über Belohnung und Strafe. Will sich aber irgend ein Privatmann oder ein Volksstamm ihrem Spruch nicht unterwerfen, schließen sie ihn von den Opfern aus. Dies ist die härteste Strafe, die es bei ihnen gibt. Diejenigen, welche so in den Bann getan sind, werden als Gottlose und Verbrecher behandelt. Jedermann geht ihnen aus dem Weg und meidet ihre Annäherung und Ansprache, um ja nicht durch die Ansteckung Schaden zu erleiden. Weder wird ihnen auf ihre Bitten Recht zugesprochen, noch irgend eine Ehrenstelle zuerteilt. An der Spitze aller Druiden aber steht einer, der unter ihnen das größte Ansehen genießt. Stirbt er, und ist einer da, der sich vor allen anderen an Würde auszeichnet, so folgt ihm dieser nach. Finden sich aber mehrere mit gleichen Ansprüchen, so wird der Streit um den Vorrang durch die Wahl der Druiden, manchmal sogar durch

---

[1] Den Namen „Druiden" leiten die einen ab vom keltischen drev („Eiche"), wegen ihrer priesterlichen Tätigkeit in Eichenhainen, andere vom altbritischen dryod („weiser Mann").

Waffengewalt entschieden. Zu einer bestimmten Zeit des Jahres sitzen die Druiden im Lande der Carnuten, welches man für den Mittelpunkt von ganz Gallien hält, an geweihter Stätte zu Gericht. Dorthin kommen aus allen Teilen Galliens diejenigen, welche Streitigkeiten haben, und unterwerfen sich ihren Entscheidungen und Rechtssprüchen. Die Lehre der Druiden soll ihren Ursprung in Britannien haben und erst von da nach Gallien gekommen sein. Auch jetzt noch begeben sich alle, denen an einer genaueren Kenntnis der Druidenlehre gelegen ist, meist nach Britannien, um sich dort unterweisen zu lassen.

14. Die Druiden nehmen gewöhnlich nicht am Krieg teil, zahlen auch keine Steuern wie die übrigen und genießen Freiheit vom Heeresdienst und allen anderen Lasten. Diese großen Vorrechte sind die Veranlassung, daß viele teils aus freien Stücken sich diesem Stand zuwenden, teils von ihren Eltern und Verwandten dafür bestimmt werden. Dort müssen sie, wie man sagt, eine große Anzahl Verse[1] auswendig lernen. Deshalb bringen manche sogar zwanzig Jahre in dieser Schule zu. Man hält es nämlich nicht für erlaubt, jene Formeln niederzuschreiben, während sich sonst die Gallier fast in allen Dingen, in öffentlichen und privaten Angelegenheiten, des griechischen Alphabetes bedienen. Diese Einrichtung haben sie, wie mir scheint, aus zwei Gründen getroffen; einmal wollen sie nicht, daß ihre Lehre unter dem Volk bekannt werde[2], und dann sollen ihre Jünger nicht im Vertrauen auf die Schrift die Stärkung des Gedächtnisses vernachlässigen. Denn die Erfahrung lehrt, daß die meisten Leute sich auf das Geschriebene verlas-

---

[1] Ihre drei Hauptlehren sollen gewesen sein. 1. den Geboten Gottes zu gehorchen, 2. zum Wohle der Mitmenschen beizutragen und 3. in keiner Lage des Lebens den Mut zu verlieren.

[2] Die Wissenschaft der Druiden war eine Geheimlehre, die auf sinnbildliche Weise vorgetragen wurde. Außer dem ganzen religiösen Wesen fiel auch die Ethik, Rechtskunde, Mathematik und Heilkunde in ihren Bereich. Ausgangspunkt der Druidenlehre war die Insel Mona. Mit der Romanisierung des Landes schwand der Einfluß der Priesterkaste. Kaiser Claudius verbot die Religion der Druiden, und von nun an wirkten sie nur noch im geheimen durch Mantik und Zauberei auf das Volk bis in die nachchristliche Zeit hinein.

sen und darüber auf das Auswendiglernen und Behalten des
Gelernten nicht die gebührende Sorgfalt verwenden. Ihre
Hauptlehre ist, daß die menschliche Seele unsterblich sei und
nach dem Tode aus einem Körper in den anderen übergehe.
Durch diese Lehre wollen sie die Todesfurcht bannen und zur
Tapferkeit anfeuern. Überdies stellen sie noch viele Erörterun-
gen an über die Gestirne und deren Lauf, über die Größe der
Welt und des Erdkreises, über das Wesen der Dinge wie über
die Macht und Gewalt der unsterblichen Götter; in all dem
unterrichten sie auch die Jugend.

15. Die zweite Klasse bilden die Ritter[1]. Diese ziehen insgesamt in den Krieg, sooft es die Not erfordert und ein Krieg
ausbricht. Vor Caesars Ankunft war dies nämlich fast regelmäßig alle Jahre der Fall, so daß sie entweder selbst angriffen,
oder sich gegen einen Angriff verteidigten. Je edler oder rei-
cher ein Ritter ist, desto mehr Ambacten[2] und Schutzgenossen hat er in seinem Gefolge. Das ist die einzige Art von
Ansehen und Macht, die sie kennen.

16. Die ganze gallische Nation ist gottesdienstlichen Gebräu-
chen sehr ergeben. Wenn daher jemand von einer schweren
Krankheit befallen wird oder Schlachten und anderen Gefah-
ren entgegengeht, so pflegt er Menschenopfer[3] darzubringen
oder zu geloben und läßt die Druiden die gottesdienstliche
Handlung besorgen. Sie glauben nämlich, die unsterblichen
Götter könnten nur dadurch besänftigt werden, daß für ein
Menschenleben wieder ein Menschenleben geopfert werde.

---

[1] Den Druiden als weltlicher Adel gegenübergestellt.
[2] Die Ambacten (ein keltisches oder germanisches Wort, d. h. Vasall, Knappe)
folgten ihrem Patron aus freier Entschließung und durften ihn nie verlassen.
[3] Menschenopfer kommen vereinzelt sogar in der römischen Geschichte vor.
Tacitus (Germania, Kap. 9) erwähnt Menschenopfer bei den Germanen, die
vor und nach einer Schlacht, zur Erfüllung von Gelübden wie auch regelmäßig
an bestimmten Tagen, besonders dem Merkur (Wodan) dargebracht wurden.
Bei den heidnisch gebliebenen Sachsen und Friesen kamen Menschenopfer bis
ins 9. nachchristliche Jahrhundert vor.

Derartige Opfer sind bei ihnen sogar von Staats wegen eingeführt. Einige Stämme verwenden dabei Gebilde von ungeheu-
rer Größe, deren Glieder aus Reisiggeflecht gebildet und mit
lebendigen Menschen angefüllt werden; hierauf zündet man
sie von unten an, die Menschen werden von den Flammen
erfaßt und geben ihren Geist auf. Man glaubt allerdings, daß
die Opferung derjenigen, welche bei Diebstahl, Raub oder
sonst einem Verbrechen ergriffen worden sind, den unsterblichen Göttern angenehmer sei; wenn es aber an solchen Leuten mangelt, versteht man sich auch zur Opferung Unschuldi-
ger.

17. Unter den Göttern verehren sie ganz besonders den Mer-
curius. Er hat die meisten Bildsäulen, er wird als der Erfinder
aller Künste gefeiert, er gilt als Geleitsmann auf allen Wegen
und Straßen, er soll nach ihrem Glauben auf Gelderwerb und
Handel den größten Einfluß ausüben. Nach ihm ehren sie den
Apollo, Mars, Jupiter und die Minerva[1]. Von diesen Gottheiten haben sie fast dieselbe Vorstellung wie die übrigen Völker. Apollo vertreibt die Krankheiten, Minerva lehrt die An-
fangsgründe der Hand- und Kunstarbeiten, Jupiter ist der
König des Himmels, und Mars lenkt die Kriege. Diesem pflegen sie daher die gehoffte Beute zu geloben, wenn sie in eine
Schlacht ziehen. Haben sie gesiegt, so opfern sie dann die
erbeuteten Tiere, alles übrige aber bringen sie an einem Ort
zusammen. Bei vielen Völkerschaften kann man aufgetürmte
Hügel von solchen Dingen an gewissen Orten erblicken, und
es kommt nur höchst selten vor, daß einer unter Nichtachtung
der religiösen Satzung Beutestücke entweder bei sich zu verheimlichen oder von dem Haufen zu entwenden wagt. Auch

---

[1] Diese Namen gab es in Gallien natürlich nicht, sondern sie wurden nach
römischer Sitte auf gallische Götter übertragen. Die Hauptgötter der Gallier
hießen (nach Lucan): Teutates, d.h. Merkur, Hesus, d.h. Mars, Taranius
(taran, keltisch, der Donner), d.h. Jupiter, Belon (Belenus), d.h. Apollo, Beli-
sana, eine Mondgöttin (ähnlich der Isis oder Minerva).

steht auf einem solchen Verbrechen die martervollste Todesstrafe.

18. Die Gallier rühmen sich insgesamt, vom Vater Dis abzu-
stammen[1], und berufen sich dabei auf die Lehre der Druiden. Aus diesem Grund berechnen sie auch alle Zeiträume
nicht nach der Zahl der Tage, sondern der Nächte. Geburts-
tage wie Monats- und Jahresanfänge bestimmen sie so, daß
die Nacht beginnt und der Tag folgt[2]. In den anderen Le-
bensgewohnheiten unterscheiden sie sich von den übrigen Völkern etwa darin, daß sie ihren Kindern nicht eher öffentlichen
Zutritt zu sich gestatten, als bis diese das Alter der Wehrhaftig-
keit erreicht haben. Sie halten es nämlich für eine Schande,
wenn der Sohn in den Kinderjahren sich neben seinem Vater
öffentlich sehen läßt.

19. Soviel Geld der Mann von seinem Weib als Mitgift erhalten hat, soviel legt er nach genauer Abschätzung aus seinem
eigenen Vermögen noch dazu.[3] Das ganze Kapital wird
dann gemeinschaftlich verwaltet, und die Zinsen davon werden zurückgelegt. Der überlebende Teil erbt das Ganze nebst
den bisherigen Interessen. Die Männer haben Gewalt über
Leben und Tod ihrer Weiber und Kinder. Wenn das Haupt
einer vornehmen Familie stirbt, so treten dessen Verwandte
zusammen; erregt der Todesfall irgendwie Verdacht, so wer-

---

[1] Da Dis (Pluto) der Gott der Unterwelt ist, nahmen die Gallier an, aus dem
finsteren Schoß der Erde als Ureingeborene hervorgegangen zu sein.
[2] Diese Sitte hat sich wie bei den Indern, den Griechen und den Germanen
(Tacitus, Germania, Kap. 11) wohl auch bei den Britanniern gefunden, wo sie
sich bis auf den heutigen Tag erhalten hat. So heißt in England ein Zeitraum
von 14 Tagen fortnight (fourteen nights, d.h. 14 Nächte), im Fürstentum
Wales ein Zeitraum von 8 Tagen eight nights (8 Nächte). Vgl. ferner unser
„Fastnacht" und „Weihnachten". Der Brauch, nach Nächten zu rechnen,
hängt übrigens nicht mit der obenerwähnten Druidentradition, sondern mit
der den meisten Völkern des Altertums gemeinsamen Zeitrechnung nach dem
Mondlauf zusammen.
[3] Ein ähnlicher Brauch war in Rom die Schenkung, die der Mann vor der
Hochzeit der Braut als Sicherungsmittel wegen ihrer Mitgift verschrieb. – Bei
den Germanen (Tacitus, Germania, Kap. 18) brachte der Mann allein die
Ausstattung in die Ehe.

den die Frauen[1] des Verstorbenen gerade so wie Sklaven peinlich verhört[2] und, wenn sich der Verdacht bestätigt, auf das grausamste gemartert und mit dem Feuertod bestraft. Die Leichenbegängnisse sind im Verhältnis zur Lebensweise der Gallier prachtvoll und kostspielig. Alles, wovon sie wissen, daß es dem Toten bei Lebzeiten teuer war, wird mit ins Feuer geworfen, selbst Haustiere. Ja, noch kurz vor unserer Zeit wurden zum Schluß der Leichenfeierlichkeiten sogar die Sklaven und Hörigen mitverbrannt, welche für die besonderen Lieblinge des Abgeschiedenen galten.

20. Bei denjenigen Völkerschaften, die wegen einer besonders guten Verwaltung ihres Gemeinwesens gerühmt werden, besteht folgende gesetzliche Bestimmung: „Wenn einer etwas, das auf den Staat Bezug hat, gerüchtweise oder durch Hörensagen von den Nachbarn erfährt, so muß er es der Obrigkeit anzeigen, darf aber sonst niemandem davon Mitteilung machen." Denn die Erfahrung hat gelehrt, daß unbesonnene und einfältige Leute sich gar oft durch falsche Gerüchte in Schrecken setzen, zu einer übereilten Tat hinreißen und zu Entschlüssen von der größten Tragweite bestimmen lassen. Die Behörden halten geheim, was sie für gut befinden, und machen dem Volk bekannt, was nach ihrer Meinung für dasselbe zuträglich ist. Über Staatsangelegenheiten zu sprechen, ist nur in der Volksversammlung erlaubt.

21. Die Germanen weichen von diesen Sitten in vielen Stükken ab. Denn sie haben weder Druiden, die den Gottesdienst besorgen[3], noch halten sie viel auf Opfer. Sie glauben nur an solche Götter, die sie mit Augen sehen, und deren Macht ihnen handgreiflichen Nutzen bringt: die Sonne, den Vulkan

---

[1] Dieser Ausdruck läßt auf Polygamie wenigstens bei den reichen Adeligen schließen; vgl. Tacitus, Germania, Kap. 18.

[2] Um von den Sklaven Geständnisse zu erpressen, wurde auch in Rom die Folter angewendet.

[3] D.h., der Stand der Druiden fehlte bei ihnen, während sie wahrscheinlich schon zu Caesars Zeit Priester und Priesterinnen zur Besorgung des Gottesdienstes hatten.

(Feuergott) und den Mond. Die übrigen kennen sie nicht einmal vom Hörensagen[1]. Ihr ganzes Leben dreht sich um die Jagd und die Beschäftigung mit dem Krieg. Von Jugend auf gewöhnen sie sich an Strapazen und Abhärtung. Je länger einer die Keuschheit bewahrt, desto größeres Lob erntet er bei den Seinigen. Dadurch, glauben sie, werden der Wuchs und die Stärke befördert und die Muskelkraft gestählt. Vor dem zwanzigsten Jahr Umgang mit einem Weib gehabt zu haben, halten sie für die allergrößte Schande. Und doch machen sie aus der Verschiedenheit des Geschlechts kein Geheimnis; denn beide Geschlechter baden gemeinschaftlich in den Flüssen, und ihre Kleidung besteht nur in Tierfellen oder kurzen Pelzdecken, so daß ein großer Teil des Körpers unbedeckt bleibt.

22. Mit dem Ackerbau beschäftigen sie sich nicht viel. Ihre Nahrung besteht zum größten Teil in Milch, Käse und Fleisch. Auch besitzt niemand ein bestimmt abgemessenes Feld noch ihm allein angehörige Grundstücke. Vielmehr bekommen die einzelnen Geschlechter und Sippschaften, welche zusammenhalten, von den Behörden und Häuptlingen auf je ein Jahr Feld angewiesen, soviel und wo es diese für gut befinden, müssen aber das Jahr darauf anderswohin ziehen. Für diese Einrichtung bringen sie viele Gründe vor. Die Vorliebe für eine seßhafte Lebensweise könnte die Germanen leicht verlocken, den Hang zum Krieg mit dem Ackerbau zu vertauschen; sie würden nach ausgedehntem Landbesitz trachten, und die Armen würden von den Reichen aus ihren Besitzungen verdrängt werden; man könnte, um Kälte und Hitze zu vermeiden, allzu bequemliche Wohnungen bauen; auch dürfe man die Habsucht nicht aufkommen lassen, die gewöhnliche

---

[1] Dem steht der Bericht des Tacitus (Germania, Kap. 9) gegenüber, wonach die Germanen vorzugsweise den Merkur (Wodan), Herkules (Donar) und Mars (Tiu), einige auch die Isis (Frigga?) verehrten. Weitere Götter der Germanen waren Tuisto, den sie als den Stammvater ihres Volkes feierten, sein Sohn Man (Mannus) u. a.

Quelle von Parteiungen und Streitigkeiten; endlich müsse man den gemeinen Mann zufrieden erhalten, wenn er sähe, daß der Mächtigste nicht mehr besitze als er.

23. Die größte Ehre für die einzelnen Völkerschaften ist es, rings um ihr Gebiet weit und breit Wüsteneien und Einöden zu haben. Sie sehen es nämlich als einen besonderen Beweis der Tapferkeit an, wenn die Nachbarn, aus ihren Ländereien vertrieben, auswandern und niemand es wagt, sich in ihrer Nähe niederzulassen[1]. Zugleich fühlen sie sich dadurch sicherer, weil sie keinen plötzlichen Überfall zu befürchten haben. Hat ein Stamm einen Verteidigungs- oder Angriffskrieg zu führen, so wählt man zu seiner Leitung eine Oberbehörde mit Gewalt über Leben und Tod. Im Frieden haben sie keine gemeinschaftliche Obrigkeit, sondern die Häuptlinge der einzelnen Landschaften und Gaue sprechen Recht unter den Ihrigen und schlichten die Streitigkeiten. Raubzüge außerhalb des eigenen Gebietes zu machen, gilt nicht für schimpflich und wird sogar als ein gutes Mittel gerühmt, die junge Mannschaft zu üben und den Müßiggang zu steuern. Wenn daher einer der Häuptlinge in der Volksversammlung erklärt, er wolle Führer sein, wer ihm zu folgen gedenke, möge sich melden, so erheben sich alle, denen die Sache und der Mann gefällt, und versprechen ihm unter dem lauten Beifallsruf der Menge ihre Teilnahme. Folgt ihm aber dann einer trotzdem nicht, so wird er als Ausreißer und Verräter angesehen und findet fortan in nichts mehr Glauben. Einen Gastfreund zu verletzen, halten sie für eine Sünde, und es mag einer zu ihnen kommen, aus welcher Ursache er immer will, so findet er Schutz gegen jegliche Unbill und wird für unverletzlich gehalten; jedes Haus steht ihm offen, jeder teilt seinen Unterhalt mit ihm[2].

24. Es gab einst eine Zeit, da die Gallier die Germanen an Tapferkeit übertrafen, sie aus freien Stücken bekriegten und

---

[1] S: Buch IV, Kap. 3.
[2] Vgl. Tacitus, Germania, Kap. 21: „Irgendwem, wer immer es auch sein mag, seine Türe zu verschließen, gilt für ein Unrecht."

wegen der Größe ihrer Bevölkerung und des Mangels an Ak-
kerland Kolonien über den Rhein schickten[1]. So besetzten
die tectosagischen Volker[2] die fruchtbarsten Landschaften
Germaniens um den hercynischen Wald[3] den schon Erato-
stheuer[4] und andere Griechen unter dem Namen des Orcy-
nischen vom Hörensagen kannten. Jene Tectosagen leben bis
auf den heutigen Tag in diesen Wohnsitzen und genießen
wegen ihrer Gerechtigkeit und Tapferkeit hohes Ansehen. Die
Germanen sind nun bei ihrer alten Armut, Dürftigkeit und
Entbehrung geblieben und bewahren noch ihre frühere Lebensweise und Körperpflege; den Galliern hingegen ver-
schaffte die Nähe der römischen Provinzen und die Bekanntschaft mit den überseeischen Waren reichen Wohlstand und
größere Bequemlichkeit. Dadurch wurden sie allmählich gewöhnt, sich besiegen zu lassen, und in vielen Treffen überwunden, stellen sie gegenwärtig nicht einmal selbst die überlegene
Tapferkeit der Germanen in Abrede.

Der hercynische Wald

25. Der oben erwähnte hercynische Wald erstreckt sich der
Breite nach für einen guten Fußgänger neun Tagesreisen weit.

[1] So berichtet Livius, daß der Keltenkönig Ambigatus zur Zeit des Tarquinius
Priscus seinen Neffen mit Kolonisten in den hercynischen Wald geschickt habe.
[2] Die Volker, ein mächtiges Volk, das schon frühzeitig Wanderzüge nach Germanien und Griechenland unternahm, zerfielen in zwei Stämme: 1. Die tectosagischen Volker, die später nach Asien auswanderten, von den Pyrenäen bis zum
Fluß Oltis mit der Hauptstadt Tolosa (Toulouse) an der Garonne; 2. die
arekomischen Volker, östlich davon mit der Hauptstadt Namausus oder Ne-
mausus (Nîmes) und der Handelsstadt Narbo (Narbonne). Beide Stämme
waren zu Caesars Zeiten von den Römern unterworfen.
[3] Hercynischer Wald (vom kelt. erchynn, d.h. hoch, erhaben) war nach Kap. 27
der Gesamtname für alle deutschen Gebirgszüge vom Schwarzwald bis zu den
Karpaten.
[4] Eratosthenes aus Cyrene (in Afrika), 275–196 v.Chr., der berühmte Sprachfor-
scher, Astronom, Geograph, Mathematiker und Dichter, war lange Jahre
unter dem König Euergetes Vorsteher der großen Bibliothek in Alexandria und
starb dort in seinem 80. Lebensjahr freiwillig den Hungertod. Er ist der Schöp-
fer der wissenschaftlichen Geographie. Von seinen drei Büchern über Geographie sind uns noch Fragmente bei Strabo erhalten.

Eine andere Bestimmung ist nicht möglich, weil die Germanen von Längenmaßen nichts wissen. Der Wald beginnt an den Grenzen der Helvetier, Nemeter und Rauricer und zieht sich in paralleler Richtung zu dem Donaustrom bis zum Gebiet der Dacer[1] und Anarten. Hier biegt er links in mehreren Verzweigungen ab und berührt bei seiner großen Ausdehnung noch die Länder vieler Völkerschaften. Niemand in diesem Teil Germaniens könnte behaupten, bis an das Ende des Waldes gekommen zu sein, auch wenn er sechzig Tagesreisen weit vorgedrungen war, oder vernommen zu haben, wo sich jenes Ende befindet. Bekannt ist, daß es in diesem Wald viele Tierarten gibt, die man anderswo nicht sieht. Die auffallendsten und merkwürdigsten von ihnen sind folgende:

26. Es gibt dort eine Art Stiere, nicht unähnlich einem Hirsch, der mitten auf der Stirn zwischen den Ohren ein einziges Horn trägt, das aber höher und weniger gekrümmt ist als die uns bekannten Geweihe. Oben an der Krone verzweigt sich dasselbe in handförmige, ästige Auswüchse in die Breite. Männchen und Weibchen sind sich in ihrer Beschaffenheit wie in der Gestalt und Größe des Geweihes völlig gleich[2].

27. Dann finden sich dort die sogenannten Alce (Elentiere). In ihrem Aussehen und der bunten Färbung ihrer Felle gleichen sie den Ziegen, doch sind sie etwas größer als diese, haben abgestumpfte Hörner und Beine ohne Knöchel und Gelenke. Eben darum legen sie sich nicht nieder, um zu schlafen, und können sich auch nicht aufrichten oder erheben,

---

[1] Ein thrakischer Volksstamm in Siebenbürgen, Ungarn, Galizien, der Moldau und der Walachei. Die Anarten wohnten an der Theiß in Ungarn. Beide Völkerschaften kamen unter Trajan unter die römische Herrschaft.

[2] Man hat in dieser fabelhaften Beschreibung mit Recht das Rentier erkannt. Die Angabe, daß es ein Horn auf der Stirne hat, ist vielleicht dadurch verursacht, daß die beiden Hörner des Rentieres von der Seite gesehen den Anblick eines einzigen darbieten konnten. Durch Funde in Pfahlbauten ist bewiesen, daß das Rentier in den ältesten Zeiten bis nach Helvetien herab vorkam. Zu Caesars Zeit dürfte es des milderen Klimas wegen nur noch in den Ostseeprovinzen gesehen worden sein.

wenn sie durch irgendeinen Zufall niedergefallen sind. Bäume dienen ihnen als Lager; an diese lehnen sie sich an und schlafen so nur ein wenig zurückgeneigt. Haben nun die Jäger aus der Fährte ihre gewöhnlichen Schlupfwinkel entdeckt, so untergraben sie an dieser Stelle entweder alle Bäume an den Wurzeln oder sägen sie so weit an, daß sie ganz so aussehen, als stünden sie noch fest. Wenn sich nun die Tiere nach ihrer Gewohnheit an solche wackelige Bäume anlehnen, so werfen sie dieselben durch ihr Gewicht um und fallen selbst mit ihnen zur Erde[1].

28. Die dritte Art sind die sogenannten Ure (Auerochsen). Sie sind etwas kleiner als die Elefanten, an Aussehen, Farbe und Gestalt gleichen sie den Stieren. Sie besitzen große Kraft und Behendigkeit und schonen weder Menschen noch Tiere, die ihnen zu Gesicht kommen. Die Germanen geben sich viele Mühe, sie in Gruben zu fangen und zu töten. Durch diese Arbeit härtet sich die Jugend ab und übt sich in Jagden solcher Art. Wer die meisten Ure erlegt hat und zum Beweise der Tat ihre Hörner dem Volke vorzeigt, erntet großes Lob. Übrigens gewöhnen sich diese Tiere niemals an den Menschen und werden nie zahm, selbst wenn sie ganz jung eingefangen werden. Ihre Hörner sind an Umfang, Gestalt und Aussehen von denen unserer Stiere sehr verschieden. Sie sind bei den Germanen sehr gesucht; man faßt sie am Rande mit Silber ein und bedient sich ihrer bei besonders glänzenden Gastmählern als Trinkbecher.

Caesar kehrt über den Rhein nach Gallien zurück.

29. Als Caesar durch ubische Kundschafter erfuhr, daß sich die Sueben in die Wälder zurückgezogen hätten, beschloß er,

---

[1] Die Elche finden sich jetzt noch in Nordeuropa, kamen aber vor 2000 Jahren auch im südlichen Deutschland vor. Die Ansicht, daß ihre Beine gelenklos sind, dürfte vielleicht durch die Art, wie sie diese beim schnellen Lauf bewegen, entstanden sein. In betreff der Art, wie sie gefangen werden sollen, huldigt übrigens noch Shakespeare der fabelhaften Angabe Caesars.

nicht weiter vorzurücken. Er fürchtete nämlich Getreideman-
gel, da, wie oben erwähnt, die Germanen nur sehr wenig
Ackerbau treiben[1]. Um aber den Barbaren doch nicht alle
Furcht vor seiner Rückkehr zu nehmen, und um deren Hilfs-
sendungen (an Ambiorix) aufzuhalten, ließ er nach vollbrach-
tem Rückzug seines Heeres den äußersten Teil der Brücke, der
an das Ufer der Ubier stieß, in einer Länge von zweihundert
Fuß abbrechen und hier auf dem letzten Ende einen Turm
von vier Stockwerken errichten. Zum Schutz der Brücke legte
er eine Besatzung von zwölf Kohorten dahin und sicherte diesen Punkt durch starke Verschanzungen. Den Oberbefehl
über die Bedeckungsmannschaft übertrug er dem jungen
Gajus Volcacius Tullus . . .

Krieg gegen Ambiorix

32. Die Segner[2] und Condrusen, welche zu den germanischen Stämmen zwischen den Eburonen und Treverern zählen, schickten nun Gesandte an Caesar mit der Bitte, er möge
sie nicht als Feinde ansehen und überhaupt nicht glauben,
daß alle Germanen diesseits des Rheines mit den Eburonen
gemeinsame Sache gemacht hätten. Sie hätten an gar keinen
Krieg gedacht und auch dem Ambiorix keine Hilfstruppen
geschickt. Caesar zog hierüber Kundschaft von den Gefangenen ein und befahl dann den Gesandten, falls flüchtige Eburonen zu ihnen kommen sollten, diese an ihn auszuliefern. In
diesem Fall werde er ihr Gebiet verschonen . . .

---

[1] Dio Cassius hingegen berichtet, Caesar habe sich aus Furcht vor den Sueben
zurückgezogen, ohne etwas anderes erreicht zu haben als den Ruhm, ein zwei-
tesmal über den Rhein gegangen zu sein.
[2] Die Segner wohnten in der Gegend des heutigen Spa, wo noch die Orte
Dessegne und Songnez an sie erinnern.

Mißlungener Versuch der Sugambrer, das Lager Ciceros
zu erstürmen

35. So verfuhr man in allen Teilen des Eburonenlandes. Inzwischen rückte der siebte Tag heran, auf welchen Caesar
seine Rückkehr zum Troß und zu den Legionen festgesetzt
hatte. Hier sollte es sich nun zeigen, wieviel im Krieg das
Glück vermag, und welch sonderbare Wechselfälle es hierbei-
führt. Die Feinde waren, wie wir oben berichteten, zerstreut
und eingeschüchtert, und es war keine feindliche Schar da, die
auch nur den geringsten Anlaß zu Befürchtungen hätte geben
können. Unterdessen drang das Gerücht von der Plünderung
des Eburonenlandes über den Rhein zu den Germanen; jeder,
der Beute machen wolle, so hieß es, sei dazu eingeladen. Dar-
aufhin bringen die Sugambrer, die unmittelbar am Rhein
wohnen und, wie wir oben erzählten[1], die flüchtigen Tencterer und Usipeter aufgenommen hatten, zweitausend Reiter
zusammen. Sie überschreiten den Rhein mit Schiffen und Flö-
ßen dreißig Meilen unterhalb der Stelle, wo Caesar seine
(zweite) Brücke geschlagen und jene Besatzung zurückgelassen hatte[2]. Zuerst überfallen sie das Grenzgebiet der Eburonen, fangen viele verstreute Flüchtlinge auf und erbeuten eine
große Menge Vieh, was diesen rohen Völkern das wichtigste
ist. Die reiche Beute verlockt sie, weiter vorzudringen. Kein
Sumpf und kein Wald hält diese geborenen Krieger und Räuber auf. Sie fragen die Gefangenen nach Caesars Aufenthalt
und bringen in Erfahrung, er habe sich ziemlich weit entfernt,
und sein ganzes Heer sei abgezogen. Da setzt einer der Gefangenen hinzu: „Was geht ihr dieser elenden und armseligen
Beute nach, da ihr doch auf einen Schlag den größten Reichtum gewinnen könnt? In drei Stunden seid ihr in Aduatuca;
dort hat das römische Heer alle seine Schätze aufgehäuft. Die
Besatzung ist so schwach, daß sie nicht einmal rings den Wall

[1] S. Buch IV, Kap. 16.
[2] Vermutlich setzten die Sugambrer über den Rhein am Einfluß der Wupper.
  Der Übergang über die Maas erfolgte bei Maastricht.

besetzen kann und niemand es wagt, sich vor dem Lager sehen zu lassen." Auf diese Aussicht hin lassen die Germanen ihre bereits gemachte Beute in einem Versteck zurück; sie selbst eilen nach Aduatuca unter Führung des Gefangenen, der ihnen diese Nachricht gebracht hatte.

36. Cicero hatte bisher alle Tage hindurch nach Caesars Befehl mit der größten Strenge die Soldaten im Lager gehalten und nicht einmal einen Troßknecht vor die Schanzen hinaustreten lassen. Am siebten Tage aber gab er die Hoffnung auf, daß sich Caesar an die festgesetzte Zahl der Tage halten werde, da er von seinem weiteren Vorrücken hörte, über seine Rückkehr aber auch nicht das geringste verlautete. Zugleich wurde er durch das Gerede derer betroffen, die sein geduldiges Warten hinter den Verschanzungen eine Art Belagerung nannten, da man ja nicht einmal aus dem Lager heraustreten dürfe. Überdies sah er kein Ereignis voraus, durch das er innerhalb eines Bezirkes von drei Meilen zu Schaden kommen könne, während neun Legionen und eine sehr starke Reiterei den versprengten und fast aufgeriebenen Feinden gegenüberstanden. Er schickte daher fünf Kohorten zum Furagieren auf die nächsten Saatfelder, welche von dem Lager nur durch eine einzige Anhöhe getrennt waren. Eine Anzahl Kranker aus verschiedenen Legionen waren im Lager zurückgelassen worden. Von diesen wurden ungefähr dreihundert, die in der letzten Zeit genesen waren, zugleich mit den Kohorten unter einem Fähnlein ausgeschickt. Außerdem zog eine große Menge von Troßknechten samt zahlreichen Lasttieren, die im Lager geblieben waren, bei dieser Gelegenheit mit.

37. Gerade in diesem Augenblick und unter solch günstigen Umständen trafen die germanischen Reiter ein und versuchten sofort, wie sie angesprengt kamen, vom Hintertor aus in das Lager einzubrechen. Da auf dieser Seite Waldungen vorstanden[1], wurden sie nicht eher gesehen, als bis sie vor dem

---

[1] Man hatte bei der Anlage des Lagers einen strategischen Fehler begangen, da nach der taktischen Regel der Römer das Lager einen Bach oder eine Quelle, nicht aber einen Wald in der Nähe haben soll.

Lager standen, so daß nicht einmal den Krämern, welche
davor ihre Zelte aufgeschlagen hatten, Zeit blieb, sich zurückzuziehen. Der unerwartete Vorfall bringt unsere ahnungslosen
Leute in Verwirrung; kaum hält die Kohorte auf dem Wach-
posten dem ersten Angriff stand. Nun umschwärmen die
Feinde das Lager auf den übrigen Seiten, um womöglich irgendeinen Zugang zu finden. Mit Mühe behaupten die Unsrigen die Tore; sonstige Annäherungsversuche macht die Örtlichkeit selbst und die Lagerbefestigung unmöglich. Im ganzen Lager herrscht Zittern und Zagen, und einer fragt den
andern nach der Ursache des Tumultes. Niemand weiß, wo
man angreifen, wo man sich aufstellen soll. Der eine schreit,
das Lager sei schon verloren, ein anderer behauptet, Heer und
Feldherr seien vernichtet, die Barbaren seien als Sieger gekommen. Die meisten machen sich wegen des Ortes abergläubi-
sche Bedenken und rufen sich das Mißgeschick des Cotta und
Titurius ins Gedächtnis zurück, die fast in derselben Festung
ihren Untergang gefunden hätten. Durch diese Bestürzung
und den allgemeinen Schrecken werden die Barbaren in ihrer
Meinung bestärkt, es sei wirklich keine Besatzung drinnen, wie
ihnen der Gefangene gesagt hatte. Sie suchen daher einzubrechen und ermuntern sich gegenseitig, eine so günstige Gelegenheit sich nicht aus den Händen entschlüpfen zu lassen.

38. Unter den Kranken war im Lager auch Publius Sertius
Baculus zurückgelassen worden, der bei Caesar erster Centurio gewesen war, und den wir bei Gelegenheit früherer
Schlachten erwähnt haben[1]. Er hatte jetzt schon fünf Tage
lang keine Speise zu sich genommen. Da tritt er, über seine
und seiner Genossen Rettung verzweifelnd, unbewaffnet aus
seinem Zelt. Er sieht, daß der Feind herandrängt und die
Sache äußerst schlimm steht. Sofort ergreift er die Waffen der
Zunächststehenden und stellt sich am Tor auf. Ihm folgen die

---

[1] In Buch II, Kap. 25, und Buch III, Kap. 5.

Centurionen der Kohorte, die gerade Wache hält, und vereint halten sie eine Weile den Angriff aus. Aber bald sinkt Sertius, von schweren Wunden getroffen, ohnmächtig zusammen. Mit Mühe wird er von Hand zu Hand in Sicherheit gebracht. Unterdessen haben die übrigen Zeit gewonnen, sich einigermaßen zu ermannen, sie wagen bereits die Wälle zu besetzen und zeigen, daß es nicht an Verteidigern fehlt.

39. Inzwischen haben unsere Soldaten die Furagierung beendet und hören nun den Lärm. Die Reiter sprengen voraus und erkennen die Größe der Gefahr. Hier draußen aber gibt es keine Befestigung, welche die Erschrockenen aufnehmen könnte. Eben ausgehoben, ohne alle Kriegserfahrung, starren sie den Kriegstribunen und die Centurionen an und erwarten deren Befehle. Auch der Tapferste wird durch diesen unerwarteten Zwischenfall außer Fassung gebracht. Sowie die Barbaren unsere Feldzeichen in der Ferne erblicken, lassen sie von der Belagerung ab. Zuerst glauben sie, die Legionen seien zurückgekehrt, die doch nach der Aussage der Gefangenen weitergezogen sein sollten. Bald aber fallen sie mit Verachtung des kleinen Häufleins von allen Seiten darüber her.

40. Die Troßknechte laufen auf den nächsten Hügel voraus. Von dort schnell heruntergejagt, werfen sie sich auf die Feldzeichen und Manipeln und setzen die ohnehin schon furchtsamen Soldaten noch mehr in Verwirrung. Die einen stimmen dafür, sich rasch in Kolonne zu formieren und sich rasch durchzuschlagen; das Lager sei ja ganz nahe, und wenn auch ein Teil dabei umzingelt würde und umkäme, so könnten doch die übrigen sicherlich gerettet werden. Andere hingegen meinen, man solle sich insgesamt auf der Anhöhe aufstellen und Glück oder Unglück miteinander teilen. Dies mißbilligen aber die alten Soldaten, die, wie oben erwähnt, unter einem Fähnlein mit ausgerückt waren. Sie sprechen sich gegenseitig Mut zu, brechen unter Führung ihres Befehlshabers Gajus Trebonius, eines römischen Ritters, mitten durch die Feinde hindurch und gelangen glücklich in das Lager, ohne einen Mann verloren zu haben. Die Troßknechte und die Reiter stürmen

gleichzeitig mit ihnen vor und werden durch die Tapferkeit der Soldaten gleichfalls gerettet. Anders erging es den Kohorten, welche auf der Anhöhe Stellung genommen hatten. Noch ohne alle Erfahrung im Krieg konnten sie weder an dem einmal gefaßten Plan festhalten und sich auf der Anhöhe verteidigen, noch auch das Beispiel der Kraft und Schnelligkeit nachahmen, das ihnen die anderen in so erfolgreicher Weise gegeben hatten. Bei ihrem Versuch, sich ins Lager zu retten, gerieten sie auf ungünstiges Terrain. Ihre Centurionen, von denen einige aus den unteren Rangstufen der übrigen Legionen ihrer Tapferkeit wegen in höhere bei dieser Legion versetzt worden waren, leisteten tapfersten Widerstand, um ihren früher erworbenen militärischen Ruf nicht zu verlieren, und fielen. Durch ihre Tapferkeit wurden indessen die Feinde etwas zurückgedrängt, und so gelangte ein Teil der Soldaten wider Erwarten unversehrt ins Lager; die übrigen wurden von den Barbaren umringt und niedergehauen.

41. Als nun die Germanen sahen, daß die Unsrigen auf den Verschanzungen festen Fuß gefaßt hatten, zweifelten sie an der Eroberung des Lagers und zogen sich mit der in den Wäldern versteckten Beute über den Rhein zurück. Aber selbst nach dem Abzug der Feinde herrschte noch großer Schrecken, und als Gajus Volusenus in der folgenden Nacht mit der Reiterei vor dem Lager erschien, wollte es ihm niemand glauben, daß Caesar mit seinem Heer wohlbehalten anrückte. Die Furcht hatte alle so sehr ergriffen, daß sie wie verblendet behaupteten, Caesars Fußvolk müsse aufgerieben und nur der Reiterei die Flucht hierher gelungen sein; denn wenn das Heer wirklich noch unversehrt wäre, sagte man, so würden die Germanen das Lager gewiß nicht angegriffen haben. Erst Caesars Ankunft machte dieser Angst ein Ende.

42. Vertraut mit den Wechselfällen des Krieges, rügte Caesar bei seiner Rückkehr nur das eine, daß man die Kohorten von ihrem Posten und aus dem festen Lager habe ausrücken lassen; man hätte die Möglichkeit eines noch so geringen Unfalles vermeiden sollen. Seiner Ansicht nach hätte man dem Glück

bei diesem feindlichen Überfall besonders viel zu verdanken; dies um so mehr, als es gelungen sei, die Feinde bereits unter dem Tor und am Wall zurückzutreiben. Das Wunderlichste bei der ganzen Geschichte war der Umstand, daß die Germanen über den Rhein gegangen waren in der Absicht, das Gebiet des Ambiorix zu plündern, dann aber durch ihre zufällige Ableitung auf das römische Lager dem Ambiorix den unverhofftesten Dienst geleistet hatten.

SIEBTES BUCH

Das Jahr 52 v. Chr.

Der Krieg mit Vercingetorix

Ein Reitergefecht mit Vercingetorix

65. Gegen alle diese Fälle stand eine Streitmacht von 22 Kohorten gerüstet, die im römischen Gallien selbst aufgeboten waren und unter dem Kommando des Legaten Lucius Caesar[1] allenthalben dem Feind entgegentraten. Die Helvier ließen sich auf eigene Faust mit ihren Nachbarn in eine offene Feldschlacht ein, wurden aber geschlagen und mußten hinter den Mauern ihrer Städte Schutz suchen, nachdem sie nebst mehreren anderen den Häuptling ihres Stammes, Gaius Valerius Donnotaurus, den Sohn des Caburus, verloren hatten. Die Allobroger stellten am Ufer des Rhodanus eine Postenkette auf und schützten so mit Sorgfalt und Aufmerksamkeit ihr Gebiet. Weil nun Caesar von der Überlegenheit der feindlichen Reiterei überzeugt war und, von allen seinen Verbindungen abgeschnitten, weder aus der Provinz noch aus Italien Unterstützung erhalten konnte, schickte er über den Rhein nach Germanien zu jenen Völkerschaften, die er in den früheren Jahren unterworfen hatte, und ließ sich von diesen Reiterei kommen nebst dem leichten Fußvolk, das zwischen den

---

[1] Ein Verwandter Caesars, er war 64 v. Chr. Konsul gewesen.

Reitern zu kämpfen pflegte. Da er aber bei ihrer Ankunft fand, daß sie mit schlechten Pferden versehen waren, nahm er den Kriegstribunen und den übrigen römischen Rittern sowie den Ausgedienten[1] die Pferde und verteilte sie unter die Germanen.

67. Am folgenden Tage wurde die gallische Reiterei in drei Abteilungen geteilt; zwei bedrohten die Flanken der Römer, die dritte begann unsere Vorhut am Marsch zu hindern. Auf diese Meldung hin teilte auch Caesar seine Reiterei in drei Haufen und ließ sie dem Feinde entgegengehen. Auf allen Punkten entspann sich gleichzeitig der Kampf. Der Zug machte Halt, und das Gepäck wurde von den Legionen in die Mitte genommen. Wenn die Unsrigen auf irgendeinem Punkt Not litten und hart bedrängt wurden, ließ Caesar in geschlossener Ordnung dahin zum Angriff vorrücken; diese Maßnahme hielt sowohl die Feinde bei der Verfolgung auf, erhöhte aber auch durch die Hoffnung auf Hilfe den Mut unserer Soldaten. Endlich gewannen die Germanen auf unserer rechten Flanke die Höhe des Bergrückens, warfen den Feind aus seiner Stellung, verfolgten die Fliehenden bis an den Fluß, an dem sich Vercingetorix mit seinen Fußtruppen aufgestellt hatte, und machten eine ziemliche Anzahl nieder. Sobald dies die übrigen Gallier bemerkten, ergriffen sie aus Furcht, umzingelt zu werden, die Flucht. Nun entstand eine allgemeine Metzelei. Drei der vornehmsten Häduer wurden gefangen und vor Caesar gebracht . . .

Kampf um Alesia

70. Kaum hatte man mit der Einschließung begonnen, kam es zu einem Reitergefecht auf der Ebene, die, wie oben er-

---

[1] Gediente Soldaten wurden oft vom Feldherrn aufgefordert, gegen Belohnungen und mannigfache Vorrechte wieder in Dienst zu treten. Die „Ausgedienten" (evocati) standen im Rang, wahrscheinlich auch im Sold, den Centurionen gleich. Sie fochten entweder in der Legion zerstreut oder als geschlossene Truppe unter einem besonderen Kommandanten.

wähnt, zwischen den Anhöhen sich drei Meilen in die Länge
ausdehnt. Beide Teile kämpften mit der äußersten Hartnäk-
kigkeit. Da die Unsrigen ins Gedränge kamen, schickte ihnen
Caesar die Germanen zu Hilfe und stellte die Legionen vor
dem Lager auf, um ein plötzliches Hervorbrechen des feindlichen Fußvolkes zu vereiteln. Die Unterstützung von seiten
der Legionen erfüllte die Unsrigen mit neuem Mut. Der Feind
wurde in die Flucht geschlagen, geriet durch seine eigene
Menge ins Stocken und drängte sich in den Toren, deren
Öffnung man zu eng gelassen hatte, zusammen. Um so hitziger setzten die Germanen die Verfolgung bis zu den Verschanzungen fort. Hier entstand ein gewaltiges Blutbad. Einige Gallier ließen ihre Pferde im Stich und versuchten über den Graben zu kommen und die Notmauer zu übersteigen. Als Caesar
nun die Legionen, welche er vor dem Wall aufgestellt hatte,
verrücken ließ, gerieten auch die Gallier innerhalb der Verschanzungen in große Verwirrung. In dem Glauben, man
greife sie sofort an, riefen sie zu den Waffen. Einige rannten in
ihrer Bestürzung in die Stadt hinein. Vercingetorix aber ließ
die Stadttore schließen, um sein Lager nicht völlig von Soldaten zu entblößen. Nachdem die Germanen eine Menge Leute
niedergemacht und ziemlich viel Pferde erbeutet hatten, zogen
sie sich wieder zurück.

77. (Aus einer Rede des Arverners Critognatus im belagerten
Alesia) „ . . . Wie lautet also mein Rat? Zu tun, was unsere
Vorfahren in jenem Kriege von viel geringerer Tragweite mit
den Kimbern und Teutonen getan haben. In ihre Städte eingeschlossen und von gleichem Mangel bedrängt, haben sie ihr
Leben mit den Körpern derer gefristet, die ihres Alters wegen
kampfunfähig waren, und sich nicht den Feinden ergeben.
Und hätten wir auch ein solches Beispiel nicht, so würde es uns
doch nach meiner Meinung zur höchsten Ehre gereichen, es
um der Freiheit willen zu schaffen und den Nachkommen zu
überliefern. Was hatte jener Krieg mit dem gegenwärtigen
gemeinsam? Die Kimbern haben Gallien verwüstet und
großes Unheil über das Land gebracht, sie haben aber doch

endlich unser Gebiet verlassen und sind in andere Länder gezogen; Recht und Verfassung, Grundbesitz und Freiheit haben sie uns unangetastet gelassen . . ."

80. . . . Da nun die Gallier die Überlegenheit ihrer Soldaten für ausgemacht hielten und noch dazu sahen, daß ihnen die Römer an Zahl nachstanden, erhoben sie von allen Seiten, die Belagerten sowohl wie die Entsatztruppen, ein Geschrei und Geheul, um den Mut ihrer Leute zu erhöhen. Da der Kampf vor aller Augen geführt wurde und weder eine rühmliche noch eine schimpfliche Tat verborgen bleiben konnte, spornten Ruhmbegierde und Furcht vor Schande beide Teile zur Tapferkeit an. So wurde von Mittag bis fast gegen Sonnenuntergang ohne Entscheidung gekämpft, bis endlich die Germanen auf der einen Seite in geschlossenen Geschwadern einen Angriff machten und die Feinde über den Haufen warfen. Auf ihrer Flucht wurden die Bogenschützen umringt und niedergemacht. Ebenso setzten die Unsrigen auch auf den übrigen Punkten die Verfolgung der Fliehenden bis an ihr Lager fort, so daß der Feind nicht imstande war, sich zu sammeln. Da zogen sich auch die Belagerten, welche vor Alesia gerückt waren, niedergeschlagen und fast am Sieg verzweifelnd wieder in die Stadt zurück.

ACHTES BUCH

Das Jahr 51 und 50 v.Chr.

Die Unterwerfung der Bellovacer

7. . . .. Als sich Caesar erkundigte, wo das Haupheer der Bellovacer stünde und was ihre Absicht sei, erfuhr er folgendes: Alle waffenfähigen Bellovacer hätten sich an einem Ort vereinigt, ebenso die Ambianer, Aulercer, Caleten, Veliocasser und Atrebaten . . . Die Leitung des Krieges gehe von mehreren Fürsten aus; die große Masse aber hängte vorzugsweise an Correus, weil man wisse, daß er das römische Volk am glühendsten hasse. Vor einigen Tagen habe der Atrebate Commius[1] das Lager verlassen, um Hilfstruppen von den Germanen herbeizuholen, die ganz in der Nähe wohnten und eine sehr zahlreiche Bevölkerung hätten . . .

10. . . . Obwohl dies wenig zu bedeuten hatte und den Unsrigen nur einige Zugtiere und Sklaven kostete, bestärkte es doch die Feinde in ihrer törichten Anmaßung, und zwar um so mehr, als auch Commius, der, wie erwähnt, sich entfernt hatte, um Hilfstruppen von den Germanen herbeizuholen, mit einer Reiterschar zurückgekehrt war. Wenn sich auch ihre

---

[1] Es ist derselbe Commius, der von Caesar (nach Buch IV, Kap. 21) zum König der Atrebaten eingesetzt worden war und nachher bei Alesia gegen die Römer gekämpft hatte.

Zahl auf nicht mehr als fünfhundert Mann belief, so wurden dennoch die Barbaren durch die Ankunft der Germanen ganz übermütig.

13. Unterdessen dauerten die täglichen Scharmützel im Angesicht der beiden Lager an den Furten und Übergängen des Sumpfes ohne Unterbrechung an. Bei einem dieser Kämpfe hatten alle Germanen, die Caesar über den Rhein hatte kommen lassen, damit sie zwischen den Pferden kämpften[1], recht entschlossen den Sumpf überschritten und nach der Niedermetzelung der wenigen noch Widerstand wagenden Feinde hartnäckig die übrige Menge verfolgt. Hierdurch gerieten nicht bloß jene in Bestürzung, welche in der Nähe bedroht oder aus der Ferne verwundet wurden, sondern auch die weiter rückwärts aufgestellten Reserven. Alle ergriffen schmachvoll die Flucht; mehrfach gaben sie günstige Höhen auf, und nicht eher ließen sie von der Flucht ab, als bis sie sich in ihr Lager retteten; ja einige flohen aus Scham sogar darüber hinaus. Die Niederlage dieser Soldaten rief bei allen Truppen eine solche Niedergeschlagenheit hervor, daß man kaum entscheiden konnte, was größer war, ihr Übermut bei den unbedeutenden Glücksfällen oder ihre Verzagtheit bei dem mäßigen Ungemach.

25. So entsandte er teils seine Legionen, teils seine Hilfstruppen nach allen Richtungen hin in das Gebiet des Ambiorix und ließ alles durch Mord, Brand und Plünderung verwüsten. Nachdem eine große Menge Menschen getötet oder gefangengenommen war, schickte er den Labienus an der Spitze zweier Legionen gegen die Treverer. Dieser Stamm, wegen der Nähe Germaniens in täglichen Kämpfen wohlgeübt, stand in der Wildheit seiner Sitten den Germanen nicht viel nach und lei-

[1] S. Buch I, Kap. 48, Buch VII, Kap. 65.

stete auch immer nur dann Gehorsam, wenn er durch ein Heer dazu gezwungen war.

Die Belagerung von Uxellodunum

36. Nach diesem Erfolg erfuhr Caninius von den Gefangenen, daß der andere Teil der Truppen unter Drappes nur zwölf Meilen weit entfernt im Lager stehe. Da er dies durch die Aussagen mehrerer bestätigt fand, war er überzeugt, daß er nach der Niederlage des einen Anführers die übrigen durch einen Überfall leicht vernichten könne, wenn nur durch einen großen Glücksfall niemand aus dem Blutbad ins Lager entkommen wäre, der dem Drappes von der erlittenen Niederlage hätte Nachricht bringen können. Da er indes bei einem solchen Überrumpelungsversuch keine Gefahr sah, schickte er die ganze Reiterei und das germanische Fußvolk, eine überaus gewandte Truppe, nach dem feindlichen Lager voraus. Er selbst verteilte die eine Legion in die drei Lager und rückte mit der anderen ohne Gepäck nach. Als er näher an die Feinde herangekommen war, erfuhr er von den vorausgeschickten Kundschaftern, daß das feindliche Lager nach der Gewohnheit der Barbaren nicht auf den höher gelegenen Punkten, sondern unten am Ufer eines Flusses gelegen sei und daß die Germanen und die Reiter sich wider aller Erwarten unversehens auf den Feind gestürzt und das Treffen bereits begonnen hätten. Auf diese Nachricht rückte Caninius mit seiner Legion gerüstet in Schlachtordnung vor. Plötzlich wurden auf ein gegebenes Zeichen von allen Seiten die Anhöhen besetzt. Sobald dies geschehen war und die Germanen und Reiter die Feldzeichen der Legion erblickten, kämpften sie mit der größten Erbitterung. Bald darauf griffen auch die Kohorten allenthalben an, machten alle nieder oder nahmen sie gefangen und bemächtigten sich großer Beute. Drappes selbst wurde in diesem Treffen gefangengenommen.

Labienus besiegt die Treverer

45. Labienus focht unterdessen bei den Treverern siegreich in einem Reitertreffen, bei dem etliche Treverer und Germanen getötet wurden, von denen die letzteren keinem Stamm die Hilfe gegen die Römer verweigerten. Die Fürsten der Treverer brachte er lebend in seine Gewalt, unter ihnen auch den Häduer Surus, der sehr tapfer und von hoher Geburt war und als einziger von den Häduern bis jetzt noch nicht die Waffen gegen die Römer niedergelegt hatte.

CORNELIUS TACITUS

AUSZÜGE AUS DEN ANNALEN

ERSTES BUCH

Aufruhr der germanischen Legionen
(14. n. Chr.)

Einführung

3. . . . Freilich stellte er (Nero) den Germanicus, des Drusus Sohn, über acht Legionen am Rhein, und ließ ihn von Tiberius an Kindes Statt annehmen, obwohl ein schon erwachsener Sohn im Hause des Tiberius war; er tat es, nur um auf mehreren Stützen zu ruhen. Nirgends mehr war zu dieser Zeit Krieg, außer gegen die Germanen, und auch mehr nur um die Schmach wegen des mit Quintilius Varus verlorenen Heeres zu tilgen, als aus Verlangen nach Erweiterung des Reichs, oder wegen eines sich lohnenden Gewinnes . . .

Ursache, Anlaß, Forderungen

31. Ungefähr in eben diesen Tagen und aus denselben Gründen[1] empörten sich die germanischen Legionen um so ge-

---

[1] Vorher wurde eine Empörung der Legionen in Pannonien nach dem Tod des Augustus beschrieben.

waltsamer, je größer ihre Zahl, und mit starker Hoffnung,
Caesar Germanicus werde eines anderen Herrschaft nicht zu
dulden vermögen und sich den Legionen hingeben, die durch
ihre Gewalt alles mit sich fortreißen würden. Zwei Heere standen am Rheinufer, das sogenannte obere unter dem Legaten
Gaius Silius; das untere befehligte Aulus Caecina. Den Oberbefehl hatte Germanicus, damals mit der Schatzung Galliens
beschäftigt. Die jedoch, welche Silius befehligte, warteten mit
unschlüssigem Sinne lauernd den Erfolg der Meuterei der anderen ab. Die Soldaten des unteren Heeres aber brachen sofort
mit Wut los, wobei die von der 21. und 5. Legion den Anfang
machten und auch die 1. und 20. mit sich fortrissen, denn diese
hatten, in demselben Sommerlager im Gebiete der Ubier ste-
hend, müßige Tage oder doch leichten Dienst. Als man daher
des Augustus Ende vernommen hatte, redete das unlängst
ausgehobene, in Rom heimische Volk, an Zügellosigkeit gewöhnt und Anstrengung nicht duldend den unerfahrenen Ge-
mütern der übrigen ein: gekommen sei die Zeit, wo die Veteranen frühzeitige Entlassung, die jungen Krieger reichlicheren
Sold, alle insgesamt Milderung ihrer Mühseligkeiten fordern
und die Grausamkeit der Centurionen rächen könnten. So
redete nicht einer, wie bei den pannonischen Legionen der
Percennius, und auch nicht vor den schüchternen Ohren von
Soldaten, die auf andere, stärkere Heere hinschauten sondern
überall gebe es die Mienen und Stimmen des Aufruhrs: In
ihrer Hand liege Roms Schicksal. Durch ihre Siege werde der
Staat erweitert. Nach ihnen empfingen die Imperatoren den
Beinamen[1].

32. Und selbst der Legat trat ihnen nicht entgegen, denn der
Wahnsinn der Mehrzahl hatte ihn um die Besonnenheit gebracht. Plötzlich, wie vom Wahnsinn ergriffen, stürzten sie mit
gezückten Schwertern auf die Centurionen los. Diese sind von

---

[1] Germanicus.

jeher des Soldateningrimms Gegenstand und seines wütenden
Ausbruchs Anlaß. Sie streckten sie zu Boden, mißhandelten sie
mit Geißelhieben, je sechzig einen, um sich mit der Zahl der
Centurionen auszugleichen; dann warfen sie diese zerfetzt und
zerfleischt, und zum Teil schon entseelt, vor den Wall oder in
den Rhein. Septimius wurde, da er sich zum Tribunal geflüchtet und zu Caecinas Füßen niedergeworfen hatte, so lange mit
Ungestüm gefordert, bis er zum Tode ausgeliefert wurde. Cassius Chaerea, der sich nachher durch des Kaisers Gaius Ermordung einen Namen bei der Nachwelt erwarb[1], damals
ein Jüngling und voll wilden Mutes, bahnte sich mit dem
Schwerte einen Weg durch die ihm Entgegentretenden und
Bewaffneten. Kein Tribun, kein Lagerpräfekt behaupteten
noch sein Recht. Wachen, Posten und was sonst das Bedürfnis
der Gegenwart gebot, verteilten sie selbst. Für die, welche die
Gesinnung des Soldaten tiefer zu deuten verstanden, war das
Hauptzeichen einer großen, nicht zu stillenden Gärung, daß
sie nicht geteilt und auf den Antrieb einiger weniger, sondern
gemeinschaftlich aufflammten und gemeinschaftlich schwie-
gen, mit so großer Gleichförmigkeit und so fester Haltung, daß
man sie hätte für befohlen halten mögen.

Eingreifen des Germanicus

33. Indessen wurde dem Germanicus, der, wie wir gesagt, in
Gallien die Schatzung vornahm, der Tod des Augustus gemeldet. Er hatte dessen Enkelin Agrippina zur Gemahlin und von
ihr mehrere Kinder. Er selbst war des Drusus, des Bruders des
Tiberius, Sohn und der Augusta Enkel, aber in Angst wegen
des geheimen Hasses des Oheims und der Großmutter gegen
ihn, dessen Ursachen um so heftiger wirkten, weil sie ungerecht waren. Denn des Drusus Andenken stand beim römi-

---

[1] Cassius Chaerea ermordete 41 n. Chr. den Kaiser C. Caesar Caligula.

schen Volk in hohen Ehren, da man glaubte, er würde, wäre er zur Herrschaft gelangt, die Freiheit hergestellt haben, woher nun auf Germanicus dieselbe Gunst und Hoffnung übertragen wurde. Denn bürgerlich war des Jünglings Sinn, bewundernswert seine Leutseligkeit, ein Widerspiel von des Tiberius anmaßenden, versteckten Reden und Mienen. Dazu kam noch Weiberzwist durch eine stiefmütterliche Gereiztheit Livias gegen Agrippina; und etwas zu leidenschaftlich war freilich auch Agrippina selbst, nur daß sie durch Sittenreinheit und Liebe zum Gemahl ihren wenngleich nie sich beugenden Sinn zum Guten lenkte.

34. Aber Germanicus war, je näher dem Höchsten ihn die Hoffnung führte[1], desto eifriger nur für Tiberius bemüht. Die Sequaner und die nächsten Stämme der Belgier ließ er ihm huldigen. Sodann brach er auf die Nachricht von der Legionen Empörung eiligst auf. Sie kamen ihm außerhalb des Lagers entgegen, den Blick wie aus Reue auf die Erde gesenkt. Als er in die Verschanzung eingezogen war, ließen sich verworrene Klagen vernehmen, ja einige ergriffen seine Hand, als wollten sie sie küssen, und drückten, damit er ihren zahnlosen Mund fühlte, seine Finger in denselben ein. Andere wiesen die vom Alter gekrümmten Glieder dar. Er befahl der um ihn sich sammelnden Menge, weil sie gemischt erschien, sich in Manipeln zu sondern. So würden sie besser hören, war die Antwort. So solle man die Feldzeichen voranstellen, damit dies wenigstens die Kohorten unterschiede. Langsam gehorchten sie. Hierauf mit Verehrung des Augustus anhebend, lenkte er hinüber zu Tiberius Siegen und Triumphen, wobei er mit vorzüglichem Lobe verherrlichte, was er in Germanien mit diesen Legionen so ruhmvoll verrichtet hatte. Dann lobte er Italiens Einstimmigkeit, Galliens Treue, und führte aus, daß nirgends eine Spur von Gärung oder Zwietracht vorhanden sei. Schwei-

---

[1] Gaius Julius Caesar Germanicus war 4 n. Chr. von seinem Onkel Tiberius adoptiert worden.

gend oder doch mit noch verhaltenem Murren hörte man dies an.

35. Als er aber die Empörung berührte mit den Fragen: Wo sei des Soldaten bescheidene Haltung, wo der alten Manneszucht Ruhm geblieben, wohin hätten sie die Tribunen, wohin die Centurionen verstoßen, da entblößten sie sich insgesamt, hielten ihm die Narben der Wunden und die Male der Geißelhiebe vor; dann erhoben sie mit verworrenem Ruf Beschwerde über den hohen Preis der Dienstbefreiung, die Kärglichkeit des Soldes, die Härte der Arbeiten, wobei sie insbesondere das Schanzen, Gräbenziehen, Herbeischleppen des Futters, Bau- und Brennholzes hervorhoben und was sonst aus Bedürfnis oder gegen die Muße des Lagerlebens hervorgesucht wird. Das wildeste Geschrei entstand von der Veteranen Seite, welche, dreißig oder noch mehr Dienstjahre zählend, baten, er möchte den Müden Hilfe bringen und sie nicht den Tod sehen lassen unter denselben Beschwerden, sondern das Ende eines so mühseligen Dienstes und auskömmliche Ruhe. Einige forderten sogar das von dem göttlichen Augustus vermachte Geld unter Glück verkündenden Andeutungen für Germanicus. Ja offen erklärten sie ihre Bereitwilligkeit, wenn er die Herrschaft wolle. Da aber sprang er eilends, als würde er von einem Frevel befleckt, vom Tribunal hinab. Zwar hielten sie ihm drohend, wenn er nicht zurückginge, als er sich entfernte, die Waffen entgegen, er aber riß, laut rufend, er wolle lieber sterben, als treulos werden, das Schwert von der Seite, hob es empor, und hätte es sich in die Brust gestoßen, wenn nicht die nächsten seine Rechte ergriffen und mit Gewalt zurückgehalten hätten. Der äußerste und in sich zusammengedrängte Rand der Versammlung, ja, kaum möchte man es glauben, auch einige, die einzeln hervortraten, forderten ihn auf, nur zuzustoßen, und ein Soldat namens Calusidius bot ihm sein gezücktes Schwert, mit dem Bemerken, es sei schärfer. Dies schien selbst den Wütenden abscheulich und ruchlos und es trat eine Pause ein, während welcher der Caesar von den Freunden in sein Zelt gebracht werden konnte.

36. Hier wurde nun über Gegenmittel beratschlagt. Denn es
kam auch noch die Nachricht, man wolle Abgeordnete wählen, welche das obere Heer zur Teilnahme an der Sache bewegen sollten; schon sei die Stadt der Ubier[1] zur Zerstörung
bestimmt, und die so an Raub gewöhnten Scharen würden
dann zur Plünderung Galliens losbrechen. Es mehrte die Besorgnis, daß der der römischen Empörung kundige Feind, falls
das Ufer bloßgestellt würde, wohl einen Einfall wagen möchte.
Wollte man dagegen Hilfsvölker und Bundestruppen gegen
die abziehenden Legionen bewaffnen, so würde ein Bürgerkrieg hervorgerufen werden. Gefahrvoll schien Strenge,
schimpflich Nachgeben, mochte man dem Soldaten nichts
oder alles zugestehen, der Staat in doppelter Gefahr. Daher
beschloß man nach reiflicher Abwägung der Gründe, im
Namen des Fürsten ein Schreiben ergehen zu lassen: daß Entlassung denen erteilt werde, die zwanzig, Dienstfreiheit denen,
die sechzehn Jahre gedient hätten. Doch blieben diese unter
der Fahne, allen anderen Dienstes entbunden, nur nicht der
Abwehr des Feindes. Die Vermächtnisse, die sie verlangt hätten, würden ausgezahlt und verdoppelt werden.

37. Wohl merkte der Soldat, dies sei für den Augenblick er-
sonnen, und verlangte es daher sofort. Die Entlassung wurde
durch die Tribunen beschleunigt, die Schenkung bis zum Win-
terquartier eines jeden verschoben. Doch nicht eher zogen die
Soldaten der 5. und 21. Legion ab, bis ihnen noch eben da im
Sommerlager das aus der Reisekasse der Freunde Caesars und
seiner eigenen zusammengeschossene Geld ausgezahlt war.
Die 1. und 20. Legion führte der Legat Caecina in die Stadt
der Ubier zurück, in schmachvollem Zuge, da die dem Imperator geraubten Geldsäcke mitten zwischen den Feldzeichen
und Adlern gefahren wurden. Germanicus begab sich zum
oberen Heere, und nahm der 2., 13. und 16. Legion ohne alles

[1] Die Hauptstadt der Ubier war Köln.

Zögern den Huldigungseid ab. Die von der 14. hatte kurze Zeit geschwankt. Es wurde ihnen Geld und Entlassung, ohne daß sie es gefordert hatten, bewilligt.

Aufstand der Veteranen im Chaukerland

38. Dagegen begannen unter den Chauken die dort als Besatzung liegenden Veteranen der mißvergnügten Legionen einen Aufstand; doch wurden sie durch augenblickliche Hinrichtung zweier Soldaten einstweilen zur Ruhe gebracht. Befohlen hatte dies der Lagerpräfekt Manius Ennius, mehr wegen des Beispiels, als mit ihm zustehenden Recht. Darauf, als die Gärung wieder aufwallte, flüchtig geworden und aufgefunden, suchte er, daß Schlupfwinkel keine Sicherheit mehr boten, in kühner Rede Schutz: Nicht der Präfekt werde von ihnen verletzt, nein, Germanicus, der Feldherr, Tiberius, der Imperator! Und damit riß er in der Bestürzung derer, die ihm in den Weg getreten waren, die Fahne empor, wendet sich dem Ufer zu, und führt mit dem Rufe: wenn einer aus dem Zuge wiche, würde er als Ausreißer angesehen werden, die bestürzten und nichts wagenden Soldaten ins Winterlager zurück.

Erneuter Aufstand in Ara Ubiorum (Köln)

39. Unterdessen trafen Abgeordnete des Senats bei Germanicus ein, als dieser schon wieder zum Altar der Ubier heimgekehrt war. Zwei Legionen überwinterten dort, die 1. und die 20. samt den unlängst unter dem Vexill[1] entlassenen Veteranen. Bestürzt und vom Bewußtsein ihrer Schuld der Besinnung beraubt, ergriff sie die Besorgnis, nur darum seien auf

---

[1] Das Vexillum war ein Feldzeichen in Form einer Fahne. Veteranenverbände hatten meist ein solches Feldzeichen.

Geheiß des Senates Gesandte gekommen[1] um rückgängig zu
machen, was sie durch Empörung erpreßt hatten, und klagten, wie so gern der große Haufe für noch so Unbegründetes
einen Schuldigen zu suchen pflegt, den gewesenen Konsul
Munatius Plancus, das Haupt der Gesandtschaft, als Urheber
des Senatsbeschlusses an. Nach Eintritt der Nacht hoben sie
an, die Auslieferung des in Germanicus Wohnung aufbewahr-
ten Vexills zu fordern, brachen, vor dem Eingang sich zu-
sammenrottend, die Tür auf, schleppten den Caesar aus seinem Bett, und nötigten ihn unter Androhung des Todes, das
Vexill herauszugeben. Als sie hierauf die Straßen durchzogen,
begegneten sie den Gesandten, welche auf die Nachricht von
dem rasenden Beginnen zu Germanicus eilten. Sie überhäuf-
ten sie mit Schmähungen, waren im Begriffe sie zu ermorden,
insbesondere den Plancus, welchen seine Würde von der
Flucht abgehalten hatte. Keine andere Zuflucht blieb dem
Gefährdeten, als das Lager der 1. Legion. Dort die Fahnen
und den Adler umfassend, suchte er bei ihrer Heiligkeit
Schutz, und doch, hätte nicht der Adlerträger Calpurnius der
äußersten Gewalt gesteuert, ein Gesandter des römischen Volkes hätte, eine Seltenheit selbst unter Feinden, im römischen
Lager mit seinem Blute die Altäre der Götter befleckt. Erst mit
Tagesanbruch, als Anführer, Soldaten und der Vorgang
kenntlich wurden, betrat Germanicus das Lager, befahl den
Plancus herbeizuführen, und nahm ihn mit sich auf das Tribunal. Hierauf, das Schicksal laut ob jener Raserei anklagend,
und daß sie sich nicht durch der Soldaten, sondern durch der
Götter Zorn von neuem erhebe, legte er dar, weshalb die
Gesandten gekommen seien, bejammerte mit beredtem
Munde das heilige Recht der Gesandtschaft und das harte,
unverdiente Los des Plancus selbst, zugleich, welche Schande
die Legion auf sich geladen habe, und entließ, nach mehr
betäubter als beruhigter Versammlung, die Gesandten unter
der Bedeckung von Reiterei der Bundesgenossen.

---

[1] Diese Gesandtschaft wurde schon in Annalen I, 14 erwähnt.

40. In dieser ängstlichen Spannung tadelten nun alle den Germanicus, daß er sich nicht zum oberen Heere begebe, wo er Gehorsam und Hilfe gegen die Empörer fände. Mehr als zuviel sei schon durch Dienstentlassung, Geldbewilligung und gelinde Maßregeln versehen. Und achte er auch seiner eignen Rettung nicht, warum lasse er denn den kleinen Sohn, die schwangere Gemahlin unter Wütenden und alles Menschenrechts Verächtern weilen. Sie wenigstens sollte er dem Großvater[1] und dem Staate zurückgeben. Lange zögernd bewog er die mit der Beteuerung, daß sie, als vom göttlichen Augustus entsprossen, auch wider Gefahren nicht entartet sei, sich weigernde Gemahlin, endlich ihren schwangeren Leib und den gemeinschaftlichen Sohn unter vielen Tränen umfassend, zur Abreise. So zog die mitleidswürdige Schar der Frauen dahin, zur Flucht brach des Feldherrn Gattin auf, den kleinen Sohn am Busen, wehklagend um sie her die zugleich fortziehenden Gemahlinnen der Freunde, und nicht minder traurig die Bleibenden.

Reue der Soldaten

41. Dieser Anblick, kein Bild eines glücklichen und im eigenen Lager stehenden Caesar, sondern wie es in einer besiegten Stadt vorkommt, dies Seufzen, diese laute Trauer zog auch der Soldaten Ohr und Auge auf sich. Sie traten aus den Zelten: Welch ein Klageton? Welche Trauerszene? Erlauchte Frauen – keinen Centurio, keinen Soldaten zur Bedeckung, nichts von dem der Gemahlin eines Imperators gewohntem Gefolge – ziehen zu den Treverern, in fremden Schutz! So ergriff sie Scham und Mitleid und ihres Vaters Agrippa, Augustus, ihres Großvaters Andenken; wie ihr Schwager Drusus gewesen, sie selbst eine reich gesegnete Mutter von ruhmwürdiger Sitten-

---

[1] Sohn war Caligula, geboren 12 n. Chr., Großvater war Tiberius durch Adoption.

reinheit; endlich das Kind, im Lager geboren, in den Zelten der Legionen aufgezogen! Caligula nannten sie es mit soldatischem Worte, weil ihm, um die Zuneigung der Menge zu gewinnen, gewöhnlich diese Fußbedeckung gegeben wurde[1]. Doch nichts stimmte sie so um, wie die Eifersucht auf die Treverer. Sie baten, widerstrebten, daß sie umkehrte, bliebe, ein Teil der Agrippina in den Weg tretend, die Mehrzahl sich zu Germanicus zurückgewandt. Da hob dieser, noch tief bewegt von Schmerz und Zorn, so vor den ihn Umdrängenden zu reden an:

42. „Nicht sind mir die Gattin oder der Sohn teurer als der Vater und der Staat. Allein jenen wird gewiß seine Hoheit, das römische Reich werden die übrigen Heere schützen. Mein Weib und meine Kinder, die ich für euern Ruhm willig dem Tode opfern würde, entziehe ich jetzt eurer Wut durch weite Entfernung, damit, was für ein Verbrechen ihr auch noch im Sinne tragt, es allein mit meinem Blut gesühnt werde, und daß nicht die Ermordung des Urenkels des Augustus und der Schwiegertochter des Tiberius euch noch schuldiger mache. Denn was ließt ihr in diesen Tagen ungewagt und unentweiht? Welchen Namen soll ich dieser Versammlung geben? Kann ich Soldaten euch nennen, die ihr den Sohn eures Imperators mit Wall und Waffen eingeschlossen, oder Bürger, die ihr so für nichts das Ansehen des Senates geachtet habt? Was selbst unter Feinden gilt, die Heiligkeit der Gesandtschaft und das Völkerrecht, habt ihr gebrochen. Der göttliche Julius Caesar dämpfte mit einem Worte den Aufruhr des Heeres[2], indem er die Quiriten nannte, welche ihm den Eid verweigerten. Der göttliche Augustus schreckte mit einer Miene, einem Blicke die

---

[1] Caliga ist der Lederschuh der Soldaten, Caligula heißt Stiefelchen.
[2] Der Aufruhr des Heeres gegen Caesar war im Jahre 47 v. Chr. Quiriten waren die Bürger auf der Volksversammlung. Wenn Caesar seine Soldaten so nannte, so bedeutete das, daß er sie aus dem Heeresverband für ausgeschlossen erachtete.

Legionen Actiums. Wenn mich, obwohl jenen noch nicht gleich, so doch von ihnen entsprossen, Hispaniens oder Syriens Soldaten verachteten, so wäre schon dies auffallend und unwürdig. Ihr aber, 1. und 20. Legion, jene durch von Tiberius empfangene Feldzeichen, du, seine Gefährtin in so vielen Schlachten, durch so viel Belohnungen geehrt, wie vortrefflich dankt ihr eurem Feldherrn! Solche Botschaft soll ich dem Vater bringen, der aus andern Provinzen nur Erfreuliches vernimmt, daß seine jungen Soldaten, seine Veteranen nicht durch Dienstentlassung, nicht durch Geld befriedigt sind; daß nur hier Centurionen ermordet, Tribunen vertrieben, Gesandte eingesperrt würden, daß vom Blute Lager und Flüsse gefärbt sind, und ich selbst nur aus Gnade unter Erbitterten mein Leben hinschleppe?

43. „Warum doch risset ihr am ersten Versammlungstage jenen Stahl, den ich mir in die Brust stoßen wollte, von mir weg, o ihr unbedachtsamen Freunde! Besser meinte es und liebevoller der, der mir sein Schwert anbot. Gefallen wäre ich dann wenigstens noch unwissend so vieler Missetaten meines Heeres; gewählt ihr dann hättet einen Feldherrn, der, meinen Tod zwar ungeahndet lassend, doch für Varus und für die drei Legionen hätte Rache nehmen mögen. Denn die Götter wollen es verhüten, daß den Belgiern, obwohl sie sich dazu erbieten, die Ehre und der Ruhm werde, den römischen Namen aufgeholfen und Germaniens Völker gebändigt zu haben! Dein in den Himmel aufgenommener Geist, o göttlicher Augustus, dein Bild, Vater Drusus, dein Andenken tilge mit eben diesen Kriegern, die schon Scham ergreift und Ruhmbegierde, diesen Schandfleck aus und wende Bürgerwut den Feinden zum Verderben! Und ihr, deren Mienen, deren Inneres ich nun umgewandelt erblicke, wenn ihr die Gesandten dem Senate, Gehorsam euerm Imperator, mir die Gattin und den Sohn zurückgeben wollt, so meidet der Berührung Pest und sondert die Meuterer ab. Das wird die sichere Stütze der Reue, das das Band der Treue sein.

44. Hierauf bekannten sie demütig, daß wahr sei, was er

ihnen vorgeworfen hatte, baten, er möge die Schuldigen be-
strafen, den Gefallenen verzeihen und sie gegen den Feind
führen. Seine Gattin möge zurückgerufen werden, und der
Zögling der Legionen heimkehren und nicht als Geisel den
Galliern überliefert werden. Die Rückkehr Agrippinas lehnte
er wegen der Nähe ihrer Niederkunft und des Winters ab, der
Sohn solle kommen, das übrige möchte sie selbst vollziehen.
Da eilten sie wie verwandelt auseinander und schleppten die
Hauptaufwiegler gefesselt vor den Legaten der 1. Legion,
Gaius Caetronius, welcher folgendermaßen Gericht und Strafe
an einem nach dem anderen übte. Die Legionen standen mit
gezogenen Schwertern versammelt; der Angeklagte wurde auf
einer Erhöhung durch einen Tribun zur Schau gestellt. Hatten sie „schuldig" ausgerufen, so wurde er hinabgestoßen und
niedergehauen. Und der Soldat freute sich über das Gemetzel,
als spräche er so sich selbst frei. Auch wehrte Caesar ihnen
nicht, da ohne einen Befehl von seiner Seite ihnen mit der
Grausamkeit der Tat auch deren übler Nachruf zur Last fiel.
Diesem Beispiele folgten die Veteranen, und nicht lange darauf wurden sie nach Rätien gesandt, scheinbar zur Verteidi-
gung dieser Provinz wegen der drohenden Nähe der Sueben,
doch eigentlich nur um sie aus dem Lager loszuwerden, das
nicht weniger durch die Härte der Maßregeln als durch des
Frevels Andenken noch in wilder Bewegung war. Hierauf hielt
er eine Musterung der Centurionen. Aufgerufen vom Imperator, gab ein jeder Namen, Rang, Vaterland, Zahl der Dienstjahre, wie er in Schlachten sich hervorgetan und, wer deren
hatten, auch die militärischen Auszeichnungen an. Hatten die
Tribunen, hatte die Legion Diensteifer und Unsträflichkeit
bezeugt, so behielt er seine Stelle; sobald sie ihm einstimmig
der Habsucht oder Grausamkeit schuld gaben, wurde er aus
dem Dienste entlassen.

45. Obwohl nun so das gegenwärtig Nahe beschwichtigt worden war, so blieb doch eine nicht minder schwierige Aufgabe
zu lösen übrig, wegen des Trotzes der 5. und 21. Legion, die
beim sechzigsten Meilensteine – der Ort heißt Vetera – über-

winterten. Denn sie zuerst hatten den Aufstand begonnen. Jeder noch so furchtbare Frevel war von ihren Händen verübt worden. Und weder durch die Bestrafung ihrer Waffenbrüder geschreckt, noch durch deren Reue umgestimmt, verharrten sie in ihrer Erbitterung. Deshalb schickte sich denn Caesar an, Waffen, Flotte und Bundestruppen den Rhein hinabzusenden, um, wenn man den Gehorsam verweigern sollte, den Kampf entscheiden zu lassen.

Bestürzung in Rom

46. In Rom aber, wo noch nicht bekannt geworden, wie es in Illyricum geendet habe, und man doch den Aufruhr der germanischen Legionen schon vernommen hatte, war alles in Bestürzung, und gab es dem Tiberius schuld, daß, während er Senat und Volk, so kraft- und wehrlose Schatten, durch heuchlerisches Zögern höhne, sich inzwischen die Soldaten auflehnten, und durch zwei Jünglinge mit noch nicht erstarktem Ansehen nicht gebändigt werden könnten. Er selbst hätte gehen und seine kaiserliche Majestät ihnen entgegenstellen müssen, sie würden gewichen sein, sobald sie den vielerfahrenen Fürsten und in ihm zugleich den obersten Richter über Strenge und Milde gesehen hätten. Wie? Augustus habe im geschwächten Alter so oft nach Germanien ziehen können, und Tiberius, in der Kraft der Jahre, sitze im Senate, um die Worte der Senatoren zu verdrehen? Hinreichend sei für die Knechtschaft der Stadt gesorgt. Auf die Stimmung der Krieger müsse man mit Linderungsmitteln zu wirken suchen, damit sie sich den Frieden willig gefallen ließen.

47. Unbewegt und fest stand gegen solche Reden bei Tiberius der Entschluß, die Hauptstadt des Reiches nicht zu verlassen, nicht sich und den Staat dem Zufall preiszugeben. Denn es ängstigte ihn gar vieles und verschiedenartiges: daß das Heer in Germanien stärker, näher das in Pannonien sei; jenes sei auf Galliens Hilfsquellen gestützt, dieses bedrohe Italien mit seiner

Nähe. Welchem Teil also sollte er den Vorzug geben? Und könnten nicht die Zurückgesetzten, als wären sie beschimpft, in Erbitterung geraten? Dagegen könnte er durch die Söhne sich beiden gleicherweise nahen ohne Gefahr für die Majestät, die aus der Ferne größere Ehrfurcht einflöße. Zugleich sei den Jünglingen unbenommen, manches an den Vater zu verweisen, und die dem Germanicus oder Drusus Widerstrebenden könnten schließlich immer noch von ihm besänftigt oder zu Boden geschlagen werden. Welcher Rückhalt bliebe noch, wenn sie dem Imperator Hohn geboten? Übrigens wählte er, als sei er eben im Begriffe abzureisen, schon Begleiter, ließ das Gepäck zusammenbringen, und rüstete Schiffe aus. Dann täuschte er, den Winter oder Geschäfte mannigfach vorschützend, zuerst die Verständigen, darauf die Menge, und am längsten die Provinzen.

Unterdrückung des Aufstandes in Castra Vetera

48. Germanicus aber glaubte, obwohl das Heer zusammengezogen und die Rache gegen die Abtrünnigen schon bereit war, doch noch eine Frist gestatten zu müssen, ob sie nach dem jüngst gegebenen Beispiel sich nicht selbst beraten möchten, und schickte an Caecina ein Schreiben voraus: er ziehe mit starker Macht heran und werde, wenn sie nicht schon vorher die Todesstrafe an den Übelgesinnten vollstreckten, sie ohne Unterschied niedermetzeln lassen. Dies las Caecina den Adler- und Fahnenträgern und denen, die sonst im Lager noch am meisten treu geblieben waren, heimlich vor, mit der Mahnung, alle von der Schande, sich selbst vom Tode zu befreien. Denn im Frieden sehe man auf eines jeden Sache und Verdienst, wenn Krieg losbreche, fielen Unschuldige und Schuldige gleicherweise. Jene forschten aus, wen sie für geeignet hielten, und bestimmten, nachdem sie den größeren Teil der Legionen der Pflicht getreu befunden hatten, nach des Legaten Anordnung eine Zeit, zu der sie die ärgsten und entschlos-

sensten Aufwiegler mit dem Schwerte überfallen wollten. Auf ein einander gegebenes Zeichen brachen sie dann in die Zelte ein, metzelten die nichts Ahnenden nieder, und keiner, außer den Einverstandenen, konnte vermuten, was der Anlaß und das Ziel des Mordes sei.

49. Verschieden von allen Bürgerkriegen, die sich jemals zugetragen, war dieses Schauspiel. Nicht im Treffen, nicht aus entgegengesetzten Lagern, nein aus denselben Lagerstätten traten die, welche beim gemeinsamen Mahle den Tag, in gemeinsamer Ruhe die Nacht gesehen hatten, zum Parteikampfe auseinander, und schleuderten die Geschosse gegeneinander. Geschrei, Wunden, Blutvergießen lag zutage, die Ursache im verborgenen. Im übrigen waltete der Zufall. Und so fielen auch einige von den Gutgesinnten, nachdem auch die Verruchtesten, erkennend gegen wen gewütet werde, zu den Waffen gegriffen hatten. Und kein Legat, kein Tribun war beschwichtigend zugegen, zügellos ließ man die Menge Rache üben und sich satt morden. Bald darauf zog Germanicus ins Lager ein, und indem er mit vielen Tränen dies nicht Heilung, sondern eine Niederlage nannte, hieß die Leichen er verbrennen.

Einfall in das Gebiet der Marser

Die noch jetzt wild bewegten Gemüter ergreift das Verlangen, gegen den Feind zu ziehen, zur Sühnung ihre Raserei, weil anders ihrer Waffenbrüder Manen nicht versöhnt werden könnten, als wenn sie auf der schuldbeladenen Brust ehrenvolle Wunden davontragen würden. Dem Drange der Krieger willfährig, schlug Caesar eine Brücke und setzte 12000 Legionssoldaten von den Bundesgenossen, 26 Kohorten und acht Reitergeschwader über, deren Gehorsam in diesem Aufstande unbefleckt geblieben war.

50. Fröhlich und auch nicht fern trieben die Germanen ihr Wesen, während wir erst durch Trauerfeier ob des Augustus

Verlust, dann durch Zwietracht uns gebunden fühlten. Der
Römer aber durchquerte in eilendem Zuge den cäsischen
Wald und den von Tiberius angelegten Grenzwall, schlug an
dem Grenzwall ein Lager auf, Front und Rücken durch Verschanzung, die Flanken durch Verhaue gedeckt. Von hier aus
durchzog man dunkle Waldgebirge und überlegte, ob man
unter zwei Wegen den kurzen und gewöhnlichen, oder den
beschwerlicheren und ungebahnten und deshalb vom Feinde
unbewachten einschlagen solle. Man wählte den längeren Weg
und beschleunigte das übrige; denn die Kundschafter hatten
hinterbracht, daß die Germanen diese Nacht festlich beginnen
und bei feierlichem Gelage dem Spiele weihen würden. Caecina erhielt Befehl, mit den leichtgerüsteten Kohorten voran-
zugehen und das, was in den Waldungen hinderlich wäre,
wegzuräumen. Die Legionen folgten in mäßiger Entfernung.
Günstig war die sternenhelle Nacht und kam man zu den
Dörfern der Marsen. Und schon waren die auch jetzt noch
ohne Besorgnis, ohne Nachtwachen aufgestellt zu haben, auf
ihrem Lager und neben den Tischen hingestreckten Germanen mit Posten umringt. So sehr war alles in Sorglosigkeit
aufgelöst und ohne Gedanken an Krieg, auch des Friedens
Ruhe war eine matte nur und schlaffe, wie es unter Trunkenen
natürlich ist.

51. Der Caesar teilte die kampfbegierigen Legionen, damit
die Verheerung desto ausgedehnter würde, in vier keilförmige
Haufen. 50000 Schritt umher verwüstete er mit Schwert und
Feuer. Nicht Geschlecht, nicht Alter flößten Erbarmen ein.
Heiliges so gut wie Ungeweihtes, auch das von jenen Völkerschaften am höchsten gefeierte Heiligtum der Tanfana, wie sie
es nannten, wurde dem Boden gleichgemacht. Unverwundet
blieben die Soldaten, die Halbschlafende, Waffenlose oder
Umherirrende erschlagen hatten. Dieses Blutbad brachte die
Bructerer, Tubanten und Usipeter in Bewegung und sie besetzten die Waldgebirge, durch welche das Heer den Rückzug
nehmen mußte. Dies wußte der Feldherr und brach zum Marsche wie zur Schlacht auf. Ein Teil der Reiter und die Kohor-

ten oder Hilfstruppen führten den Zug, bald hinter ihnen die
1. Legion, und das Gepäck in die Mitte nehmend, deckten die
linke Seite die von der 21., die rechte die von der 5. Legion;
die 20. sicherte den Rücken; hintennach kam der Rest der
Bundesgenossen. Die Feinde aber rührten sich nicht, bis der
Zug sich ganz durchs Waldgebirge hinbewegte, griffen dann
allmählich die Flanken und die Front an, und fielen mit gan-
zer Macht auf den Nachtrab. Und schon gerieten die leichten
Kohorten durch die dichten Haufen der Germanen in Verwirrung, als der Caesar, an die 20. Legion heranreitend, ihr mit
lauter Stimme zurief, dies sei der rechte Augenblick, den Aufruhr in Vergessenheit zu begraben. Sie möchten vorrücken,
sich beeilen, ihre Schuld in Ehre zu verwandeln. Da ent-
brannte ihr Mut, und den Feind mit einem Anlauf zerspren-
gend, trieben sie ihn ins offene Feld und hieben ihn nieder.
Zugleich kamen die Truppen der Vorhut glücklich aus dem
Wald und befestigten ein Lager. Der Marsch war von nun an
ruhig und die Soldaten ließen sich voll Vertrauen wegen des
soeben Vollbrachten, und das Frühere vergessend, in die Winterlager bringen.

Freude in Rom

52. Diese Botschaft erfüllte den Tiberius mit Freude und mit
Sorge. Er freute sich, daß der Aufstand unterdrückt war; daß
sich aber Germanicus durch Geldspenden und beschleunigte
Dienstentlassung um die Gunst der Soldaten beworben hatte
und ebenso dessen Kriegsruhm beunruhigte ihn. Er berichtete
jedoch im Senat von dessen Taten und redete mancherlei von
seinen Verdiensten, allein mehr zum Schein mit schönen Worten, als daß man sich dabei von seiner inneren Empfindung
hätte überzeugen können. Kürzer sprach er über Drusus und
die Beendigung der illyrischen Unruhen seinen Beifall aus,
aber mit mehr Wärme und in Glauben erweckender Rede;
und alles, was Germanicus bewilligt hatte, gewährte er auch
den pannonischen Heeren

Der Feldzug in Germanien
(15. n. Chr.)

Einfall in das Land der Chatten

55. Unter dem Konsulat des Caesars Drusus und des Gajus Norbanus wurde dem Germanicus ein Triumph zuerkannt, während der Krieg fortdauerte, den er, wiewohl er sich dazu erst zum Sommer mit aller Macht rüstete, mit dem Anfange des Frühlings durch einen plötzlichen Streifzug gegen die Chatten eröffnete. Denn es war die Hoffnung vorhanden, daß der Feind zwischen Arminius und Segestes geteilt sei, beide ausgezeichnet durch Treulosigkeit oder Treue gegen uns. Arminius war der Aufwiegler Germaniens, Segestes hatte schon oft und auch noch beim letzten Bankett, nach dem man dann zu den Waffen schritt, darauf hingewiesen, daß ein Aufruhr im Werke sei, und dem Varus geraten, ihn nebst Arminius und den übrigen Machthabern zu fesseln. Das Volk würde nach Beseitigung der Fürsten nichts wagen, er selbst aber Zeit gewinnen, die Schuldigen von den Schuldlosen zu unterscheiden. Doch Varus fiel durch sein Verhängnis und des Arminius Gewalt. Segestes blieb, obwohl durch seines Volkes Einigkeit mit in den Krieg hineingezogen, anderen Sinnes, und sein Privathaß wuchs noch, weil Arminius seine einem anderen verlobte Tochter entführt hatte. So war der Schwiegersohn verhaßt, die Schwiegereltern verfeindet; und was bei Einträchtigen ein Band der Liebe ist, wurde zum Stachel des Zornes bei den feindlich Gesinnten.

56. Germanicus übergab also vier Legionen, 5000 von den Hilfstruppen und die in Eile aufgebotenen Scharen der diesseits des Rheines wohnenden Germanen dem Caecina. Ebensoviele Legionen und die doppelte Zahl der Verbündeten führte er selbst, und brach nach Anlegung eines Kastells über den Trümmern einer von seinem Vater errichteten Schutzwehr auf dem Taunusgebirge, mit leicht gerüstetem Heere gegen die Chatten los, den Lucius Apronius zur Gangbarer-

haltung der Wege und Überbrückung der Flüsse zurücklassend. Denn er hatte, was in jenem Himmelsstrich selten ist, bei Trockenheit und mäßig hohen Strömen unaufgehalten seinen Marsch beeilt und fürchtete nun Regengüsse und Anschwellung der Flüsse bei der Rückkehr. Aber den Chatten erschien er so unversehens, daß, was Alter und Geschlecht der Wehr unfähig machte, sogleich gefangen oder niedergemacht wurde. Die junge Mannschaft war über den Adranafluß geschwommen und suchte die Römer am Schlagen einer Brücke zu hindern. Dann versuchten sie, durch Wurfgeschütz und Pfeile zurückgetrieben, vergeblich Friedensunterhandlungen anzuknüpfen und während einige zu Germanicus übergingen, zerstreuten sich die übrigen, ihre Gaue und Dörfer verlassend, in die Wälder. Der Caesar wandte sich, nachdem er Mattium, das ist der Hauptort des Volkes, in Brand gesteckt und das offene Land verwüstet hatte, zum Rhein zurück. Der Feind wagte es nicht, die Heimziehenden im Rücken zu beunruhigen, was seine Art ist, so oft er aus List mehr denn aus Furcht zurückgewichen ist. Die Cherusker hatten im Sinne gehabt, den Chatten beizustehen, doch Caecina schreckte sie, der bald hier- bald dorthin seine Waffen trug. Die Marsen aber, die einen Angriff wagten, hielt er durch ein glückliches Treffen im Zaume.

Befreiung des Segestes

57. Nicht lange darauf kamen Gesandte von Segestes, um Hilfe gegen die Gewalt seiner Landsleute zu erbitten, von denen er belagert wurde, da Arminius mehr bei ihnen galt, weil er zum Kriege riet. Denn bei den Barbaren wird ein jeder, je kühnere Entschlossenheit er zeigt, in bewegter Zeit für desto zuverlässiger und vorzüglicher gehalten. Segestes hatte den Gesandten seinen Sohn namens Segimundus beigesellt, aber im Bewußtsein seiner Schuld war der Jüngling noch unschlüssig. In dem Jahre nämlich, in welchem Germanien abfiel,

hatte er, zum Priester beim Altar der Ubier erwählt, seine priesterlichen Binden zerrissen und war zu den Aufständischen geflohen. Jedoch zur Hoffnung auf römische Milde überredet, überbrachte er des Vaters Aufträge; und gütig aufgenommen wurde er mit einer Bedeckung nach dem gallischen Ufer geschickt. Germanicus hielt es für verlohnend, das Heer zurückzuführen. Man kämpfte mit den Belagerern und befreite Segestes mit einer großen Schar von Verwandten und Schützlingen. Dabei waren edle Frauen, und unter diesen die Gattin des Arminius, Segestes Tochter, mehr von des Gatten, als des Vaters Geist, weder bis zu Tränen bezwungen, noch mit einem Laute flehend, sondern die Hände unter dem Busen zusammengefaltet und auf den schwangeren Leib niederblickend. Auch brachte man Raub aus des Varus Niederlage, der meist denen, die jetzt sich ergaben, als Beute zugefallen war; mit diesem erschien Segestes selbst, mächtig von Ansehen und im Bewußtsein in seiner Bundestreue unerschrocken.

58. Seine Worte waren etwa folgende: „Dies ist nicht der erste Tag, der meine Treue und Beständigkeit dem römischen Volke bezeugt. Seit ich von dem göttlichen Augustus mit dem Bürgerrechte beschenkt worden bin, habe ich Freunde und Feinde nach eurem Vorteil erwählt, und nicht aus Haß gegen mein Vaterland, – denn Verräter sind ja selbst denen verhaßt, für die sie arbeiten – nein, weil ich dasselbe den Römern und Germanen für vorteilhaft, und den Frieden für besser erachtete als den Krieg. Darum klagte ich Arminius, den Räuber meiner Tochter, Bundbrüchigen an euch bei Varus an, der damals an des Heeres Spitze stand. Hingehalten durch die Fahrlässigkeit des Feldherrn, drang ich darauf, weil das Gesetz zu wenig Schutz gewährte, daß er mich nebst Arminius und den Mitverschworenen in Fesseln legte. Dessen ist jene Nacht Zeuge, o wäre sie lieber für mich die letzte gewesen! Was erfolgte, läßt sich mehr beweinen, als verteidigen. Übrigens habe ich sowohl Arminius in Ketten geworfen, als ihre Last erduldet, die mir von seinem Anhange auferlegt wurde. Und kaum bin ich nun deiner teilhaftig geworden, so ziehe ich dem

Neuen das Alte, die Ruhe der Verwirrung vor, nicht etwa eines Lohnes wegen, sondern um mich von Treulosigkeit zu reinigen, und zugleich dem Volke der Germanen als geeigneter Vermittler, sollte es die Reue dem Verderben vorziehen. Für die Jugend des Sohnes und seine Verirrung bitte ich um Nachsicht; die Tochter, das bekenne ich, hat nur Zwang hierher geführt. Du selbst magst überlegen, was den Ausschlag gibt, daß sie empfangen von Arminius hat, oder aber, daß sie von mir gezeugt worden ist." Der Caesar versprach in gnädiger Antwort seinen Kindern und Verwandten Sicherheit, ihm selbst einen Wohnsitz in der alten Provinz[1]. Das Heer führte er zurück und nahm auf des Tiberius Antrag den Imperatortitel an. Arminius Gattin gebar einen Sprößling männlichen Geschlechts. Wie mit dem zu Ravenna erzogenen Knaben die harte Laune des Schicksals nachmals ihr Spiel getrieben hat, werde ich zu seiner Zeit erwähnen.

Arminius ruft zu den Waffen

59. Das über Segestes Unterwerfung und gütige Aufnahme sich verbreitende Gerücht wurde, wie gerade einem jeden der Krieg zuwider oder erwünscht war, teils mit Hoffnung, teils mit Schmerz vernommen. Den Arminius trieb außer angeborener Heftigkeit, der Gattin Raub und daß der Knechtschaft unterworfen, was die Gattin unter ihrem Herzen trug, gleich einem Rasenden umher, und so durchflog er das Cheruskerland, um Waffen gegen Segestes und gegen den Caesar aufzubieten. Selbst Schmähungen sparte er nicht: Ein herrlicher Vater, ein großer Imperator, ein tapferes Heer, die mit so vielen Armen ein schwaches Weib hinweggeführt! Vor ihm seien drei Legionen, ebensoviel Legaten niedergesunken; denn nicht mit Verräterei, nicht gegen schwangere Frauen, sondern

---

[1] Die alte Provinz ist das linke Rheinufer.

offen, und gegen Bewaffnete pflege er den Krieg zu führen. Noch sehe man in den Hainen der Germanen die römischen Feldzeichen, die er den Göttern des Vaterlandes aufgehängt habe. Immerhin möge Segestes das besiegte Uferland bewohnen, und seinem Sohn das Priestertum an Menschen[1] wiedergeben. Die Germanen würden nie genügende Entschuldigung dafür finden, daß sie zwischen Elbe und Rhein Ruten, Beile und die Toga gesehen hätten. Andere Völker hätten aus Unbekanntschaft mit der römischen Herrschaft noch nichts von Hinrichtungen erfahren, noch nichts von Steuern gehört; weil sie dieselben abgeschüttelt hätten und jener unter die Götter erhobene Augustus, wie jener auserkorene Tiberius, erfolglos heimgezogen seien, so sollten sie doch einen unerfahrenen Jüngling, ein meuterisches Heer nicht fürchten. Wenn Vaterland, Eltern und Altgewohnte ihnen lieber wäre als Gebieter und neue Ansiedelungen, so möchten sie eher dem Arminius zu Ruhm und Freiheit, als dem Segestes zu schimpflicher Knechtschaft folgen.

60. Hierdurch wurden nicht nur die Cherusker, sondern auch die angrenzenden Völkerschaften in Bewegung gesetzt, und auch Inguiomerus, des Arminius Onkel gewonnen, ein Mann von altem Ansehen bei den Römern. So mehrte sich für den Caesar die Besorgnis. Und damit nicht der Krieg mit einer Heeresmasse losbräche, schickte er den Caecina mit vierzig römischen Kohorten, um den Feind zu teilen, durch das Land der Bructerer bis an die Ems. Die Reiterei führte der Präfekt Pedo durch das Gebiet der Friesen. Er selbst ließ vier Legionen, die er eingeschifft hatte, über die Seen fahren, und zugleich traf Fußvolk, Reiterei und Flotte bei vorgenanntem Fluß zusammen. Die Chauker wurden, da sie Hilfe versprachen, in die Heeresgemeinschaft aufgenommen. Die ihre eigenen Besitzungen verheerenden Bructerer schlug mit leicht ge-

[1] Das Priestertum an Menschen ist die göttliche Verehrung des Caesar und des Augustus.

rüsteter Mannschaft Lucius Stertinius, von Germanicus abgesandt, und fand während des Mordens und Plünderns den
Adler der 19. Legion, der mit Varus verloren worden war. In
einem Zuge wurde alsdann das Heer bis zu den entferntesten
Bructerern geführt und alles zwischen Ems und Lippe verwüstet, nicht fern vom Teutoburger Waldgebirge, in welchem,
wie man sagte, die Reste des Varus und der Legionen noch
unbestattet lagen.

Germanicus am Feld der Varusschlacht

61. Daher ergriff den Caesar das Verlangen, nun die letzte
Schuld den Kriegern und ihrem Führer abzutragen, und das
ganze anwesende Heer war ob der Anverwandten und
Freunde tief zum Mitleid bewegt, ob der Unfälle des Krieges
und des Loses der Menschheit. Nachdem Caecina vorausge-
schickt war, um die verborgenen Schluchten des Waldgebirges
zu durchspähen, und Brücken und Dämme über Sumpfgewässer und trügerische Felder aufzuführen, betraten sie die
trauerreichen Orte, dem Blick wie der Erinnerung grauenvoll.
Das erste Lager des Varus deutete durch den weiten Umfang
und durch die Ausdehnung des Feldherrnplatzes die Arbeit
dreier Legionen unverkennbar an; weiterhin erkannte man an
dem halbeingestürzten Wall und an dem flachen Graben, daß
der hier schon zusammengeschmolzene Rest sich festgesetzt
hatte. Mitten auf der Fläche lag bleichendes Gebein, so wie sie
geflohen waren, wie sie Widerstand geleistet, bald zerstreut,
bald angehäuft. Dabei lagen Trümmer von Waffen und Pfer-
degerippe; zugleich sah man vorn an Baumstämmen befestigte
Schädel; in den benachbarten Hainen standen die Altäre der
Barbaren, an welchen sie die Tribunen und die Centurionen
der ersten Reihen geschlachtet hatten. Dazu erzählten die,
welche jene Niederlage überlebend der Schlacht oder den
Banden entronnen waren, hier seien die Legaten gefallen, dort
die Adler genommen worden; wo Varus die erste Wunde emp-

fangen, wo er durch unselige Hand, durch selbstgeführten Streich den Tod gefunden; auf welcher Erhöhung Arminius gesprochen, wie viele Galgen für die Gefangenen, welche Gruben für die Hingerichteten bereit gehalten wurden, und wie er der Feldzeichen und Adler im Übermut gespottet habe.

62. So bestattete denn das anwesende Römerheer im sechsten Jahre nach der Niederlage die Gebeine der drei Legionen, ohne daß einer erkannte, ob er fremde Reste oder die der Seinigen mit Erde bedeckte, alle als Verwandte, als Blutsfreunde, und mit gesteigerter Erbitterung gegen den Feind, voll Betrübnis zugleich und Ingrimm. Den ersten Rasen zur Errichtung des Grabhügels legte der Caesar, so den größten Liebesdienst den Verstorbenen erweisend und am Schmerz der Gegenwärtigen teilnehmend. Dies billigte Tiberius nicht, sei es, weil er alles an Germanicus nachteilig deutete oder weil er glaubte, das Heer sei durch den Anblick der Erschlagenen und Unbestatteten gelähmt zum Kampf und furchtsamer gegen den Feind geworden. Auch hätte der Imperator, mit dem Augurat und mit uralten Weihen bekleidet, sich nicht mit einer Totenfeier befassen sollen.

Kampf mit Arminius – Rückzug

63. Germanicus aber zog dem in unwegsame Gegenden entweichenden Arminius nach, und sobald er seiner habhaft geworden war, befahl er den Reitern vorzusprengen und das Feld zu nehmen, auf welchem der Feind sich festgesetzt hatte. Arminius ließ seine Leute, welche die Weisung erhalten hatten, sich zu sammeln und sich der Waldung zu nähern, plötzlich herumschwenken, und gab dann auch denen ein Zeichen, hervorzubrechen, die er in dem Waldgebirge verborgen hatte. Da wurde durch die neue Schlachtreihe die Reiterei in Verwirrung gesetzt und die nachgesandten Reservekohorten, von dem Schwarme der Fliehenden fortgerissen, vermehrten nur die Bestürzung. Sie wären ohne Zweifel in einen den Siegern

wohlbekannten, den Fremden gefährlichen Sumpf gedrängt worden, hätte der Caesar nicht die Legionen vorgeführt und in Schlachtordnung gestellt. Das erfüllte den Feind mit Schrecken, die Soldaten mit Vertrauen, und man trennte sich nach unentschiedenem Kampfe. Darauf führte er das Heer wieder an die Ems und bringt die Legionen auf der Flotte, wie er sie hergeschifft, zurück. Ein Teil der Reiter erhielt Befehl, längs dem Gestade des Ozeans dem Rheine zuzuziehen, Caecina, der seine eigene Mannschaft führte, die Weisung, obwohl er auf bekannten Wegen heimkehrte, so zeitig als möglich die langen Brücken zu überschreiten. Dies war ein schmaler Pfad zwischen unabsehbaren Sümpfen, einst von Lucius Domitius aufgedämmt. Das übrige war lauter Moor, unwegsam durch zähen Schlamm oder durch Bäche unsicher; rings umher allmählich aufsteigende Waldungen, die jetzt Arminius besetzt hielt, da er auf kürzeren Wegen und in schnellem Zuge den mit Gepäck und Waffen belasteten Soldaten zuvorgekommen war. Caecina, unschlüssig, auf welche Weise er zugleich die durch Alter zerfallenen Brücken herstellen und den Feind abwehren sollte, hielt für gut, da wo er war, ein Lager abzustekken, damit ein Teil die Arbeit, der andere den Kampf beginnen könnte.

64. Die Barbaren waren bestrebt, die Vorposten zu durchbrechen, und zwischen die Schanzarbeiter einzudringen: sie neckten, umgingen sie und stürmten heran. Durcheinander hallte verworrenes Geschrei der Arbeitenden und Kämpfenden, und alles war gleicherweise den Römern ungünstig, der Boden tiefer Morast, darauf zu fußen ebenso unhaltbar, wie schlüpfrig beim Vorwärtsschreiten, die Leute mit Panzern beschwert, ja nicht einmal den Wurfspieß mitten im Gewässer zu schwingen fähig. Dagegen standen die Cherusker des Kampfs in Sümpfen längst gewohnt, hochragenden Wuchses, und mit mächtigen, aus noch so weiter Ferne verwundenden Spießen. Erst die Nacht rettete die bereits wankenden Legionen aus dem ungünstigen Kampfe. Die Germanen, wegen ihres Glückes unermüdet, leiteten, ohne auch sich selbst jetzt Ruhe zu gönnen,

was von Gewässern auf den rings sich erhebenden Höhen entspringt, in die Niederungen hinab, und da so der Boden überschwemmt und, was vom Werke fertig war, zerrissen wurde,
verdoppelte sich die Arbeit der Soldaten. Vierzig Jahre hatte
Caecina jetzt gehorchend oder befehlend gedient, mit Glück
und Mißgeschick vertraut und darum unerschrocken. So fand
er denn, überlegend, was kommen könnte, keinen anderen
Ausweg, als den Feind in den Wäldern zurückzuhalten, bis die
Verwundeten und der ganze schwere Zug einen Vorsprung
hätten. Denn mitten zwischen den Bergen und Sümpfen er-
streckte sich die Ebene dergestalt hin, daß sie nur eine schmale
Heeresbreite zuließ. Die Legionen, erhielten ihre Bestimmung,
die 5. auf dem rechten Flügel, die 21. auf dem linken Stellung
zu nehmen, die von der 1. den Zug zu führen, die der zwanzigsten sich gegen die Verfolgenden zu wenden.

65. Die Nacht war durch ganz Gegensätzliches unruhig, da
die Barbaren bei festlichen Gelagen mit lustigem Gesang oder
wildem Lärm die Tiefen der Täler und die widerhallenden
Waldhöhen erfüllten, bei den Römern dagegen die Feuer matt
brannten, der Wachtruf sich nur abgebrochen vernehmen ließ,
und sie selbst zerstreut am Walle lagen, zwischen den Zelten
herumirrten, mehr schlaflos als um zu wachen. Auch den Feldherrn schreckte ein grauenhafter Traum: denn er glaubte
Quintilius Varus zu schauen, wie er mit Blut bedeckt aus dem
Sumpfgewässer auftauchte, und gleichsam seinen Zuruf zu
vernehmen, doch ohne ihm zu folgen, und die nach ihm aus-
gestreckte Hand von sich stoßend. Als der Tag nun graute,
verließen die an die Flanken beorderten Legionen, sei es aus
Furcht oder Ungehorsam, ihren Platz und besetzten eiligst ein
Feld jenseits des Moores. Doch brach Arminius, obwohl ihn
nichts am Angriff hinderte, nicht gleich hervor; sondern als
das Gepäck im Schlamme und in den Gräben festsaß, die
Soldaten rings umher in Unordnung gerieten, die Ordnung
der Feldzeichen in Verwirrung war, und wie es in solcher Lage
zu geschehen pflegt, ein jeder für sich beeilte und den Befehlen
ein taubes Ohr lieh, da erst befahl er den Germanen einzustür-

men, indem er laut rief: „Seht da! Varus und seine zum zwei-
tenmal vom Schicksal besiegten Legionen!" Im selben Augenblick durchbrach mit auserlesener Mannschaft den Zug und
versetzte insbesondere den Pferden Wunden. Diese warfen, in
dem eigenen Blute und auf dem schlüpfrigen Sumpfboden
ausgleitend, ihre Reiter ab, sprengten dann die Entgegenkommenden auseinander, zertraten die am Boden Liegenden. Die
meiste Not gab es bei den Adlern, welche weder den eindringenden Geschossen entgegengetragen, noch in der schlammi-
gen Erde befestigt werden konnten. Während Caecina sich
bemühte, die Schlachtordnung zu halten, glitt er von dem
durchbohrten Pferd und wäre umringt worden, hätte die erste
Legion sich nicht entgegengeworfen. Zustatten kam die Habgier der Feinde, da sie das Gemetzel aufgaben und der Beute
nachgingen. So arbeiteten sich die Legionen, als es Abend
werden wollte, ins Freie und auf festen Grund hinaus. Doch
auch hiermit hatte das Elend noch kein Ende. Ein Wall mußte
aufgeführt, das Material dazu herbeigeholt werden. Großen-
teils war das Gerät verloren, womit die Erde aufgegraben und
der Rasen ausgestochen wird; es gab keine Zelte für die Manipeln, keinen Verband für die Verwundeten. Mit Schmutz oder
Blut verunreinigte Lebensmittel verteilend, wehklagten sie
über die Grabesfinsternis und daß nur noch ein Tag so vielen
tausend Menschen vergönnt sei.

66. Zufällig brachte ein Pferd, das sich losgerissen hatte, um-
hersprengte und durch das Geschrei scheu geworden war, einige der Entgegeneilenden in Verwirrung. So groß ward die
dadurch hervorgebrachte Bestürzung, weil man nicht anders
glaubte, als seien die Germanen schon eingebrochen, daß alle
zu den Toren stürzten, und unter diesen suchte man vornehm-
lich das decumanische zu gewinnen, welches, abgewandt vom
Feinde, den Fliehenden größere Sicherheit gewährte. Selbst
als man erfahren hatte, daß die Furcht unbegründet sei,
konnte Caecina weder durch sein Ansehen, noch durch Bitten,
ja nicht einmal mit dem Arme dem Soldaten Einhalt gebieten
oder ihn zurückhalten, und er konnte erst, als er sich an der

Schwelle des Tores niedergeworfen hatte, durch Erregung des
Mitleids, weil man über den Leib des Legaten hätte gehen
müssen, den Weg versperren. Zugleich wiesen die Tribunen
und Centurionen die Grundlosigkeit des Schreckens nach.
67. Darauf zog er die Soldaten auf dem Feldherrnplatze zusammen, befahl ihnen seine Worte mit Schweigen zu vernehmen und stellt ihnen vor, was der Drang der Umstände er-
heischte. Einzig auf den Waffen beruhe die Rettung, aber mit
Maß haltender Klugheit müsse man sie führen und innerhalb
des Walles bleiben, bis die Feinde, in der Hoffnung, ihn zu
erstürmen, näher heranrückten; dann von allen Seiten ausfal-
len; durch einen solchen Ausfall werde man bis zum Rheine
gelangen. Wollten sie aber fliehen, dann warteten ihrer noch
mehr Wälder, noch tiefere Sümpfe, und die ganze Wut der
Feinde. Dagegen gehöre den Siegern Ehre und Ruhm. Was
ihnen daheim teuer, was ihnen im Lager ehrenvoll sei, das
brachte er in Erwägung, vom Mißgeschick schwieg er. Sodann
übergab er, mit dem seinigen beginnend, die Pferde der Legaten und Tribunen ohne alle Rücksicht den tapfersten Kriegern, damit erst diese und dann das Fußvolk auf den Feind
losgingen.
68. In nicht minder unruhiger Bewegung waren die Germanen durch Hoffnung, ungeduldiges Verlangen und verschie-
dene Meinungen der Anführer. Denn Arminius riet, die
Römer ausrücken zu lassen und sie dann von neuem auf nas-
sem und unwegsamem Boden zu umzingeln; wilder und den
Barbaren willkommener war Inguiomers Rat, den Wall mit
Waffen zu umziehen; die Eroberung werde leicht sein, mehr
Gefangene und unverdorbene Beute werde es geben. Also stießen sie mit Tagesanbruch die Gräben zu, warfen Reisigbündel
hinein und erfaßten den Rand des Walles; denn nur sparsam
standen hier die Soldaten, und als hätte die Furcht sie festgebannt. Als sie so an den Verschanzungen hingen, wurde den
Kohorten das Zeichen gegeben, Hörner und Trompeten
schallten zusammen. Dann warfen sie sich den Germanen mit
Geschrei und mit Ungestüm in den Rücken, höhnisch rufend:

hier seien nicht Wälder, nicht Sümpfe, sondern auf gleichem Boden gleiche Götter. Dem Feinde, der sich die Vernichtung leicht und nur wenige Halbbewaffnete dachte, kam nun der Schall der Trompeten, der Glanz der Waffen, je unvermuteter mit desto größerem Schreck entgegen. Und sie fielen, wie im Glück raubgierig, so im Unglück unvorsichtig. Unversehrt verließ Arminius, mit schwerer Wunde Inguiomer den Kampf. Im gemeinen Haufen wurde gemordet, so lange die Erbitterung und das Tageslicht ausreichten. Erst mit der Nacht kehrten die Legionen um und obwohl sie noch mehr Wunden und der gleich große Nahrungsmangel quälte, so fanden sie doch im Siege Kraft, Gesundheit, Überfluß, kurz alles.

Agrippina verhindert den Abbruch der Rheinbrücken

69. Inzwischen hatte sich schon der Ruf verbreitet, das Heer sei umzingelt, und feindlich setze ein Haufe von Germanen sich Gallien zum Ziel. Und hätte Agrippina nicht den Abbruch der Rheinbrücke verhindert, so hätte es nicht an Furchtsamen gefehlt, die sich solchem Schimpf unterfangen hätten. Allein diese hochherzige Frau versah das Feldherrnamt in jenen Tagen, und verschenkte unter die Soldaten sowie ein dürftiger oder ein Verwundeter sich zeigte, Kleidung und Verband. Es erzählt Gaius Plinius, der der Geschichtsschreiber der germanischen Kriege[1], sie habe vorne an der Brücke gestanden und den heimkehrenden Legionen Lob und Dank gezollt. Dies drang tief verwundend in Tiberius Seele. Nicht lauter, meinte er, sei solche Sorgfalt, nicht gegen die Ausländer suche man den Krieger zu gewinnen. Dem Imperator bleibe ja nichts mehr übrig, wenn eine Frau die Manipeln mustere, sich zu den Feldzeichen begebe und es mit Spenden versuche. Als

---

[1] Seine 20 Bücher von den Kriegen in Germanien sind verloren.

ob sie noch nicht gunstsüchtig genug den Sohn des Feldherrn
in gemeiner Soldatentracht herumtragen und ihn Caesar Ca-
lugula nennen lasse. Einflußreicher schon sei bei den Heeren
Agrippina als die Legaten, als die Feldherren; ja unterdrückt
sei von dem Weibe die Empörung, der des Fürsten Name nicht
zu widerstehen vermochte. Nahrung und größeres Gewicht
gab dem allem noch Seianus, um wohlbekannt mit des Tiberius Charakter, Haß auf ferne Zeiten auszusäen, den er in sich
verschlösse und vermehrt ausbrechen ließe.

Marsch des Vitellius

70. Germanicus übergab indessen von den zur See herge-
brachten Legionen die 2. und 14., um sie zu Lande zu führen,
dem Publius Vitellius, damit die Flotte mit geringerer Last auf
dem seichten Meere segelte oder bei Ebbe aufsäße. Vitellius
hatte anfangs auf trockenem Boden oder doch bei nur mäßig
anspülender Flut einen ruhigen Marsch; bald aber wurde
durch des Nordwinds Anstürmen, in Verbindung mit dem
Gestirn der Nachtgleiche, da der Ozean am stärksten an-
schwillt, der Heereszug fortgerissen und umhergetrieben. Alles
Land war überschwemmt, eine Fläche Meer, Gestade und
Felder, nicht zu unterscheiden unsichere Stellen von festen,
und seichte von tiefen. Niedergeworfen werden Leute von den
Fluten, verschlungen von den Strudeln. Lastvieh, Gepäck,
tote Körper schwammen durcheinander, trieben gegeneinander. Durcheinander wirrten sich die Manipeln, bald mit der
Brust, bald nur mit dem Gesichte hervorragend, nicht selten,
wenn der Boden wich, auseinandergeworfen oder überflutet.
Da half kein Ruf, kein wechselseitiger Zuspruch im Gegen-
drang der Woge; nichts hatte der Entschlossene vor dem Zag-
haften, der Erfahrene vor dem Unerfahrenen, nicht die Überlegung vor dem Zufalle voraus. Alles riß in gleichem Ungestüm der Strudel mit sich fort. Endlich hatte Vitellius höheres
Land errungen und führte dahin auch den Zug empor. Sie

übernachteten ohne allen Bedarf, ohne Feuer, ein großer Teil nackt oder übel zugerichtet, nicht minder bedauernswert, als wären sie vom Feinde umlagert; denn dort ist doch noch ein ehrenvoller Tod vergönnt, ihrer dagegen harrte ruhmloser Untergang. Doch der Tag gab die Erde wieder, und man drang bis zum Flusse Visurgin vor, wohin Caesar mit der Flotte gesteuert war. Darauf wurden die Legionen eingeschifft, während das Gerücht umging, sie seien ertrunken. Man glaubte nicht eher an ihre Rettung, als bis man den Caesar und das Heer zurückgekehrt sah.

71. Schon hatte auch Stertinius, vorausgesandt, um den Bruder des Segestes, Segimer, welcher sich ergeben hatte, in Empfang zu nehmen, ihn selbst und dessen Sohn in die Stadt der Ubier geführt. Beiden wurde verziehen; dem Segimer leicht, unter größerem Zögern dem Sohn, weil er den Leichnam des Quintilius Varus mißhandelt haben sollte. Übrigens wetteiferten Gallien, Hispanien und Italien, um die Verluste des Heeres zu ersetzen, und boten, was jedem zu Gebote stand, Waffen, Pferde und Gold an. Germanicus lobte ihren Eifer, nahm jedoch nur Waffen und Pferde für den Kriegsbedarf an, mit eigenem Gelde unterstützte er die Soldaten. Um das Andenken an die Niederlage auch durch Leutseligkeit zu mildern, besuchte er die Verwundeten, erhob die Taten eines jeden, und wußte so bei Besichtigung der Wunden den einen durch Hoffnung, den anderen durch rühmendes Lob, alle durch Zuspruch und Fürsorge, für sich und für den Kampf mit neuem Eifer zu erfüllen.

ZWEITES BUCH

Der Feldzug des Germanicus
(16 n. Chr.)

Zug an die Weser

5. Übrigens kam es Tiberius gar nicht ungelegen, daß solche Unruhen den Orient bewegten, um unter diesem Vorwande den Germanicus von den ihm vertraut gewordenen Legionen loszureißen, ihn über neue Provinzen zu setzen und so zugleich Unfällen und der Hinterlist bloßzustellen. Doch jener, je leidenschaftlicher die Soldaten ihm zugetan waren, je abgeneigter ihm der Onkel war, desto eifriger auf Beschleunigung des Siegs bedacht, erwog der Schlachten Wege und was ihm, der nun schon im dritten Jahre Krieg führte, Trauriges und Glückliches begegnet sei: geschlagen würden die Germanen in regelrechter Schlacht auf ordentlichem Gelände, begünstigt durch Waldungen, Sümpfe, kurzen Sommer und frühzeitigen Winter. Seine Krieger litten nicht so sehr durch Wunden als durch weite Märsche und den Verlust der Waffen; Gallien sei schon durch Pferdelieferungen erschöpft; der lange Zug des Trosses lade zu Nachstellungen ein, und sei den sich Verteidigenden hinderlich. Doch wenn man auf die See ginge, würde die Besitznahme mühelos und vom Feinde unbemerkt erfolgen. Zugleich würde der Krieg zeitiger begonnen, gemein-

schaftlich mit den Legionen auch die Zufuhr fortgeschafft, Reiter und Pferde ungeschwächt durch die Mündungen und Betten der Flüsse in der Mitte Germaniens ausgesetzt.

6. Dahin also ging sein Streben. Nachdem zur Schatzung Galliens Publius Vitellius und Gaius Antius abgesandt waren, wurden Silius, Anteius und Caecina mit dem Bau der Flotte beauftragt. Tausend Schiffe schienen hinreichend und wurden eilig angefertigt, einige kurz, mit schmalem Hinter- und Vorderteil, aber weitem Bauche, um desto leichter den Wogen zu widerstehen; andere mit flachem Kiel, um ohne Schaden auf den Grund zu laufen; mehrere mit an beiden Enden angebrachten Steuern, um durch plötzliche Wendung der Ruder bald mit dem einen, bald mit dem anderen anzulegen; viele mit Verdecken, um das Wurfgeschütz darauf zu transportieren und zugleich zur Fortschaffung der Pferde oder Lebensmittel eingerichtet. Leichthinsegelnd und ruderschnell, erhielten sie durch den fröhlichen Mut der Soldaten ein noch bedeutenderes und Schrecken erregendes Ansehen. Die Insel der Bataver[1] wurde zum Sammelplatz bestimmt, wegen der leichten Landung und der Gelegenheit sowohl die Truppen einzuschiffen, als den Krieg hinüber zu spielen. Denn der Rhein, welcher in einem Bette fortströmt, oder nur mäßige Inseln umfließt, teilt sich mit dem Anfange des batavischen Landes gleichsam in zwei Flüsse, und behält seinen Namen und die Schnelligkeit seines Stromes da, wo er an Germanien vorüberfließt, bis er sich in den Ozean ergießt. Am gallischen Ufer ist er breiter und langsamer strömend, und die Anwohner verändern seinen Namen, indem sie ihn Vahalis nennen, worauf er auch diese Benennung bald mit der der Maas vertauscht und sich durch deren ungeheure Mündung ebenfalls in den Ozean ergießt.

7. Doch während die Schiffe noch herbeigetrieben wurden,

---

[1] Die Insel der Bataver war das Land zwischen dem Nordarm des Rheins, der Waal und der Maas.

ließ Caesar den Legaten Silius mit einer leichtgerüsteten Schar
einen Einfall ins Land der Chatten tun; er selbst führte auf die
Nachricht, daß das an der Lippe erbaute Kastell belagert
werde, sechs Legionen dorthin. Weder Silius konnte, wegen
plötzlicher Regengüsse, etwas anderes tun, als in der Eile einige Beute und des Chattenfürsten Arpus Weib und Tochter
rauben, noch ließen den Caesar die Belagerer zum Kampfe
kommen, da sie schon beim Gerücht von seiner Annäherung
sich zerstreut hatten. Doch den jüngst den varischen Legionen
aufgeführten Grabeshügel und einen alten dem Drusus errichteten Altar hatten sie zerstört. Den Altar stellte er wieder her
und hielt zur Ehre seines Vaters, selbst an ihrer Spitze, mit den
Legionen einen feierlichen Umzug; den Grabeshügel zu erneuern, schien nicht ratsam. Doch wurde alles zwischen dem
Kastell Aliso und dem Rhein mit neuen Grenzwällen und
Straßendämmen wohl verwahrt.

8. Kaum war die Flotte angekommen, da lief er auch, nach
Voraussendung der Zufuhr und Verteilung der Schiffe unter
die Legionen und Bundesgenossen, in den sogenannten Drususgraben[1] ein und gelangte, nachdem er mit Gebet den
Vater Drusus angerufen hatte, daß er ihn, der gleiches unter-
nommen, willig und huldvoll durch sein Beispiel und durch
die Erinnerung an seine Pläne und Taten unterstützen
möchte, von da aus durch die Seen und den Ozean bis an die
Ems in günstiger Fahrt. Die Flotte wurde am linken Ufer der
Ems zurückgelassen, und damit ein Fehler gemacht, daß er die
Soldaten nicht weiter hinauffuhr, die nach den rechts gelegenen Ländern ziehen sollten. So gingen mehrere Tage mit
Brückenschlagen hin. Auch zogen zwar die Reiter und die
Legionen, da die Flut noch nicht kam, unerschrocken über die
Meergewässer voran, aber der Nachtrab der Hilfsvölker und
namentlich die hier befindlichen Bataver, gerieten, da sie zu
keck durch das Wasser schritten und ihre Fertigkeit im

---

[1] Der Drususgraben wurde vom Vater des Germanicus in den Jahren 11 und
12 v. Chr. angelegt und verband den Rhein und die Yssel. So konnte man mit
der Rheinflotte über die Zuidersee bequem in die offene Nordsee gelangen.

Schwimmen zeigen wollten, in Verwirrung, ja manche wurden ein Raub der Wogen . . .[1].

Als Caesar mit dem Abstecken eines Lagers beschäftigt war, erhielt er die Botschaft vom Abfall der Ampsivarier ihm im Rücken; doch mit Reiterei und Leichtbewaffneten auf der Stelle abgesandt, rächte Stertinius die Treulosigkeit, mit Feuer und Schwert.

Unterredung zwischen Arminius und Flavus

9. Der Strom der Weser floß zwischen den Römern und Cheruskern hindurch. An seinem Ufer trat mit den übrigen Häuptlingen Arminius auf und bat, als man seine Frage, ob der Caesar gekommen sei, bejaht hatte, daß man ihm gestatten möchte, sich mit seinem Bruder zu unterreden. Dieser befand sich beim Heere, jetzt Flavus genannt, ausgezeichnet durch seine Treue, da er vor wenigen Jahren unter Tiberius selbst ein Auge im Kampfe verloren hatte. So wurde es ihm erlaubt; und als jener vortritt, begrüßt ihn Arminius, entfernt seine Begleitung und verlangt, daß die vorn auf unserem Ufer aufgestellten Bogenschützen sich hinwegbegeben sollten. Sobald sie fortgegangen waren, fragt er den Bruder, woher eine solche Entstellung des Gesichts rühre. Da dieser Ort und Treffen nennt, will er erfahren, was für ein Lohn ihm denn dafür geworden. Flavus zählt Solderhöhung, Kette, Krone und andere kriegerische Ehrengeschenke auf, indes Arminius des armseligen Lohnes der Knechtschaft spottet.

10. Hierauf stellten sie einander gegenüber, dieser die Größe Roms, die Macht des Caesar, und wie der Besiegten schwere Strafe, des sich Ergebenden nur Gnade warte, und auch seine Gattin und sein Sohn nicht feindlich behandelt würden; jener

---

[1] Hier ist eine Lücke im Text anzunehmen, da sich im Folgenden die Ampsivarier schon im Rücken der Römer befinden. Zudem befinden sich die Römer zu Beginn des 9. Kapitels schon an der Weser.

führte des Vaterlandes heiliges Recht, die angestammte Freiheit, die heimatlichen Götter Germaniens an, und wie mit ihm
auch die Mutter bitte, daß er doch nicht lieber seine Angehörigen und Verwandten, ja sein Volk verlassen und verraten, als
bei ihnen herrschen wolle. So allmählich in Wortwechsel gera-
tend, hätten sie sich nicht einmal durch den sie trennenden
Strom abhalten lassen, einen Kampf zu beginnen, wäre nicht
Stertinius herbeigeeilt und hätte den zornerfüllten, nach Waffen und einem Pferde verlangenden Flavus zurückgehalten.
Drüben sah man Arminius, wie er drohte und die Schlacht
ankündigte; denn manches ließ er dazwischen in lateinischer
Sprache hören, da er ja im römischen Lager als Anführer
seiner Landsleute gedient hatte.

Übergang über die Weser

11. Am folgenden Tage stand die Heerordnung der Germanen jenseits der Weser. Der Caesar erachtete es eines Imperators für nicht würdig, ohne Brücken geschlagen und diese mit
Deckung versehen zu haben, die Legionen in Gefahr zu
geben, und ließ die Reiterei durch Furten übersetzen. Es führten sie Stertinius und aus der Primipilaren Zahl Aemilius,
indem sie auf verschiedenen Punkten hineinsprengten, um den
Feind zu teilen. Wo der Strom am reißendsten war, brach
Chariovalda, der Anführer der Bataver durch. Ihn lockten die
Cherusker in verstellter Flucht auf eine von Waldhöhen umge-
bene Ebene; dann stürmten sie vereint von allen Seiten in
wildem Drange los, warfen die Standhaltenden zurück, verfolgten die Weichenden und jagten die in einem Kreise sich
Sammelnden teils im Handgemenge, teils aus der Ferne
kämpfend vor sich her. Nachdem Chariovalda lange der Wut
der Feinde widerstanden hatte, ermahnte er die Seinigen, die
heranstürmenden Scharen in geschlossenen Haufen zu durchbrechen, sprengte so selbst ins dichteste Gedränge hinein und
sank unter einem Hagel von Geschossen, da auch sein Pferd

schon unter ihm durchbohrt war, und so der Edlen viele um
ihn her. Die übrigen rettete ihre eigene Gewalt oder die mit
Stertinius und Aemilius zu Hilfe kommende Reiterei aus der
Gefahr.

12. Nach dem Übergange über die Weser erfuhr Caesar
durch die Aussage eines Überläufers, daß von Arminius schon
ein Kampfplatz ausgewählt sei, auch andere Stämme schon in
einem dem Herkules geweihten Haine zusammengekommen
seien und wohl einen nächtlichen Sturm auf das Lager wagen
würden. Man glaubte dem Aussagenden. Auch erblickte man
Wachfeuer, und Kundschafter, die sich näher hinangeschli-
chen hatten, hinterbrachten, man höre das Schnauben der
Pferde und das dumpfe Getöse eines zahllosen und ungeordneten Heerhaufens. Bei solcher Nähe des alles entscheidenden
Augenblicks hielt er für ratsam, die Stimmung der Soldaten zu
erforschen, und erwog bei sich, auf welche Weise dies sicher zu
ermitteln wäre. Die Tribunen und Centurionen berichteten
öfter Angenehmes als Zuverlässiges; der Freigelassenen Sinnes-
art bleibe immer knechtisch; Freunden hänge Schmeichelei
an; berufe man das Heer zusammen, so stimmten auch hier
dem, wozu wenige den Ton angäben, die übrigen lärmend bei.
Bis auf den Grund sei ihre Gesinnung zu erkennen, wenn sie
unter sich und unbeobachtet bei der Feldkost Hoffnung oder
Furcht aussprächen.

Die Schlacht auf der Ebene von Idisiaviso

13. Mit dem Beginn der Nacht ging er vom Feldherrnzelt aus
auf heimlichen, den Wachen unbekannten Pfaden, mit einem
einzigen Begleiter, die Schultern mit einem Fell bedeckt, die
Lagergassen entlang, trat an die Zelte heran und genoß seines
Ruhms, da der eine den Adel des Feldherrn, ein anderer sein
edles Äußere, die meisten seine Ausdauer, seine Leutseligkeit,
seinen in Ernst und Scherz stets gleichen Sinn lobend erhoben
und bekannten, daß man in der Schlacht des ihm vergelten,

und zugleich, daß man die Treulosen und die Friedensbrecher der Rache und dem Ruhme zum Opfer bringen müsse. Währenddessen sprengte einer von den Feinden, welcher der lateinischen Sprache kundig war, an den Wall heran, und versprach mit lauter Stimme in Arminius Namen Frauen und Äcker und, so lange der Krieg dauerte, 100 Sesterzen täglichen Sold, wenn jemand überginge. Solcher Schimpf entflammte den Zorn der Legionen: nahte nur erst der Tag, käme es nur zur Schlacht; nehmen würden die Soldaten selber die Äcker der Germanen, fortschleppen ihre Frauen. Gern nähme man die Vorbedeutung an und hielte Frauen und Geld der Feinde für sich zur Beute bestimmt. Etwa um die dritte Nachtwache wurde das Lager berannt, doch ohne eines Geschosses Wurf, da sie auf den Werken die Kohorten zahlreich aufgestellt und nichts vernachlässigt fanden.

14. Dieselbe Nacht brachte dem Germanicus einen glückverkündenden Traum, denn es kam ihm vor, als habe er beim Opfern, da sein Gewand mit dem Blut des Opfers bespritzt war, ein anderes, schöneres aus den Händen seiner Großmutter Augusta empfangen. Ermutigt durch diese Vorbedeutung und nach günstigen Auspizien berief er die Heeresversammlung und setzte ihr auseinander, was für Vorkehrungen er mit Weisheit getroffen und für bevorstehenden Kampfe zweckdienlich erachtet hatte. Nicht Ebenen allein seien für den römischen Soldaten gut zum Kampfe, sondern wenn man nur planmäßig zu Werke ginge, auch Wälder und Berghöhen; denn die ungeheuren Schilde der Barbaren und ihre übermäßig langen Speere könnten zwischen Baumstämmen und auf dem Boden gewachsenem Gesträuch nicht so leicht gehandhabt werden wie Wurfspieß, Schwert und eng an den Körper schließende Bedeckung. Nur möchten sie Stoß auf Stoß folgen lassen, mit dem Stahle nach dem Kopfe zielen. Keinen Harnisch habe der Germane, keinen Helm; die Schilde seien nicht einmal mit Eisen oder Leder verwahrt, sondern bloßes Weidengeflecht oder dünne, mit Farbe übertünchte Bretter. Die erste Schlachtreihe sei einigermaßen mit Speeren versehen, die

übrigen hätten nur im Feuer hartgespitzte oder kurze Wurfspieße. Ferner sie selbst, so furchtbar auch von Ansehen und zu kurzem Angriff tüchtig, doch so empfindlich seien sie gegen Wunden; ohne Gefühl für Schande, ohne sich um ihre Anführer zu kümmern, liefen sie davon und flöhen, verzagt im Unglück, im Glück nicht göttlichen, nicht menschlichen Rechtes eingedenk. Wenn sie voll Überdruß der Märsche und Meeresfahrten ein Ende wünschten, in dieser Schlacht werde es ihnen bereitet. Näher schon sei die Elbe als der Rhein und kein Krieg mehr jenseits zu erwarten, wofern sie ihn nur bis in die Länder, wohin er seines Vaters und Onkels Fußstapfen verfolge, als Sieger brächten.

15. Der Rede des Feldherrn folgte die Kampfbegierde der Soldaten, und das Zeichen zur Schlacht wurde gegeben. Doch auch Arminius und die übrigen Führer der Germanen unterließen nicht, ein jeglicher den Seinen zu bezeugen: das seien jene Römer, die von des Varus Heer zuerst geflohen, die um der Kriegsarbeit sich zu entziehen, zur Empörung gegriffen, die zum Teil den wundenbedeckten Rücken, zum Teil von Flut und Sturm zerschlagene Glieder von neuem den erbitterten Feinden, den zürnenden Göttern entgegentrügen, ohne etwas Gutes zu hoffen. Denn eine Flotte und den unwegsamen Ozean habe man nur deshalb gewählt, damit niemand den Ankommenden begegnen, niemand die Geschlagenen bedrängen möchte; doch wären sie zur Schlacht nur schon gekommen, vereitelt wäre den Besiegten der Winde und der Ruder Schutz. Gedenken möchten sie nur ihrer Habsucht, ihrer Grausamkeit und des Hochmuts, was bleibe ihnen dann anderes übrig, als an der Freiheit festzuhalten, oder vor der Knechtschaft zu sterben?

16. Die so Entflammten und nach einer Schlacht Verlangenden führten sie in eine Ebene hinab, die Idisiaviso heißt. Diese zieht sich mitten zwischen der Weser und zwischen Hügeln, je nachdem wie die Ufer des Flusses ihr Raum geben oder die Vorsprünge der Berge sie beschränken, in ungleichmäßiger Breite hin. Im Rücken erhob sich ein Wald mit hochaufstre-

bendem Geäst und kahlem Boden zwischen den Stämmen. Die Ebene und den Waldessaum hielt die Schlachtordnung der Barbaren; bloß die Cherusker hatten die Höhe besetzt, um sich auf die Römer hinabzustürzen, wenn sie schon im Kampfe begriffen seien. Unser Heer zog so heran: gallische und germanische Hilfstruppen an der Spitze, nach diesen die Bogenschützen zu Fuß; dann vier Legionen und Caesar mit zwei prätorischen Kohorten und auserlesener Reiterei; hierauf in gleicher Zahl die anderen Legionen, die Leichtbewaffneten mit den reitenden Bogenschützen und die übrigen Kohorten der Bundesgenossen. Alle waren in Spannung und Bereitschaft, so wie der Zug geordnet war auch zur Schlacht anzutreten.

17. Kaum hatte man die Cheruskerscharen zu Gesicht bekommen, die in wildem Ungestüm vorgebrochen waren, als Germanicus dem Kern der Reiter befahl, ihnen in die Flanken zu fallen, dem Stertinius mit den übrigen Geschwadern, sie zu umgehen und im Rücken anzugreifen, während er selbst im rechten Zeitpunkt zur Stelle sein werde. Inzwischen zog das herrlichste Götterzeichen, acht Adler, die man auf den Wald los und dann hinein sich schwingen sah, die Aufmerksamkeit des Feldherrn auf sich. Laut rief er, sie sollten eilen, sollten folgen den Vögeln Roms; der Legionen eigenen Schutzgeistern. Im selben Augenblick griff die Linie des Fußvolks an, wo die vorausgesandte Reiterei den Nachtrab und die Flanken schon geworfen hatte. Und wie ein Wunder stürzten die beiden feindlichen Heerhaufen, in entgegengesetzter Richtung fliehend, die den Wald besetzt gehalten, ins Freie, die auf der Ebene gestanden, in den Wald. Mitten unter diese wurden die Cherusker von den Hügeln hinabgetrieben und unter ihnen sich auszeichnend, hielt Arminius mit seinem Arme, seinem Zurufe, seiner Wunde die Schlacht aufrecht. Ja er drang schon auf die Bogenschützen ein, um hier durchzubrechen, hätten nicht die Kohorten der Räter und Vindelicier neben den gallischen sich ihm entgegengeworfen. Doch eigene Kraftanstrengung und das Ungestüm seines Rosses halfen ihm hindurch,

da er mit seinem Blut das Antlitz sich bestrichen hatte, um nicht erkannt zu werden. Einige melden, er sei von den unter den römischen Hilfstruppen befindlichen Chauken erkannt und von ihnen durchgelassen worden. Gleiche Tapferkeit oder gleicher Trug ließ Inguiomer entkommen. Die übrigen wurden allenthalben niedergemacht und sehr viele, welche die Weser zu durchschwimmen suchten, fanden, wo nicht unter nachgeschleuderten Geschossen oder in der Gewalt des Stromes, so doch unter der Masse der Nachdrängenden und unter dem Zusammensturz des Ufers ihr Grab. Manche, die in schimpflicher Flucht die Gipfel der Bäume erklimmend, sich unter den Zweigen verbergen wollten, wurden von herbeigeführten Bogenschützen wie zum Spiel durchbohrt; andere zerschmetterten die niedergeworfenen Bäume.

18. Groß war dieser Sieg und doch für uns nicht blutig. Von der fünften Tagesstunde an bis in die Nacht gemordet, bedeckten die Feinde zehntausend Schritt mit ihren Leichen und Waffen, und es fanden sich unter der ihnen abgenommenen Beute auch Ketten, die sie, als wäre der Ausgang gar nicht zweifelhaft, für die Römer mitgebracht hatten. Die Soldaten begrüßten auf der Walstatt den Tiberius als Imperator, und türmten einen Hügel auf, worauf er trophäenartig Waffen mit den Namen der besiegten Völker pflanzte.

19. Nicht Wunden, Trauerklagen und Verheerungen erfüllten so wie dieser Anblick die Germanen mit Schmerz und Erbitterung. Diejenigen, welche schon Anstalt machten, ihre Wohnsitze zu verlassen und sich über die Elbe zurückzuziehen, wollten jetzt eine Schlacht und griffen zu den Waffen. Volk und Adel, jung und alt fielen plötzlich den römischen Heereszug an und verwirrten ihn. Zuletzt ersahen sie sich eine vom Flusse und von Waldung eng umgrenzte, sumpfige Ebene zum Kampfplatz. Auch die Waldung umzog ein tiefes Moor, nur daß die Angrivarier die eine Seite durch ainen breiten Damm erhöht hatten, um von den Cheruskern abgegrenzt zu sein. Hier stellte sich das Fußvolk auf; die Reiterei versteckten sie in

den nahegelegenen Gehölzen, damit sie den Legionen, nachdem diese die Waldungen betreten, im Rücken wären.

20. Nichts davon blieb dem Caesar unbekannt: der Feinde
Pläne und Stellung, Offenes und Verborgenes wußte er und
wandte ihnen ihre eigene List zum Verderben. Dem Legaten
Seius Tubero übergab er die Reiterei und das flache Feld; die
Schlachtordnung des Fußvolks gestaltete er so, daß ein Teil
auf ebenen Boden in den Wald einrücken, der andere den vor
ihm liegenden Damm ersteigen sollte; das Schwierige über-
nahm er selbst, das übrige ließ er den Legaten. Die nun auf
dem ebenem Feld zu tun hatten, brachen leicht hinein; die
aber den Damm bestürmen sollten, hatten, als müßten sie eine
Mauer erklimmen, durch schwere Stöße von oben zu leiden.
Der Feldherr merkte, daß aus der Nähe der Kampf ungleich
sei, zog die Legionen etwas zurück und befahl den Schleude-
rern und Wurfschützen, ihre Geschosse zu werfen und den
Feind zurückzujagen. Aus den Wurfmaschinen flogen nun
Lanzen, und je mehr die Verteidiger sich dem Blicke preisga-
ben, unter desto häufigeren Wunden stürzten sie nieder. Der
Caesar war der erste, der mit den prätorischen Kohorten, als
der Wall genommen war, den Angriff auf die Waldung
machte. Mann gegen Mann wurde hier gefochten. Den Feind
hielt der Sumpf, die Römer der Fluß oder Berge im Rücken
eingeschlossen; beide Teile konnten, festgebannt wo sie standen, nur in ihrer Tapferkeit Hoffnung, nur im Siege Rettung
finden.

21. Auch waren die Germanen von nicht geringerem Mute
erfüllt, aber durch die Beschaffenheit des Kampfes und der
Waffen im Nachteil, da ihre ungeheure Menge im beschränk-
ten Raum die übermäßig langen Speere nicht vorzustrecken,
nicht zurückzuziehen, noch auch durch Sturmlauf von ihrer
Schnelligkeit Gebrauch zu machen vermochte und sie zum
Kampfe von der Stelle aus gezwungen waren; wogegen die
Soldaten, den Schild fest an die Brust gedrückt, mit in dem
Schwertgriff sicher ruhender Hand, im breiten Gliederbau, im
unbedeckten Antlitz der Barbaren mit dem Schwerte wühlten,

und über die Leichenhügel der Feinde sich den Weg bahnten, während Arminius wegen der fortwährenden Gefahr schon säumiger wurde, oder weil ihn eine frisch empfangene Wunde hemmte. Verließ doch selbst den Inguiomer, der das ganze Treffen durchflog, das Glück mehr als die Tapferkeit. Germanicus hatte, um desto kenntlicher zu sein, den Helm abgenommen und bat, sie möchten nur fort morden: nichts frommten Gefangene, allein die Vertilgung des Volkes werde dem Kriege ein Ende machen. Schon war es spät am Tage, als er eine Legion aus der Schlacht zurückzog, um das Lager anzulegen; die übrigen sättigten sich bis zur Nacht hin am Blut der Feinde. Die Reiterei kämpfte ohne Entscheidung.

22. Nach Belobung der Sieger in der Heerversammlung errichtete Caesar einen Waffenhaufen mit der stolzen Inschrift: Es habe nach Besiegung der Völkerstämme zwischen Rhein und Elbe das Heer des Caesar Tiberius dieses Denkmal dem Mars, Jupiter und Augustus geweiht. Von sich fügte er nichts hinzu, aus Furcht vor Neid oder weil er das Bewußtsein seiner Tat für genügend hielt. Darauf beauftragte er den Stertinius mit dem Kriege gegen die Angrivarier, zu dem es jedoch nicht kam, da sie sich mit ihrer Ergebung beeilten. So erhielten sie, demütig nichts verweigernd, auch für alles Verzeihung.

Rückzug

23. Doch da es schon hoch im Sommer war, wurden einige Legionen auf dem Landwege in die Winterlager zurückgeschickt. Die Mehrzahl schiffte Caesar ein, und fuhr mit ihnen durch die Ems in den Ozean. Anfangs rauschte die stille Meeresfläche vom Ruderschlage der tausend Schiffe, oder wurde durch ihre Segel bewegt. Bald aber türmte sich schwarzes Gewölk zusammen; Hagelschauer, ihm entströmend, und zugleich die in der Stürme rings erhobenem Kampfe wild durcheinander bewegten Wogen nahmen die Sicht, hinderten die Steuerung, und die zagenden, mit den Gefahren des Meeres

unbekannten Soldaten machten, indem sie das Schiffsvolk störten oder zur Unzeit unterstützen wollten, die Verrichtungen der Erfahrenen unnütz. Hierauf kamen Himmel zumal und Meer ganz in die Gewalt des Südwindes, welcher, noch verstärkt durch die ungeheuren Wolkenmassen, die sich über dem feuchten Germanien und seinen tiefen Strömen bilden, und durch des nahen Nordens Kälte noch furchtbarer, die Schiffe ergriff und in den offenen Ozean und nach Inseln hin verschlug, die mit schroffen Klippen oder verborgenen Untiefen Verderben drohten. Als man diesen nur eben und mit Mühe ausgewichen war, konnte man, da sich die Strömung änderte und mit dem Winde in gleicher Richtung trieb, weder Anker werfen, noch die eindringenden Fluten ausschöpfen. Pferde, Lastvieh, Gepäck, sogar Waffen wurden über Bord geworfen, um die an den Seiten leck gewordenen Schiffe, zumal da auch von oben her die Wogen sich überschlugen, zu erleichtern.

24. In dem Maße, wie durch Ungestüm vor anderen Meeren der Ozean und durch Unfreundlichkeit des Himmels sich Germanien hervortut, übertraf auch jenes Unglück durch Neuheit und Größe alle Vorstellung; ringsum waren feindliche Gestade oder ein so unabsehbares und so tiefes Meer, daß es für das äußerste und uferlos gehalten wird. Ein Teil der Schiffe wurde verschlungen, mehrere strandeten an weitentlegenen Inseln, wo denn die Mannschaft, weil von menschlicher Bebauung nichts zu finden war, von Hunger aufgerieben wurde, bis auf die wenigen, denen eben dahin getriebene Pferdeleichen das Leben kümmerlich fristeten. Allein des Germanicus Dreiruderer trieb an das Land der Chauken, den während aller jener Tage und Nächte an den Klippen und Uferspitzen, wenn er laut sich selbst die Schuld an so großem Unglücke beimaß, kaum die Freunde abhalten konnten, in demselben Meere den Tod zu suchen. Endlich kamen mit wiederkehrender Flut und günstigem Winde die Schiffe schwer verletzt und mit spärlichem Ruderwerk oder aufgespannten Kleidungsstücken segelnd, einige auch von den stärkeren gezogen, zurück. Diese,

in aller Eile ausgebessert, sandte er aus, um die Inseln zu durchsuchen. Durch diese Sorgfalt wurden sehr viele wieder zusammengebracht; viele gaben die jüngst in Pflicht genommenen Angrivarier, nachdem sie diese von den weiter einwärts Wohnenden losgekauft hatten, zurück. Manche waren nach Britannien verschlagen worden und wurden von den kleinen Königen des Landes heimgesandt. Jeder, der aus der Ferne zurückgekommen war, wußte Wunderdinge zu erzählen, von der Gewalt der Wirbelwinde und von unerhörten Vogelarten, von Seeungeheuern, Zwittergestalten von Menschen und Tieren, sei es nun gesehen worden, oder durch die Furcht nur eingebildet.

Zug ins Land der Chatten und Marser

25. Doch die Kunde vom Verlust der Flotte reizte, wie die Germanen zu neuer Kriegeshoffnung, so Caesar dem zu wehren. Dem Gaius Silius befahl er, mit 30000 Mann zu Fuß und 3000 Reitern gegen die Chatten zu ziehen. Er selbst brach mit größerer Truppenzahl in das Gebiet der Marser ein, deren unlängst uns untertänig gewordener Feldherr Mallovendus anzeigte, daß in einem nahen Hain vergraben der Adler einer varischen Legion von einer nur mäßigen Bedeckung gehütet werde. Auf der Stelle wurde eine Schar abgesandt, um den Feind von vorn herauszulocken, andere sollten ihn im Rücken umgehen und das Erdreich aufgraben; und beide begünstigte das Glück. Desto rascher drang Ceasar in das Innere vor, und plünderte und verwüstete das Gebiet des Feindes, der es nicht wagte, sich in ein Treffen einzulassen, oder, wenn er irgendwo standhalten wollte, gleich geworfen wurde und, wie man von Gefangenen erfuhr, nie in größerer Bestürzung war. Denn unbesiegbar und durch keine Unfälle zu beugen nannten sie die Römer, die der Vernichtung ihrer Flotte, des Verlustes der Waffen ungeachtet, daß Roß und Mann mit ihren Leichen die Ufer bedeckten, doch mit derselben Tapferkeit, mit gleichem

Ungestüm und als hätte sich ihre Zahl nur gemehrt, hereinge-
brochen wären.

Triumph des Germanicus

26. Hierauf wurden die Soldaten in die Winterlager zurück-
geführt, in ihrem Geiste froh, das widrige Geschick zur See
durch einen glücklichen Feldzug wieder gutgemacht zu
haben. Dem gesellte Caesar noch Freigebigkeit bei, indem er
vergütete, was ein jeder an Verlust angab. Auch hielt man es
für unzweifelhaft, daß die Feinde wankten und schon mit dem
Entschluß umgingen, selbst um Frieden zu bitten, und daß,
wenn noch der nächste Sommer darangesetzt würde, der
Krieg ganz gewiß beendigt werden könne. Aber Tiberius
mahnte ihn in wiederholten Schreiben, zu dem ihm beschlos-
senen Triumphe zurückzukehren. Schon seien der günstigen
Erfolge genug, genug der Unglücksfälle. Glückliche und große
Schlachten habe er aufzuweisen; doch er möge auch daran
denken, wie schwere und furchtbare Verluste, ohne alle
Schuld des Feldherrn, Sturm und Regen herbeigeführt hätten.
Er habe, neunmal vom Kaiser Augustus nach Germanien gesandt, mehr durch Politik als durch Gewalt erreicht. So seien
die Sugambrer in Botmäßigkeit genommen, so die Sueben
und ihr König Maroboduus durch friedlichen Vertrag gefesselt
worden. Es könnten ja auch die Cherusker und die übrigen
widerspenstigen Völker, weil nun zur Rache Roms genug geschehen sei, ihren inneren Fehden überlassen bleiben. Da Germanicus nur um ein Jahr noch bat, um das Begonnene auszu-
führen, setzte er dessen Bescheidenheit auf eine noch härtere
Probe, indem er ihm das zweite Konsulat anbot, dessen Verwaltung seine persönliche Gegenwart erforderte. Zugleich
fügte er bei, er möchte, wenn der Krieg noch fortzuführen sei,
doch seinem Bruder Drusus noch Gelegenheit zum Ruhm
übriglassen, der, da es jetzt keinen anderen Feind gebe, nur in
Germanien den Imperatortitel erlangen und den Lorbeer-

kranz davontragen könne. Germanicus zögerte nun nicht weiter, obwohl er einsah, daß dies nur Vorwände waren, und er aus Neid von der bereits errungenen Ehrenbahn hinweggerissen werde.

41. Am Ende des Jahres wurde ein Triumphbogen neben dem Saturntempel wegen der unter Germanicus Anführung und Tiberius Auspizien bewerkstelligten Wiedereroberung der unter Varus verlorenen Fahnen, ein Tempel der Fors Fortuna neben dem Tiber, in den Gärten, welche der Diktator Caesar dem römischen Volke vermacht hatte, sowie eine Kapelle dem julischen Geschlechte und ein Standbild zu Ehren des Kaisers Augustus bei Bovillae geweiht.

Unter dem Konsulat des Gaius Caecilius und Lucius Pomponius triumphierte am 26. Mai (im Jahr 17 n. Chr.) Caesar Germanicus über die Cherusker, Chatten, Angrivarier und was sonst für Völkerschaften bis zur Elbe hin wohnen. Dabei wurden Beutestücke, Gefangene, Abbildungen der Berge, Flüsse und Schlachten mitgeführt, und man nahm den Krieg, weil er gehindert worden war, ihn zu beendigen, für beendigt an. Die Augenlust der Schauenden erhöhte noch seine eigene herrliche Gestalt und sein mit fünf Kindern besetzter Wagen. Doch ein geheimes Bangen schlich sich auch mit ein, wenn man bedachte, wie so wenig Glück einst die Gunst der Menge seinem Vater Drusus gebracht hatte, wie auch sein Onkel Marcellus den heißen Wünschen des Volkes schon in der Jugendblüte entrissen worden war, wie kurz und wie unglückbringend die Liebe des römischen Vaters war.

42. Übrigens schenkte Tiberius im Namen des Germanicus dem Volke männiglich 300 Sesterzen und bestimmte sich selbst für dessen Konsulat zum Amtsgenossen. Da er aber auch damit nicht erreichte, daß man an die Aufrichtigkeit seiner Liebe glaubte, beschloß er, den Jüngling unter dem Schein der Ehrenbezeugung hinwegzuschaffen. Dazu ersann er sich selbst Veranlassungen oder ergriff begierig die, welche ihm der Zufall bot . . .

Kämpfe zwischen Arminius und Marbod
(17 n. Chr.)

44. Nicht lange darauf wurde Drusus nach Illyrien gesandt,
um sich an den Kriegsdienst zu gewöhnen und sich Liebe beim
Heere zu erwerben. Zugleich glaubte Tiberius den im Wohlle-
ben der Stadt ausschweifenden Jüngling im Lager besser aufgehoben, und sich selbst gesicherter, wenn beide Söhne Legionen kommandierten. Doch dienten die Sueben zum Vorwand,
die um Hilfe gegen die Cherusker baten. Denn die Germanen
hatten, da sie nach dem Abzug der Römer frei von Furcht vor
fremder Macht waren, nach der Gewohnheit dieses Volkes
und damals auch aus Eifersucht des Ehrgeizes die Waffen
gegen sich selbst gekehrt. Die Macht der Völkerschaften, die
Tüchtigkeit ihrer Anführer, hielten sich das Gleichgewicht;
aber Marbod machte der Königstitel bei seinem Volke verhaßt, Arminius, der für die Freiheit kämpfte, stand in
Gunst.

45. Daher schritten nicht bloß die Cherusker und deren Bundesgenossen, die alten Krieger des Arminius, zum Kampfe,
sondern auch aus Marbods eigenem Königreiche fielen suebische Völker, die Semnonen und die Langobarden zu ihm ab.
Durch deren Beitritt hätte er das Übergewicht erhalten, wäre
nicht Inguiomer mit der Schar seiner Schützlinge zu Marbod
übergegangen, aus keinem anderen Grunde, als weil der greise
Onkel es unter seiner Würde hielt, dem jugendlichen Neffen
zu gehorchen. So ordneten sich die Heere zur Schlacht, beiderseits mit gleicher Hoffnung, und nicht, wie sonst bei den
Germanen, in planlosem Zusammenlaufe oder in zerstreuten
Haufen. Denn der lange Krieg mit uns hatte sie daran gewöhnt, den Feldzeichen zu folgen, sich durch Rückhalt zu
decken, und auf die Worte der Feldherren zu achten. Damals
wies Arminius, alles zu Roß betrachtend, als er bald hier, bald
dort herangesprengt kam, auf die wiedererrungene Freiheit
hin, auf die hingemordeten Legionen, und daß sich noch jetzt
den Römern entrissene Siegesbeute und Waffen in den Hän-

den vieler befänden. Dagegen nannte er Marbod einen feigen Flüchtling, der sich fern von Schlachten in den Schlupfwinkeln des hercynischen Waldes geborgen gefühlt hätte; dennoch bald durch Geschenke und Gesandtschaften um ein Bündnis gebettelt habe, einen Vaterlandsverräter, einen Trabanten des Kaisers, den man mit nicht minderer Erbitterung zu verjagen suchen müsse, als sie den Quintilius Varus vernichtet hätten. Sie sollten nur so vieler Schlachten gedenken, durch deren Ausgang sowie durch die letztliche Verjagung der Römer hinreichend erwiesen sei, auf welche Seite die Entscheidung des Kriegs gegeben sei.

46. Auch Marbod enthielt sich nicht der Prahlerei über sich selbst oder der Schmähungen gegen den Feind. Den Inguiomer an der Hand beteuerte er, auf diesem Manne ruhe der ganze Ruhm der Cherusker, nach seinem Plane sei, was glücklich ausgefallen, unternommen worden; ein Rasender und, wo es Taten gelte, unerfahren, eigne Arminius sich fremden Ruhm an, nur weil er drei sorglose Legionen und ihren nichts Arges ahnenden Führer durch Treulosigkeit hintergangen habe, zu großem Unglücke für Germanien und zu eigner Schande, da seine Gattin und sein Sohn noch jetzt in Knechtschaft schmachteten. Er dagegen habe, von zwölf Legionen unter Tiberius angegriffen, den Ruhm der Germanen unbefleckt erhalten; dann habe man den Kampf nach billigem Vergleiche aufgegeben, und es gereue ihn nicht, daß es nun bei ihnen selbst stehe, ob sie mit ungeschwächter Kraft gegen die Römer Krieg oder einen nicht mit Blut erkauften Frieden wählen wollten. Die durch solche Reden angefeuerten Heere entflammte auch noch ihr eignes Interesse, da von den Cheruskern und Langobarden für den alten Ruhm oder für die neuerrungene Freiheit, von der anderen Seite für die Erweiterung der Herrschaft gestritten wurde. Niemals war man mit größeren Heeresmassen in den Kampf gezogen, noch auch mit unentschiedenerem Erfolg gekämpft worden, da auf beiden Seiten der rechte Flügel geschlagen wurde. Man erwartete von neuem eine Schlacht, hätte sich Marbod nicht mit seinem

Lager auf die Höhen zurückgezogen. Dies wurde als Zeichen eingestandener Besiegung angesehen, und durch Desertion allmählich ganz geschwächt, entwich er zu den Markomannen und schickte Gesandte an Tiberius, um Hilfe zu erbitten. Er erhielt zur Antwort, er habe kein Recht gegen die Cherusker römische Waffenhilfe anzurufen, da er die Römer, als sie gegen eben diesen Feind gekämpft, auf keine Weise unterstützt habe. Doch wurde, wie wir schon berichtet haben, Drusus abgeschickt, um den Frieden zu sichern.

Der Sieg über Marbod
(19 n. Chr.)

62. Während Germanicus diesen Sommer so in mehreren Provinzen verbrachte, erwarb sich Drusus keinen geringen Ruhm, da er die Germanen zu innerem Zwist verleitete, und die schon gebrochene Macht des Marbod bis zur Vernichtung bedrängte. Es befand sich unter den Gotonen ein Jüngling edler Abkunft, namens Catualda, der, einst durch Marbods Gewalt zur Flucht gezwungen, jetzt, in dessen zweifelhafter Lage, Rache wagte. Er brach mit starker Mannschaft in das Gebiet der Markomannen ein und erstürmte, nachdem er durch Bestechung die Großen zur Teilnahme verleitet hatte, die Königsburg und das dabei gelegene Kastell. Was die Sueben seit alten Zeiten erbeutet hatten, fand sich dort, sowie aus unsern Provinzen Marketender und Kaufleute, welche das Handelsrecht, dann Begierde, ihr Vermögen zu vermehren, endlich Vergessen des Vaterlandes aus der Heimat in Feindesland geführt hatte.

63. Dem von allen Seiten verlassenen Marbod blieb keine andere Zuflucht als das Mitleid des Kaisers. Nachdem er über die Donau gegangen war, wo sie an der Provinz Noricum hinströmt, schrieb er an Tiberius, nicht wie ein Flüchtling oder Schutzflehender, sondern in Erinnerung an sein früheres Glück. Habe er doch vielen Nationen, die den einst so be-

rühmten König an sich zu ziehen gesucht, die Freundschaft
der Römer vorgezogen! Der Kaiser antwortete: einen sicheren
und ehrenvollen Wohnsitz solle er haben, in Italien, falls er
bleiben wolle; sollte aber seinen Verhältnissen andres ersprieß-
lich sein, so solle er mit ebenso sicherem Geleite wieder schei-
den, wie er gekommen sei. Übrigens erklärte er im Senate,
nicht Philippus sei den Athenern, nicht Pyrrhus oder Antio-
chus dem römischen Volke so furchtbar gewesen. Die Rede ist
noch vorhanden, worin er die Größe des Mannes, die ungestüme Kraft der ihm untertänigen Völkerschaften, wie nahe
dieser Feind Italien gewesen, und seine eigenen Anschläge zu
dessen Vernichtung hervorhob. Marbod hielt man nun zwar
in Ravenna gefangen und zeigte, sollten einmal die Sueben
übermütig werden, ihn wie zur Rückkehr in sein Königreich in
Bereitschaft; aber er verließ Italien nicht in einer Reihe von
achtzehn Jahren und ergraute mit tief gesunkenem Ruhm,
weil er das Leben zu sehr liebte. Gleiches Schicksal hatte Catualda, und auch keine andre Zuflucht. Bald darauf durch die
Macht der Hermunduren unter Vibilius Anführung vertrieben, wurde er von uns aufgenommen und nach Forum Ju-
lium, einer Kolonie des narbonensischen Galliens, geschickt.
Die Barbaren, welche beide begleitet hatten, wurden, um
nicht, friedlichen Provinzen einverleibt, diese aufzuwiegeln,
jenseits der Donau zwischen den Flüssen Marus und Cusus
angesiedelt, und als König ihren Vannius von dem Stamm der
Quaden gegeben.

Der Tod des Arminius
(19 n. Chr.)

88. Ich finde bei den Geschichtsschreibern und Senatoren dieser Zeit, daß ein Brief des Chattenfürsten Adgandestrius im
Senat verlesen worden sei, worin derselbe den Tod des Arminius versprach, wenn man ihm zur Vollbringung des Mordes
Gift schicken wolle; die Antwort sei gewesen: das römische

Volk pflege nicht durch Trug und heimlich, sondern offen und bewaffnet an seinen Feinden Rache zu nahmen. Ein Ruhm, durch den sich Tiberius den Feldherren der Vorzeit gleichgestellte, welche den Vergiftungsanschlag gegen den König Pyrrhus zurückgewiesen und angezeigt hatten. Übrigens hatte Arminius, als er nach dem Abzuge der Römer und nach Vertreibung Marbods nach der Königsmacht strebte, den Freiheitssinn seiner Landsleute gegen sich, und fiel, da er, angegriffen mit Waffengewalt, mit abwechselndem Glücke kämpfte, durch die Hinterlist seiner Verwandten. Er war unstreitig Germaniens Befreier, und ein Mann, der nicht wie andere Könige und Heerführer die erst beginnende Macht der Römer, sondern deren Herrschaft in der höchsten Blüte anzugreifen wagte, in Schlachten nicht immer glücklich, im Kriege unbesiegt. Er hat siebenunddreißig Jahre des Lebens, zwölf der Macht erfüllt, und noch jetzt wird er bei den barbarischen Stämmen besungen, den Annalen der Griechen, die nur das Ihrige bewundern, ist er unbekannt, bei den Römern nicht sonderlich genannt, weil wir das Alte erheben, unbekümmert um das Neuere.

VIERTES BUCH

Verteilung der römischen Streitkräfte

5. . . . Die Hauptmacht aber bildeten acht Legionen am Rhein, die zur gemeinschaftlichen Sicherung gegen die Germanen und die Gallier bestimmt waren . . .

Tod des Cn. Lentulus und des Lucius Domitius
(25 n. Chr.)

44. Gestorben sind in diesem Jahre an ausgezeichneten Männern Gnaeus Lentulus und Lucius Domitius. Dem Lentulus hatte, außer dem Konsulat und den Triumphinsignien über die Goten, weise ertragene Armut, dann unsträflich erworbener und mit Mäßigung genossener großer Reichtum zum Ruhme gereicht. Domitius konnte sich seines Vaters rühmen, der im Bürgerkrieg zur See mächtig war, bis er in Antonius, dann in Caesars Partei verflochten wurde. Sein Großvater war in der Schlacht bei Pharsalos auf der Seite der Optimaten gefallen. Er selbst war der jüngeren Antonia, Octavias Tochter, zum Gemahl erkoren. Später ging er mit einem Heer über die Elbe, weiter in Germanien vordringend, als irgend einer seiner Vorgänger, und erhielt deshalb die Triumphinsignien . . .

Der Aufstand der Friesen
(28 n. Chr.)

72. Im selben Jahr brachen die Friesen, ein überrheinisches
Volk, den Frieden, mehr wegen unserer Habsucht, als selbst
des Gehorsams überdrüssig. Als mäßigen Tribut, ihrer Dürftigkeit angemessen, hatte Drusus ihnen die Lieferung von
Ochsenhäuten zum Kriegsbedarf auferlegt, ohne daß irgend
jemand streng darauf gesehen hätte, von welcher Dauerhaftig-
keit und welchem Maß sie wären, bis Olennius, ein Primipi-
larcenturio, zur Leitung den Friesen vorgesetzt, Häute von
Auerochsen zum Maßstab wählte, nach welchem sie angenommen werden sollten. Dies, was auch für andere Nationen
schwierig gewesen wäre, fiel den Germanen um so schwerer,
welche an ungeheuren Tieren reiche Wälder, aber nur mäßig
großes Hornvieh in den Ställen haben. Anfangs nun gaben sie
die Ochsen selbst, darauf ihre Felder, zuletzt ihre Frauen und
Kinder in Sklaverei. So entstand Erbitterung und Beschwerde, und als keine Erleichterung gewährt wurde, suchte
man sich durch Krieg zu helfen, ergriff die zur Tributerhe-
bung anwesenden Soldaten und knüpfte sie an Galgen auf.
Olennius kam den Erbitterten durch die Flucht zuvor und
rettete sich in das Kastell, das Flevum heißt, wo eine nicht zu
verachtende Mannschaft von Bürgern und Bundesgenossen
die Gestade des Ozeans bewachte.

73. Als das der Proprätor von Niedergermanian, Lucius
Apronius erfuhr, zog er die Veteranenabteilungen der Legionen aus der oberen Provinz nebst Auserlesenen vom Fußvolk
und der Reiterei ihrer Hilfstruppen an sich und führte zugleich beide Heerhaufen den Rhein hinab in das Land der
Friesen, nachdem bereits die Belagerung des Kastells aufgehoben war und die Rebellen, um das ihrige zu schützen, sich
zerstreut hatten. Er versah daher die nächsten Meergewässer
mit Dämmen und Brücken, um den schweren Heereszug hinüberzuführen. Und da man inzwischen Furten gefunden
hatte, ließ er die canninefatische Reiterabteilung und das, was

von germanischem Fußvolk bei den Unsrigen diente, den
Feind im Rücken umgehen, der schon in Schlachtordnung
gestellt die bundesgenossischen Geschwader und die zu Hilfe
gesandte Reiterei der Legionen schlug. Darauf wurden drei
leichte Kohorten und dann wieder zwei, dann nach einiger
Zeit die Flankenreiterei zum Angriff gesandt, stark genug,
wären sie zugleich eingedrungen. So hatten sie, in Abständen
anrückend, einerseits die in Verwirrung Gesetzten nicht zum
Stehen bringen können und wurden anderseits vom Schrecken
der Fliehenden mit fortgerissen. Dem Cethegus Labeo, dem
Legaten der 5. Legion, übergab er, was von Hilfstruppen noch
übrig war. Und auch dieser, durch die zweifelhafte Stellung
der Seinen in Bedrängnis gebracht, schickte Boten ab und bat
dringend um den Kern der Legionen. Voran stürmten den
andern die Soldaten der 5. Legion und brachten, nachdem sie
den Feind in hartem Kampfe geschlagen hatten, die von Wunden erschöpften Kohorten und Geschwader in Sicherheit. Der
römische Feldherr zog nicht zur Rache aus, noch bestattete er
die Leichen, obgleich viele von den Tribunen, Präfekten und
angesehene Centurionen gefallen waren. Bald darauf erfuhr
man durch Überläufer, daß 900 Römer in einem Haine, den
sie den Hain der Baduhenna nennen, nach bis zum andern
Tage fortgesetztem Kampfe niedergemacht worden seien, und
daß eine andere Schar von 400, da nach Besetzung eines
Landhauses des Cruptorix, eines ehemaligen Söldners, Verrat
zu befürchten war, sich gegenseitig selbst den Tod gegeben
habe.

74. Berühmt war seitdem unter den Germanen der Friesen
Name, indes Tiberius von den Verlusten schwieg, um nur
keinem die Kriegsführung anvertrauen zu müssen . . .

ELFTES BUCH

Italicus wird König der Cherusker
(47 n. Chr.)

16. In demselben Jahre erbat sich der Volksstamm der Cherusker einen König aus Rom, da er seine Edlen in inneren Kriegen verloren hatte, und nur noch einer von königlichem Stamme übrig war, der in Rom festgehalten wurde, mit Namen Italicus. Er stammte väterlicherseits von Flavus, dem Bruder des Arminius, seine Mutter von dem Chattenfürsten Actumerus. Er selbst war von edler Körperbildung, in Waffen und zu Roß nach heimischer und unserer Weise wohlgeübt. Daher stattete ihn der Kaiser mit Geld aus, gab ihm eine Leibwache und ermahnte ihn, mit hohem Sinne in seinem Volke die Herrscherwürde zu übernehmen. Er sei der erste, der zu Rom geboren, sich nicht als Geisel, sondern als Bürger, einen Thron des Auslandes besteige. Auch war seine Ankunft anfangs den Germanen erfreulich, und schon deshalb, weil er in keine Zwistigkeiten verwickelt, sich allen gleich geneigt zeigte, wurde er gefeiert und verehrt, bald Leutseligkeit und Mäßigkeit, die niemand verhaßt, häufiger Trunkenheit und Unbeherrschtheit, wie sie die Barbaren gern sehen, übend. Schon wurde er bei den nächsten Nachbarn, schon selbst in weiterer Ferne berühmt, als die sonst durch den Parteihader mächtigen Cherusker keine Macht beargwöhnten und sich zu

den angrenzenden Völkern entfernten und beteuerten, die alte Freiheit Germaniens werde genommen und die Römermacht erhebe sich. Keiner also finde sich, im Heimatlande geboren, die erste Stelle auszufüllen, wenn nicht ein Abkömmling des Spähers Flavus über alle erhoben werde? Vergebens schiebe man den Arminius vor, denn wäre dessen Sohn, in Feindeslande aufgewachsen, zum Regieren hergekommen, so könnte man ja auch ihn fürchten, als einen durch des Auslandes Kost, Knechtschaft, Lebensart und sonst auf jede Weise angesteckten Mann. Hätte aber Italicus seines Vaters Sinn, kein anderer habe feindseliger, als dieser, gegen sein Vaterland und die heimischen Götter die Waffen geführt.

17. Durch diese und ähnliche Reden brachten sie große Heerhaufen zusammen, und nicht weniger Leute folgten dem Italicus. Denn, sagte er sich, nicht aufgedrungen habe er sich ihnen wider ihren Willen, sondern er sei gerufen worden. So wie er an Adel den Vorrang vor den übrigen habe, so sollten sie auch seine Tüchtigkeit versuchen, ob er sich seines Oheims Arminius und seines Großvaters Actumerus würdig zeigte. Auch brauche er sich seines Vaters nicht deshalb zu schämen, weil dieser die mit Bewilligung der Germanen den Römern einmal gelobte Treue nie gebrochen habe. Fälschlich werde der Freiheit Name von denen vorgeschützt, die im eigenen Geschlecht entartet, dem Gemeinwesen verderblich, nur noch in Zwietracht Hoffnung hätten. Jubelnd rief ihm die Menge Beifall zu, und in einer für Barbaren bedeutenden Schlacht Sieger, dann durch des Schicksals Gunst in Übermut verfallend und vertrieben, aber durch Hilfe der Langobarden wieder eingesetzt, zerrüttete der König wie im Glücke so im Unglücke den Staat der Cherusker.

Sieg des Corbulo über die Chauken
(47 n. Chr.)

8. Während dieser Zeit fielen die Chauken, nicht etwa daheim
in Zwiespalt, sondern durch des Sanquinius Tod ermutigt,
während Corbulo im Anmarsch war, in das untere Germanien
ein, Gannascus an der Spitze, der von Abkunft ein Canninefate und lange bei unseren Hilfstruppen Dienstmann, nachher
Überläufer war, und der mit leichten Fahrzeugen auf Beute
ausgehend, besonders die Küste der Gallier verwüstete, wohl
wissend, daß sie reich und unkriegerisch seien. Aber sobald
Corbulo die Provinz betreten hatte, führte er mit großer Sorgfalt und zu großem Ruhme, zu welchem er den Grund in
diesem Feldzuge legte, Dreiruderer durch den Rhein, und
andere Schiffe, die dazu brauchbar waren, am Ufer entlang
und durch die Kanäle herbei. Nachdem er die feindlichen
Kähne in Grund gebohrt und Gannascus vertrieben hatte,
brachte er, als für die Gegenwart genug geschehen war, die bei
Schanzarbeit und Anstrengung lässigen und nur an Plünderung Wohlgefallen findenden Legionen zur alten Zucht zurück, so daß niemand aus dem Zuge weichen, noch anders als
wenn es ihm geheißen war, sich in einen Kampf einlassen
durfte. Posten, Wachen, und die Verrichtungen des Tages wie
der Nacht wurden unter Waffen besorgt, und man erzählt,
daß ein Soldat, weil er ohne Schwert, ja ein anderer, weil er
nur mit einem Dolche umgürtet schanzte, mit dem Tode bestraft worden sei. Das war übertrieben, und es kann sein, daß
es auch nur erdichtet ist, doch nur in der Strenge des Feldherrn kann dies seinen Grund haben, und man darf wohl
annehmen, daß ein Mann sehr aufmerksam und gegen bedeutende Vergehen unerbittlich war, dem man soviel Härte selbst
bei unerheblichen Dingen zutraute.

19. Übrigens wirkte dieser Schrecken auf Soldaten und auf
Feinde ganz verschieden. Wir erhöhten unsere Tapferkeit, die
Barbaren ließen ihren wilden Mut sinken, und der Stamm der
Friesen, seit der mit Lucius Apronius Niederlage begonnenen

Empörung feindlich oder doch nicht zuverlässig, stellte Geiseln und hielt sich in den Grenzen des von Corbulo angewiesenen Gebietes ruhig. Eben derselbe gab ihnen einen Senat, Beamte und Gesetze, und damit sie sich nicht wieder seinen Befehlen entzögen, legte er in ihrer Mitte einen befestigten Posten an, nachdem er durch Abgeordnete die Groß-Chauken zur Unterwerfung hatte bewegen können, und sie zugleich den Gannascus mit List umstellen ließ. Und nicht vergeblich, noch entehrend waren diese Nachstellungen gegen einen Überläufer und Treubrüchigen. Aber durch seine Ermordung wurden die Gemüter der Chauken erregt, und Corbulo streute den Samen der Empörung aus, bei den meisten zwar deshalb in günstigem, bei einigen jedoch in schlechtem Rufe. Warum wiegle er denn den Feind auf? Mißgeschick würde dem Staate zur Last fallen; wäre er aber glücklich, so sei ein so ausgezeichneter Mann der Ruhe gefährlich und dem tatenlosen Fürsten mehr als lästig. Daher wehrte denn auch Claudius neuer Gewalt gegen Germanien, in dem Grade, daß er die Besatzungen diesseits des Rheins zurückzuziehen befahl.

20. Schon war Corbulo mit einem Lager auf feindlichem Gebiete beschäftigt, als ihm dieses Schreiben überbracht ward. Obschon ihn in der Überraschung vieles zugleich bestürmte, Furcht vor dem Kaiser, Verachtung von Seiten der Barbaren und Spott bei den Bundesgenossen, so sagte er doch nichts weiter, als: glückselig waren ehedem die Feldherren Roms!, und gab das Zeichen zum Rückzug. Damit jedoch der Soldat den Müßiggang aufgäbe, zog er zwischen Maas und Rhein eine Strecke von 23000 Schritten einen Graben, um dadurch die unsichere Fahrt auf dem Ozean zu vermeiden. Doch die Triumphinsignien gestattete ihm der Kaiser, wenngleich er ihm den Krieg verweigert hatte.

Nicht lange nachher erlangte Curtius Rufus dieselbe Ehre, der im Gebiete der Mattiaken einen Schacht zur Aufsuchung von Silberadern eröffnet hatte, die nur spärliche Ausbeute und nicht auf lange Zeit gaben. Aber den Legionen war die Anstrengung nachteilig, Kanäle auszugraben und, was im Freien

schon beschwerlich ist, unter der Erde zu verrichten. Hierdurch geplagt, und weil man sich in mehreren Provinzen Ähnliches gefallen lassen mußte, verfaßten die Soldaten insgeheim
ein Schreiben im Namen der Heere, worin diesen den Kaiser
baten, daß er denen, welchen er Heere anvertrauen wollte, im
voraus die Triumphinsignien verleihen möchte.

ZWÖLFTES BUCH

Einfall der Chatten
(50 n. Chr.)

27. Agrippina indes, um auch verbündeten Völkerschaften ihre Macht zu zeigen, setzte es durch, daß in der Stadt der Ubier, in welcher sie geboren war, eine Veteranenkolonie gegründet wurde, die nach ihr den Namen erhielt. Zufällig war es gewesen, daß ihr Großvater Agrippa diesen Stamm, der über den Rhein gekommen war, in Schutz genommen hatte.

Zu derselben Zeit geriet man im oberen Germanien in Angst durch die Ankunft der auf Raub ausgehenden Chatten. Demnach erteilt der Legat Lucius Pomponius den Hilfstruppen der Vangionen und Nemeter, denen er bundesgenössische Reiterei beigab, die Weisung, die Plünderer abzuschneiden, oder, wenn sie sich zerstreuten, sie unversehens zu umzingeln. Den Anordnungen des Heerführers kamen die Soldaten mit Eifer nach, und in zwei Scharen geteilt, umringten die, welche links ihren Marsch genommen hatten, die eben Zurückkehrenden, welche von Beute schwelgten und schlaftrunken waren. Vermehrt wurde die Freude noch dadurch, daß sie einige aus der Niederlage des Varus, nun nach vierzig Jahren aus der Sklaverei befreiten.

28. Die aber, welche rechts auf näheren Wegen ausgezogen

waren, richteten unter den ihnen entgegenkommenden und
eine Schlacht wagenden Feinden eine noch größere Niederlage an, und kehrten, mit Beute und Ruhm beladen, nach
dem Taunusgebirge zurück, wo Pomponius mit den Legionen
wartete, ob nicht die Chatten aus Rachgier zu einer Schlacht
Gelegenheit bieten würden. Sie aber schickten in der Besorgnis, auf der einen Seite von den Römern, auf der anderen von
den Cheruskern, mit denen sie in ewigem Zwiste leben, umgangen zu werden, Gesandte und Geiseln nach Rom, worauf
dem Pomponius die Triumphehre zuerkannt wurde, ein geringer Teil seines Rufes bei der Nachwelt, bei welcher er durch
Dichterruhm hervorstrahlt.

Vertreibung des Vannius
(50 n. Chr.)

29. Um dieselbe Zeit wurde Vannius, den Caesar Drusus über
die Sueben gesetzt hatte, aus seinem Reiche vertrieben. Er war
in der ersten Zeit seiner Herrschaft ruhmvoll und seinem
Volke willkommen. Dann aber im Laufe der Zeit sich zum
Stolz wendend, wurde er durch den Haß der Anwohner und
zugleich durch innere Zwistigkeiten gestürzt. Ausgegangen
war dies von Vibilius, dem Könige der Hermunduren und von
Vangio und Sido, den Schwestersöhnen des Vannius. Auch
trat Claudius, wenngleich oft darum gebeten, nicht mit Waffengewalt zwischen die sich streitenden Barbaren. Er versprach aber sichere Zuflucht dem Vannius, wenn er vertrieben
würde, und schrieb dem Palpelius Hister, der Pannonien ver-
waltete, er möge die Legion und aus der Provinz selbst ausgehobene Hilfstruppen am Ufer aufstellen, den Besiegten zum
Schutze wie den Siegern zum Schrecken, damit sie nicht im
Übermute ihres Glückes auch unseren Frieden störten. Denn
eine zahllose Menge Lygier und andere Völker rückten auf
den Ruf von den Schätzen des Reiches heran, die Vannius im
Laufe von dreißig Jahren durch Raubzüge und Tribute noch

vermehrt hatte. Er selbst besaß an eigener Heeresmacht nur Fußvolk, die Reiterei war von den sarmatischen Jazygen, der Menge der Feinde nicht gewachsen, weshalb er sich in Kastellen zu verteidigen und den Krieg in die Länge zu ziehen beschlossen hatte.

30. Doch die Jazygen vertrugen die Belagerung nicht und führten, indem sie die nächsten Felder durchschwärmten, die Notwendigkeit einer Schlacht herbei, weil die Lygier und Hermunduren daselbst eingefallen waren. Vannius zog daher hinaus aus den Kastellen und wurde im Treffen geschlagen. Obwohl ihm das Geschick übel wollte, wurde er dennoch selbst gepriesen, da er in der Schlacht mitgefochten und Wunden auf der Brust davongetragen hatte. Übrigens nahm er zu der auf der Donau in Bereitschaft liegenden Flotte seine Zuflucht. Bald folgten ihm seine Anhänger und wurden, indem sie Ländereien erhielten, in Pannonien angesiedelt. Das Reich teilten Vangio und Sido unter einander in ihrer Treue gegen uns musterhaft. Sei es durch ihr eigenes Wesen oder die Natur der Knechtschaft, waren sie bei den Untertanen bis sie die Herrschaft erhielten, sehr beliebt, noch mehr verhaßt, als sie sie erhalten hatten.

DREIZEHNTES BUCH

Unruhen in Germanien
(58 n. Chr.)

53. Ruhig war es bis zu dieser Zeit in Germanien gewesen, wegen der Denkungsart der Heerführer, welche, da Triumphinsignien schon etwas ganz gewöhnliches geworden waren, dadurch noch größeren Ruhm zu gewinnen hofften, wenn sie den Frieden zu erhalten wußten. Pompejus Paulinus und Lucius Vetus befehligten zu dieser Zeit das Heer. Um jedoch die Soldaten nicht untätig ruhen zu lassen, vollendete jener den vor 63 Jahren zur Eindeichung des Rheins von Drusus begonnenen Damm, Vetus traf Anstalten, die Mosel und die Saone durch einen zwischen beiden gezogenen Kanal zu verbinden, damit die Truppen über das Meer, sodann die Rhone und Saone hinauf, durch diesen Kanal gleich auf der Mosel in den Rhein und dann in den Ozean einliefen, und unter Vermeidung der Schwierigkeiten des Landweges des Westens und des Nordens Küsten durch Schiffahrt miteinander verbunden wären. Neidisch auf dieses Werk war Aelius Gracilis, Legat in Belgica, und schreckte den Vetus davon ab, seine Legionen in eine fremde Provinz zu bringen und sich in Gallien beliebt zu machen, indem er bemerkte, dies errege nur Besorgnis beim Imperator, was gewöhnlich edle Bestrebungen verhindert.

54. Übrigens verbreitete sich bei der fortwährenden Untätig-

keit der Heere das Gerücht, es sei den Legaten das Recht genommen worden, gegen den Feind zu ziehen. Deshalb führten die Friesen ihre junge Mannschaft durch Waldgebirge oder Sümpfe, das wehrlose Alter über die Seen ans Ufer, und besetzten die unbebauten, den Soldaten vorbehaltenen Ländereien, unter Anführung des Verritus und Malorix, welche diese Völkerschaft regierten, soweit Germanen sich gebieten lassen. Und schon hatten sie sich häuslich niedergelassen, Saat ins Ackerland gebracht und bearbeiteten den Boden, als wäre es der heimische, als Dubius Avitus, sobald er von Paulinus die Provinz erhalten hatte, mit römischer Heeresmacht drohte, wenn die Friesen nicht in ihre alten Lande abzögen oder den neuen Wohnsitz sich vom Kaiser erwirkten, und den Verritus und Malorix dahinbrachte, sich zu Bitten zu bequemen. So reisten sie nach Rom und gingen, während sie auf Nero, der mit anderen Sorgen beschäftigt war, warteten unter den Sehenswürdigkeiten, die man Ausländern zu zeigen pflegt, auch ins Theater des Pompeius, damit sie von der Größe des Volkes eine Anschauung bekämen[1]. Während sie hier aus Langeweile – denn an den Spielen fanden sie, weil sie nichts davon verstanden, kein Gefallen – sich nach dem schaulustigen Publikum, den Abteilungen der Stände, wer die Ritter, wo der Senat, erkundigten, wurden sie einige Männer in ausländischer Tracht auf den Sitzen der Senatoren gewahr, und als sie auf ihre Frage, wer denn diese seien, vernommen, daß den Gesandten derjenigen Völker diese Ehre zugestanden sei, die sich durch Tapferkeit und Freundschaft für Rom auszeichneten, riefen sie aus, es gehe niemand in der Welt an Waffen oder Treue über die Germanen, stiegen hinab und setzten sich unter den Senatoren nieder. Dies wurde freundlich von den Zuschauern aufgenommen, wie aus alter Zeit würdiger Aufwallung und edlem Wetteifer hervorgegangen. Nero beschenkte beide mit dem römischen Bürgerrechte, den Friesen befahl er, die Felder zu räumen, und da sie sich nicht daran

---

[1] Das Theater des Pompeius faßte nach Plinius 40000 Zuschauer.

kehrten, zwang sie dazu die plötzlich gegen sie ausgesandte Bundesgenossenreiterei, nachdem die, welche hartnäckigeren Widerstand geleistet hatten, gefangen genommen oder niedergehauen worden waren.

55. Dieselben Ländereien besetzten die Ampsivarier, ein nicht nur durch seine eigene Stärke, sondern auch durch das Mitleid der angrenzenden Völker bedeutender Stamm, weil sie von den Chauken vertrieben und heimatlos um ein sicheres Exil baten. Auch sprach für sie ein unter jenen Völkerschaften berühmter und uns auch treuergebener Mann namens Boiocalus, welcher erwähnte, wie er im Cheruskeraufstande auf des Arminius Befehl gefesselt worden sei, dann unter Tiberius und Germanicus gedient habe, und zu fünfzigjährigem Gehorsam auch das noch hinzufüge, daß er seinen Stamm unserer Botmäßigkeit unterwerfe. Wozu liege ein so bedeutender Teil des Feldes unbebaut, auf welches nur die Schaf- und Rinderherden der Soldaten bisweilen hinübergetrieben würden? Sie möchten immerhin Aufnahmestätten für ihre Herden vorbehalten bei dem Hunger der Menschen, nur eine Wüste, eine Einöde möchten sie nicht lieber wollen als befreundete Völker. Den Chamavern hätten einst diese Fluren gehört, dann den Tubanten und nachher den Usipern. Wie der Himmel den Göttern, so seien die Länder der Erde dem Geschlechte der Sterblichen verliehen, und Gemeingut die, welche unbesetzt seien. Alsdann zur Sonne emporblickend und die übrigen Gestirne anrufend, fragte er dieselben, als wären sie gegenwärtig, ob es ihr Wille sei, auf leeren Boden niederzuschauen. Lieber möchten sie das Meer darüber hinströmen lassen gegen die Räuber des Erdbodens.

56. Hierdurch gereizt erwiderte Avitus, man müsse sich die Gebote der Stärkeren gefallen lassen. So habe es den Göttern, die sie anriefen, gefallen, daß es der Römer Willkür überlassen bleibe, was sie geben, was sie nehmen wollten, und keine anderen Richter duldeten als sich selbst. Dies sagte er öffentlich den Ampsivariern, dem Boiocalus persönlich, ihm wolle er in Anerkennung seiner Freundschaft Äcker geben. Doch der ver-

schmähte dies als einen Verräterlohn mit dem Bemerken: Fehlen kann uns Land, darauf zu leben, darauf zu sterben nicht. Und so schied man beiderseits erbittert. Jene riefen die Bructerer, Tencterer und selbst entferntere Völkerschaften zur Teilnahme am Krieg auf. Avitus schrieb an den Legaten des oberrheinischen Heeres, Curtilius Mancia, daß er über den Rhein gehen und Waffenmacht im Rücken zeigen möchte. Er selbst führte die Legionen in das Gebiet der Tencterer, Vernichtung drohend, wenn sie der Gemeinschaft nicht entsagten. Als diese nun zurücktraten, wurden die Bructerer durch gleiche Furcht geschreckt, und da auch die Übrigen fremde Gefahr von sich abzuwenden suchten, wich der Ampsivarier Stamm, allein noch übrig, zurück zu den Usipiern und Tubanten. Da sie, aus deren Ländern vertrieben, sich zu den Chatten, dann zu den Cheruskern begeben hatten, wurden sie auf ihrer langen Irrfahrt als Fremdlinge, als Bettler und als Feinde, auf fremdem Boden, was wehrhaft war, erschlagen, das wehrlose Alter als Beute verteilt.

57. In demselben Sommer kam es zwischen den Hermunduren und Chatten zu einer großen Schlacht, weil sie sich einen in Salzgewinnung ergiebigen Grenzfluß mit Gewalt zuzueignen suchten – außer dem Hange, alles mit den Waffen auszumachen, auch aus angestammtem Aberglauben, daß diese Gegenden dem Himmel besonders nahe seien, und die Gebete der Sterblichen von den Göttern nirgends so nahe vernommen würden. Daher entstehe durch die Huld der Götter in jenem Flusse und in jenen Wäldern das Salz, nicht, wie bei anderen Völkern, indem beim Übertreten des Meeres das Wasser eintrocknet, sondern, nach dem Ausgießung über einen brennenden Holzstoß, wobei es sich aus den einander widerstrebenden Elementen, dem Feuer und dem Wasser, niederschlägt. Dieser Krieg war für die Hermunduren glücklich, den Chatten desto verderblicher, weil die Sieger das Heer der Gegner dem Mars und dem Merkur weihten, ein Gelübde, wodurch Roß und Mann und alles Besiegte insgesamt dem Untergange überliefert wird. So fielen die Drohungen unserer Feinde auf sie selbst

zurück. Aber der uns verbündete Gau der Ubier wurde von einem unvorhergesehenen Unglücke betroffen. Aus der Erde hervorbrechendes Feuer nämlich ergriff allenthalben Landhäuser, Fluren und Dörfer und breitete sich sogar bis zu den Mauern der jüngst gegründeten Kolonie aus. Es war nicht zu löschen, weder wenn Regen fiel, noch durch Flußwasser oder sonst eine Feuchtigkeit, bis einige Landleute in Ermangelung eines Mittels und im Ingrimm über die Verheerung aus der Ferne Steine warfen, dann, als die Flammen sich legten, näher herantraten und sie mit Stockschlägen und anderen Hieben gleichsam wie wilde Tiere abzuschrecken suchten, zuletzt vom Leibe gerissene Kleidungsstücke darauf warfen, die um so besser das Feuer dämpfen sollten, je abgetragener und befleckter durch den Gebrauch sie waren.

CORNELIUS TACITUS

AUSZÜGE AUS DEN HISTORIEN

DRITTES BUCH

Der Aufstand der Bataver
(69–70 n. Chr.)

46. In ebendiesen Tagen geriet Germanien in Gärung, und durch Saumseligkeit der Feldherren, Aufruhr der Legionen, Angriff von außen und die Treulosigkeit der Bundesgenossen wäre die Römermacht beinahe vernichtet worden. Diesen Krieg mit seinen Ursachen und Ergebnissen will ich – denn er zog sich weiter hinaus – späterhin erzählen[1] . . .

---

[1] Historien IV, 12.

VIERTES BUCH

Der Aufstand der Bataver
(69 n. Chr.)

12. Das in diesen Tagen immer lauter werdende Gerücht von
der Niederlage in Germanien vernahm die Stadt nichts weniger als bekümmert. Von niedergemetzelten Heeren, eroberten
Winterlagern der Legionen, von dem Abfall Galliens sprach
man so, als sei es gar kein Unglück. Den ursprünglichen Anlaß
dieses Krieges und unter wie großer Bewegung auswärtiger
und verbündeter Völker er emporloderte, will ich gründlicher
erörtern. Die Bataver, als sie noch jenseits des Rheines wohnten, ein Stamm der Chatten, besetzten, durch inneren Aufruhr vertrieben, die äußersten, noch unbewohnten Gegenden
der gallischen Küste und dazu die in der Nähe liegende Insel,
welche von vorne der Ozean, von hinten und an den Seiten
der Rhein umspült. Durch römische Macht nicht entkräftet,
was bei einem Bündnis mit einem stärkeren selten ist, stellten
sie dem Reiche nur Männer und Waffen. Lange schon waren
sie in den germanischen Kriegen geübt, nachher zu noch größerem Ruhme in Britannien gelangt, nachdem man ihre Kohorten dorthin übergesetzt hatte, welche nach altem Brauch
die Edelsten von ihrem eigenen Volke befehligten. Sie hatten
aber auch daheim noch eine auserlesene Reiterei, die ganz

besonders darauf eingeübt war, samt Waffen und Pferden in ganzen Schwadronen den Rhein zu durchqueren.

13. Julius Civilis und Claudius Paulus, königlichen Stammes, überragten weit die übrigen. Den Paulus ließ Fontejus Capito unter fälschlicher Anschuldigung der Empörung ums Leben bringen. Civilis, in Ketten zu Nero geschickt und von Galba freigesprochen, geriet unter Vitellius von neuem in Gefahr, da das Heer seine Hinrichtung verlangte. So hatte er Grund zum Zürnen und durch unser Unglück Hoffnung. Doch Civilis, ein klügerer Kopf, als es sonst bei Barbaren der Fall zu sein pflegt, und mit ganz ähnlicher Gesichtsentstellung wie Sertorius oder Hannibal[1], schützte, damit man ihm nicht wie einem Feinde entgegenzöge, wenn er offen von Rom abgefallen wäre, Freundschaft gegen Vespasian und Eifer für seine Partei vor, da in der Tat ja auch ein Schreiben des Antonius Primus an ihn gelangt war, worin er aufgefordert wurde, die von Vitellius aufgebotenen Hilfsscharen von ihm abzulenken und unter dem Scheine eines Aufruhrs die Legionen in Germanien zurückzuhalten. Dieselbe Weisung hatte auch Hordeonius Flaccus mündlich ihm gegeben, aus Zuneigung für Vespasian und aus Besorgtheit für den Staat, dem sein Untergang nahe bevorstand, wenn ein von neuem beginnender Krieg und so viel tausend Bewaffnete in Italien einbrechen sollten.

14. So fing also Civilis, abzufallen entschlossen und einstweilen seinen tieferen Plan verbergend, um nach dem Erfolge das Weitere zu überlegen, die Umwälzung auf folgende Weise an. Auf Vitellius Befehl wurde die junge Mannschaft der Bataver zur Aushebung aufgerufen, welche, an und für sich selbst schon lästig, durch die Habsucht und Ausschweifungen der damit Beauftragten noch drückender wurde, weil sie Greise oder Schwache zusammenbrachten, um sie für Geld wieder loszulassen, sowie auf der anderen Seite Halbwüchsige, aber durch ihre Gestalt in die Augen fallende – und die meisten

---

[1] Vitellius hatte den Legionen einen großen Teil der Mannschaften entzogen.

haben schon als Knaben einen hohen Wuchs – zu Notzüchtigung hinweggeschleppt wurden. So erzeugte sich Erbitterung, und die Anstifter der verabredeten Empörung brachten es dahin, daß man sich der Aushebung widersetzte. Civilis rief die Großen des Volks und die Entschlossensten der Menge unter dem Scheine eines Opfermahls in einen heiligen Hain zusammen und zählte, als er bemerkte, daß Nacht und Frohsinn ihr Gemüt erwärmte, mit Preis und Ruhm des Volks beginnend die Ungerechtigkeiten, die Räubereien und die übrigen Übel der Knechtschaft auf. Es sei nicht mehr ein Bundesverhältnis wie sonst, nein, sie würden wie Leibeigene gehalten. Wann komme noch, so lästig auch sein Gefolge und so übermütig seine Herrschaft sei, ein Legat mit Befehlsgewalt zu ihnen? Präfekten und Centurionen würden sie preisgegeben, und wenn sich diese mit Beute und mit Blut gesättigt, wechselten sie und man sänne auf neue Erpressung und allerlei Vorwände zum Raube. Die Aushebung stehe schon vor der Tür, wodurch Kinder von den Eltern, Brüder von den Brüdern wie zum letztenmale im Leben losgerissen würden. Nie habe es je schlechter um die Römer gestanden, und in ihren Winterlagern seien nur Beute noch und Greise. Sie möchten nur den Blick erheben und nicht vor den Legionen beben, die nur mehr dem bloßen Namen nach bestünden. Sie selbst dagegen hätten eine Macht von Fußvolk und Reitern, Blutsverwandte bei den Germanen, und Gallien strebe nach Gleichem. Selbst den Römern sei ein solcher Krieg nicht unwillkommen, und auf des Vespasian Rechnung würden sie ihn schieben können, sollte das Glück sich zweifelhaft zeigen. Für den Sieg dagegen bedürfe es keiner Rechenschaft.

15. Mit lautem Beifall angehört, ließ er sie alle nach der Barbaren Brauch und unter landesüblichen Verwünschungen schwören. Gesandte wurden an die Canninefaten abgeordnet, um sie mit in ihren Plan zu ziehen. Dieser Volksstamm bewohnt einen Teil der Insel, in Herkunft, Sprache und Tapferkeit den Batavern gleich, an Zahl nur werden sie von diesen übertroffen. Hierauf verlockte er durch geheime Botschaften

die britannischen Hilfsscharen, jene Bataverkohorten, die, wie
wir oben erwähnt haben, nach Germanien geschickt worden
waren und damals in Mogontiacum lagen. Es lebte unter den
Canninefaten Brinno, ein töricht waghalsiger Mensch von
hochberühmtem Adel. Sein Vater hatte sich vieler Feindseligkeiten erkühnt und für das Possenspiel der Feldzüge des Gaius
straflos nur Verachtung übriggehabt. Er fand daher schon
wegen des bloßen Namens der rebellischen Familie Beifall und
wurde, nach dem Brauch des Volkes, auf einen Schild gehoben, auf den Schultern der ihn Tragenden umhergetragen
und so zum Heerführer auserkoren. Sogleich zog er die Friesen, einen überrheinischen Volksstamm, an sich, und brach
vom Ozean aus in das Winterlager zweier Kohorten ein, das
zum Überfall am nächsten lag. Die Soldaten hatten den Angriff der Feinde weder vorhergesehen, noch besaßen sie, wenn
dies auch der Fall gewesen wäre, hinreichende Stärke, um ihn
abzuwehren. Das Lager wurde daher genommen und geplündert. Sodann fielen sie über die herumstreifenden und wie im
Friedensstande übers Land ziehenden römischen Marketender
und Händler her. Zugleich bedrohten sie die Kastelle mit
Zerstörung, und diese wurden, weil sie nicht verteidigt werden
konnten, von den Präfekten der Kohorten in Brand gesteckt.
Feldzeichen, Standarten und was an Soldaten da war, wurde
unter der Anführung des Primipilaren Aquilius in den oberen
Teil der Insel zusammengedrängt, mehr dem Namen als der
Stärke nach ein Heer; Vitellius nämlich hatte ja den Kern der
Kohorten weggeführt und aus den benachbarten Gauen der
Nervier und Germanen einen trägen Haufen unter die Waffen
gesteckt.

16. Civilis, der mit List zu Werke gehen zu müssen glaubte,
machte den Präfekten sogar noch Vorwürfe, daß sie die Kastelle verlassen hätten. Er werde schon mit der Kohorte, welche er anführte, den Aufruhr der Canninefaten dämpfen; sie
sollten nur ein jeder in sein Winterlager zurückkehren. Daß
nur Betrug hinter diesem Rate steckte, daß nämlich die zerstreuten Kohorten leichter überwältigt werden könnten, und

daß nicht Brinno, sondern Civilis in diesem Kriege Anführer sei, stellte sich heraus, als allmählich Anzeichen davon hervorbrachen, welche die Germanen, ein kriegslustiges Volk, nicht lange geheimgehalten hatten. Als es mit der List nicht recht gelingen wollte, schritt er zur Gewalt und stellte die Canninefaten, Friesen und Bataver, jede in eigenen Schlachtkeilen, auf. Ihnen gegenüber nahm auch unsere Schlachtlinie ihre Stellung, nicht fern vom Rheinstrom, und so, daß die Schiffe, welche man nach der Verbrennung der Kastelle dorthin hatte kommen lassen, gegen den Feind gerichtet waren. Noch nicht lange hatte man gestritten, als die Kohorte der Tungrer zu Civilis überging: betroffen über den unerwarteten Verrat wurden die Soldaten nun von Bundesgenossen und Feinden niedergehauen. Dieselbe Treulosigkeit war auch auf den Schiffen. Der aus Batavern bestehende Teil der Ruderknechte hinderte, als wenn es aus Unerfahrenheit geschähe, die Verrichtungen des Schiffsvolkes und der Streiter. Dann arbeiten sie ihnen geradezu entgegen und warfen die Achterdecks nach dem feindlichen Ufer herum. Endlich ermordeten sie, wenn sie sich ihnen nicht ergaben, die Steuerleute und Centurionen, bis die ganze Flotte von vierundzwanzig Schiffen überging oder genommen wurde.

17. Glanzvoll für die Gegenwart war dieser Sieg und von Nutzen für die Zukunft; Waffen und Schiffe, woran es ihnen gebrach, erhielten sie so, und durch ganz Germanien und Gallien pries der Ruf sie als Verfechter der Freiheit. Germanien schickte sogleich Gesandte, um Unterstützung anzubieten. Um Galliens Bündnis bewarb sich Civilis mit List und mit Geschenken, indem er die gefangenen Präfekten der Kohorten in ihre Heimat zurücksandte, den Kohorten freistellte, ob sie abziehen oder bleiben wollten. Den Bleibenden wurde ehrenvoller Dienst, den Fortgehenden erbeutete Römerwaffen angeboten. Zugleich erinnerte er sie in geheimen Unterredungen an die Leiden, die sie nun schon so viele Jahre duldeten, elende Knechtschaft fälschlich Frieden nennend. Die Bataver, obwohl noch nichts von Tribut wissend, hätten die Waffen

gegen die gemeinsamen Tyrannen ergriffen. Im ersten Gefecht schon seien die Römer geschlagen und besiegt. Wie, wenn nun Gallien auch das Joch abwürfe, was bliebe in Italien noch übrig? Durch der Provinzen Blut besiege man ja die Provinzen. Möchten sie nicht an Vindex Heerschar denken. Batavische Reiter hätten die Aeduer und Arverner niedergetreten, Belgier wären unter Verginius Hilfsvölkern gewesen, und bedenke man es recht, so sei Gallien durch seine eigene Streitkraft gefallen. Jetzt stritten alle für dieselbe Sache, und dazu komme auch die Mannszucht, die sich in den Feldlagern der Römer noch erhalten, ihnen zugute. Auf ihrer Seite seien ja die alten Kohorten, denen die Legionen Othos jüngst erlegen. Dienstbar möchten Syrien sein und Asien, der an Könige gewöhnte Orient; in Gallien lebten noch viele, die vor der Zinsbarkeit[1] geboren seien. Unlängst erst sei ja durch Quintilius Varus Niederlage die Knechtschaft aus Germanien verbannt, und nicht ein Fürst wie Vitellius, sondern Caesar Augustus zum Kriege herausgefordert worden. Freiheit sei von der Natur den sprachlosen Tieren auch verliehen, Tapferkeit der Menschen eigentümlicher Vorzug. Die Götter ständen den Mutigeren bei. So sollten sie also, da sie gerade unbehindert seien, die augenblicklich beschäftigten Römer, also mit frischer Kraft die schon Ermatteten, anfallen. Während die einen Vespasian, die anderen Vitellius begünstigten, stehe das Feld ihnen wider beide offen.

18. So sein Augenmerk auf Gallien und Germanien richtend, war er, wenn sein Plan gelang, nicht fern vom Königsthron der mächtigsten und reichsten Völker. Flaccus Hordeonius dagegen ließ durch Nichtbeachtung die ersten Bestrebungen des Civilis Nahrung gewinnen. Erst als die Schreckensbotschaft überbracht wurde, das Lager sei erobert, die Kohorten vernichtet, was römisch sei, von der Insel der Bataver vertrieben, ließ er den Legaten Munius Lupercus – dieser befehligte das

---

[1] Die Zinsbarkeit wurde 27 v. Chr. eingeführt, es ist also schwer möglich, daß noch viele so alte lebten. Auch das „unlängst" im nächsten Satz ist 60 Jahre her.

Winterlager zweier Legionen – gegen den Feind ausrücken.
Lupercus ließ von denen, die ihm zur Hand waren, die Legionäre, aus der nächsten Nachbarschaft die Ubier und die nicht
fernstehenden Reiter der Treverer eilig übersetzen, dazu auch
eine batavische Reiterschar, die längst schon bestochen, noch
Treue heuchelte, damit, wenn sie mitten in der Schlacht die
Römer verriete, ihre Flucht einen um so höheren Wert er-
hielte. Civilis, von den Feldzeichen der gefangenen Kohorten
umgeben, damit sein Kriegsvolk den eben gewonnenen Ruhm
vor Augen hätte und die Feinde durch die Erinnerung an ihre
Niederlage geschreckt würden, ließ seine Mutter und seine
Schwester und mit ihnen die Gattinnen und kleineren Kinder
alle sich hinter die Front stellen, als Sporn zum Siege und zur
Beschämung, würden sie geschlagen. Als nun die ganze
Schlachtreihe vom Kriegsgesang der Männer, vom Geheul der
Weiber ertönte, erwiderten die Legionen und Kohorten keineswegs mit gleichem Schlachtgeschrei. Schon hatte den linken Flügel die Reiterschar der Bataver entblößt, die überging
und sich sogleich gegen uns schwenkte. Doch die Legionssoldaten, so mißlich auch die Lage war, hielten sich in ihren
Waffen und in Reih und Glied. Die Hilfsscharen der Ubier
und Treverer schweiften in schmählicher Flucht zerstreut auf
dem ganzen Felde umher. Die Germanen warfen sich auf sie.
Mittlerweile gewannen die Legionen Zeit, in das Lager zu
entfliehen, welches Vetera[1] genannt wird. Der Befehlshaber
der batavischen Reiterschar, Claudius Labeo, in landstädti-
scher Eifersucht Civilis Nebenbuhler, wurde, damit nicht seine
Ermordung das Mißvergnügen seiner Landsleute, seine Zu-
rückbehaltung den Samen der Zwietracht hervorbringen
möchte, nach dem Lande der Friesen eingeschifft.

19. In diesen Tagen holte auch der von Civilis abgesandte
Bote die Kohorten der Bataver und Canninefaten ein, die auf

---

[1] Castra Vetera bei Xanten.

des Vitellius Befehl sich auf dem Marsche nach der Stadt befanden. Sogleich schoß Übermut und Trotz in ihnen auf, und sie verlangten als Lohn für den Marsch ein Geldgeschenk, doppelten Sold, Vermehrung ihrer Reiterei, was freilich alles von Vitellius versprochen war, nicht um es zu erhalten, sondern um einen Grund zur Meuterei zu haben. Und Flaccus hatte dadurch, daß er vieles zugestand, nichts anderes bewirkt, als daß sie um so ungestümer forderten, wovon sie wußten, daß er es verweigern würde. Ohne weiter auf ihn Rücksicht zu nehmen, zogen sie nach Niedergermanien, um sich mit Civilis zu vereinigen. Nun ging Hordeonius mit den Tribunen und Centurionen zu Rate, ob er nicht die den Gehorsam Verweigernden mit Gewalt zu bändigen suchen sollte. Bald jedoch beschloß er in der ihm eigenen Mutlosigkeit und bei der Zaghaftigkeit seiner Untergebenen, welche die zweideutige Gesinnung der Hilfstruppen und die Ergänzung der Legionen mit plötzlich ausgehobener Mannschaft ängstigte, das Kriegsvolk im Lager zusammenzuhalten. Hernach, da es ihn reute, und selbst die, die es geraten, ihm darüber Vorstellungen machten, schrieb er, als sei er nachzusetzen willens, an Herennius Gallus, den Legaten der ersten Legion, der Bonn besetzt hielt, er möchte den Batavern den Durchmarsch verwehren. Er werde ihnen mit dem Heere auf dem Fuße folgen. Auch hätten sie überwältigt werden können, wenn von hier Hordeonius, von dort her Gallus, beiderseits sich mit ihren Truppen in Bewegung gesetzt und sie in der Mitte eingeschlossen hätten. Flaccus gab das Unternehmen auf und ließ in einem anderen Schreiben an Gallus die Weisung ergehen, er solle sie bei ihrem Abzuge nicht beunruhigen. So entstand denn der Verdacht, es werde mit Wissen und Willen der Legaten der Krieg erregt, und alles, was geschehen sei oder noch gefürchtet werde, rühre nicht von der Schlaffheit der Soldaten, noch von der Gewalt der Feinde, sondern von der Arglist des Anführers her.

20. Als sich die Bataver dem Lager bei Bonn näherten, schickten sie einen Boten voraus, um dem Herenius Gallus im Auf-

trage der Kohorten zu erklären, sie führten keinen Krieg gegen die Römer, für welche sie so oft gefochten hätten; ermüdet durch den langen und gewinnlosen Kriegsdienst, sehnten sie sich nach ihrem Vaterlande und nach Ruhe. Wenn sich ihnen niemand entgegenstellte, so würde ihr Marsch harmlos sein; träte man ihnen aber mit Waffen entgegen, so würden sie mit dem Schwerte den Weg zu finden wissen. Den unschlüssigen Legaten hatten die Soldaten schon dazu gebracht, das Glück einer Schlacht zu versuchen. Dreitausend Legionäre und in Eile zusammengebrachte belgische Kohorten, nebst einem feigen, aber vor der Gefahr großsprecherischen Haufen von Landvolk und Marketendern, brachen aus allen Toren hervor, um die an Zahl ihnen nicht gewachsenen Batavcr zu umzingeln. Diese, im Felddienst alterfahrene Krieger, scharten sich in Keile zusammen, allenthalben dicht geschlossen, und vorn, im Rücken und seitswärts wohl gedeckt. So durchbrachen sie die dünne Schlachtlinie der Unsrigen. Da die Belgier wichen, wurde die Legion geworfen, und voll Bestürzung eilte man dem Walle und den Toren zu. Da war die Niederlage am größten; hoch füllen sich die Gräben mit Leichen, und nicht bloß niedergehauen und durch Wunden, sondern auch im Sturz und durch eigene Geschosse fanden viele den Tod. Die Sieger vermieden die Kolonie der Agrippinenser und wagten auf ihrem ferneren Marsche keine Feindseligkeiten mehr, das Treffen bei Bonn entschuldigten sie damit, daß sie um Frieden gebeten, und erst als man ihnen denselben verweigerte, auf Selbsthilfe gedacht hätten.

21. Civilis, nach der Ankunft der Veteranenkohorten nun schon Führer eines ordentlichen Heeres, doch noch unschlüssig und die Übermacht der Römer erwägend, nahm alle, die zugegen waren, für Vespasian in Eid, und schickte Abgeordnete an die beiden Legionen, die, in dem neulichen Treffen geschlagen, sich ins Lager Vetera zurückgezogen hatten, daß sie dieselbe Huldigung leisten möchten. Darauf gab man ihnen den Bescheid, man brauche weder eines Verräters, noch der Feinde Rat. Ihr Fürst sei Vitellius, für den sie in Treue bis

zum letzten Atemzuge kämpfen würden. Darum möchte der batavische Überläufer nicht in der römischen Welt den Schiedsrichter spielen wollen, sondern für seinen Frevel die verdiente Strafe erwarten. Als dieses dem Civilis hinterbracht wurde, rief er zornentbrannt das gesamte Volk der Bataver zu den Waffen zusammen. Die Brukterer und Tencterer schlossen sich an, und durch Botschafter wurde Germanien zur Beute und zum Ruhme mit aufgerufen.

22. Gegen die Drohungen des sich so zusammenziehenden Kriegsgewitters befestigten die Legaten der Legionen, Munius Lupercus und Numisius Rufus, Wall und Mauern. Die Bauten des langen Friedens wurden niedergerissen, die sich nicht fern vom Lager wie zu einer Stadt fast herangebaut hatten, damit sie nicht den Feinden nützlich würden. Aber dafür war zu wenig gesorgt, daß Lebensmittel dem Lager zugefahren wurden; man ließ sie einfach wegschleppen. So wurde in wenigen Tagen zügellos verbraucht, was gegen Not auf lange Zeit vorgehalten hätte. Civilis füllte mit dem Kern der Bataver in der Mitte des Heereszuges, um sich ein noch fürchterliches Ansehen zu geben, beide Rheinufer mit Scharen von Germanen an, während die Reiterei über die Ebenen heransprengte. Zugleich wurden Schiffe stromaufwärts geführt. Hier hatten die Feldzeichen der Veteranenkohorten, dort die aus Wäldern und Hainen genommenen Tierbildnisse, mit denen ein jeder Volksstamm in den Kampf zu ziehen gewohnt ist, bürgerlichen und auswärtigen Krieg gemischt erscheinen lassen und die Belagerten bestürzt gemacht; die Hoffnung der Belagerer vermehrte auch die Ausdehnung des Walles, der, angelegt für zwei Legionen, von kaum 5000 bewaffneten Römern verteidigt wurde. Doch eine Menge von Marketendern, die sich beim Friedensbruche hier eingefunden hatten, leistete auch im Kriege ihre Dienste.

23. Die eine Hälfte des Lagers erhob sich sanft an einem Hügel, die andere war von der Ebene aus zugänglich. Augustus nämlich hatte geglaubt, durch dieses Winterlager würde Germanien belagert und bedrängt werden, und niemals ein so

großes Unglück sich ereignen, daß man sogar kommen würde, um die Legionen darin zu bekämpfen. Daher hatte man weder auf die Örtlichkeit noch auf die Befestigungswerke besondere Mühe verwandt; Gewalt und Waffen dünkten gut genug. Die Bataver und die Überrheinischen stellten sich, damit sich in der Absonderung die Tapferkeit deutlicher zu erkennen gäbe, ein jeder Volksstamm für sich auf, um aus der Ferne anzugreifen. Nachher, als die meisten Geschosse, ohne zu treffen, an den Türmen und Brustwehren der Mauern saßen, und sie von oben her mit Steinen verwundet wurden, gingen sie mit Geschrei und im Sturme auf den Wall los, sehr viele, indem sie Leitern anlegten, andere auf dem Schilddache der ihrigen. Schon stiegen einige empor, als sie, mit dem Schwerte und durch bloßen Stoß mit dem Schild hinabgestürzt, mit Pfählen und Wurfspeeren überschüttet wurden, sie, die anfangs immer allzu ungestüm sind und kein Maß im Glücke kennen. Jetzt jedoch ertrugen sie aus Beutegier auch das Mißgeschick. Sie wagten sich sogar an Wurfmaschinen, die ihnen etwas Ungewohntes waren. Doch bewiesen sie dabei auch nicht die mindeste Geschicklichkeit; Überläufer und Gefangene unterwiesen sie, Bauholz nach Art einer Brücke zusammenzufügen, dann auf untergelegten Walzen vorwärts zu stoßen, so daß die einen obenstehend wie von einem Damme aus kämpften, die anderen, inwendig verborgen, die Mauern untergruben. Aber aus Wurfmaschinen geschleuderte Steine warfen das unförmige Bauwerk nieder, und als sie Schanzkörbe und Schutzdächer bereiten wollten, wurden brennende Speere aus Wurfgeschützen auf sie geschleudert und so die Belagerer selbst mit Feuer angegriffen, bis sie, die Gewalt aufgebend, sich aufs Warten verlegten, da sie recht gut wußten, daß nur auf wenige Tage Lebensmittel und ein großer Haufe Unbewehrter sich darin befinde. Zugleich hoffte man infolge des Mangels auf Verrat, auf die Unzuverlässigkeit der Sklaventreue und auf des Krieges Zufälligkeiten.

24. Indes gab Flaccus, als er die Einschließung des Lagers erfahren und in Gallien umhergesandt hatte, um Hilfsvölker

aufzubieten, dem Legaten der 22. Legion, Dillius Vocula, eine aus den Legionen auserlesene Mannschaft, um in möglichst großen Tagesmärschen längs des Ufers hinzueilen. Er selbst, schwach am Körper und den Soldaten verhaßt, folgte zu Schiffe. Auch äußerten sie ganz unverhohlen, man habe die Bataverkohorten aus Mogontiacum herausgelassen, getan, als merke man nichts von den Unternehmungen des Civilis, und ziehe die Germanen in das Bündnis mit hinein. Mehr hätte selbst durch Primus Antonius, durch Mucianus des Vespanius Sache nicht gewonnen. Offener Haß und Waffengewalt ließen sich frei zurückweisen; Trug und Arglist hielten sich verborgen und seien darum unausweichbar. Civilis stehe als Gegner da und stelle sein Schlachtheer auf; Hordeonius gebiete vom Schlafgemache und vom Bette aus, was nur immer dem Feinde nützen könne. So viele bewaffnete Scharen von Helden ließen sich durch die Schwächlichkeit eines einzigen Greises leiten. Lieber möchten sie doch den Verräter töten und so ihr Glück und ihre Tapferkeit von der Unglücksahnung befreien. Durch solche gegenseitigen Reden schon aufgeregt, wurden sie durch ein Schreiben, das von Vespasian kam, noch mehr entflammt, welches Flaccus, weil es nicht verheimlicht werden konnte, in der Heerversammlung vorlas, und darauf die, welche es gebracht, gefesselt zu Vitellius schickte.

25. Als die Gemüter so besänftigt waren, kam man nach Bonn, in das Winterlager der ersten Legion. Noch feindlicher gestimmt warf hier das Kriegsvolk die Schuld der Niederlage auf Hordeonius; auf seinen Befehl hin habe man den Batavern die Spitze geboten, als folgten ihnen von Mogontiacum her die Legionen. Durch seine Verräterei sei man geschlagen worden, da keine Hilfe kam. Unbekannt sei dies den übrigen Heeren, und auch nicht einmal ihrem Imperator werde es gemeldet, während doch durch Herzueilen so vieler Provinzen die Verräterei schon im Entstehen hätte unterdrückt werden können. Hordeonius las dem Heere Abschriften von allen Briefen, womit er in Gallien, Britannien und Spanien um Hilfe bat, vor und führte das verderbliche Verfahren ein, die Briefe

den Adlerträgern der Legionen zu übergeben, von welchen sie
dann eher den Soldaten als den Anführern vorgelesen wurden.
Hierauf ließ er einen von den Empörern fesseln, mehr um von
seinem Recht Gebrauch zu machen, als weil gerade der eine
schuld gehabt hätte. So rückte das Heer aus Bonn nach der
Kolonie der Agrippinenser aus, und herbei strömten die Hilfsscharen der Gallier, die anfangs die römische Sache eifrig
unterstützten; nachher, als die Germanen Kraft gewannen,
bewaffneten sich die meisten Gaue gegen uns in der Hoffnung,
frei zu werden und, wenn sie sich der Knechtschaft entzogen
hätten, aus Begierde nach der Herrschaft. Indessen griff die
Erbitterung der Legionen um sich, und keinen Schreck hatte
ihnen die Fesselung des einen Soldaten eingeflößt; ja, eben
dieser beschuldigte noch obendrein den Feldherrn des Einver-
ständnisses, als wolle man in ihm, dem Unterhändler zwischen
Civilis und Flaccus, durch falsche Beschuldigung nur den Zeugen der Wahrheit unterdrücken. Da bestieg Vocula mit be-
wundernswerter Festigkeit die Rednerbühne, hieß den Soldaten greifen und ihn trotz seines Geschreis zum Tode führen;
und während die Schlechtgesinnten so in Schreck gerieten,
leisteten alle Besseren den Befehlen Folge. Da man sofort einstimmig Vocula zum Anführer verlangte, überließ ihm Flaccus den Oberbefehl.

26. Doch gar manches brachte die einmal mit Zwietracht erfüllten Gemüter auf: Mangel an Sold und Getreide, dabei
Galliens Verweigerung der Aushebung und des Tributes, der
Umstand, daß der Rhein bei einer unter jenem Himmelsstri-
che unerhörten Trockenheit kaum Schiffe tragen konnte, deshalb knappe Zufuhr und, am ganzen Ufer aufgestellte Posten,
um die Germanen von den Furten fernzuhalten, und aus demselben Grunde weniger Feldfrüchte bei vermehrter Zahl der
Verbraucher. Bei den Unverständigen galt der Wassermangel
schon an sich als eine Vorbedeutung, als ob uns auch die
Flüsse, diese alten Schutzwehren unserer Herrschaft, im Stiche
ließen. Was im Frieden Zufall, was Naturerscheinung, das
hieß Schicksal oder Zorn der Gottheit.

Als sie in Novaesium eingezogen waren, schloß die 16. Legion sich ihnen an; Vocula erhielt zum Mitkommando den Legaten Herennius Gallus. Dennoch wagte man es nicht, dem Feinde entgegenzurücken und schlug beim dreizehnten Meilenstein von Novasium aus, an einem Orte namens Gelduba, ein Lager auf. Dort suchte man durch Aufstellung der Schlachtreihe, durch Befestigungs- und Schanzarbeit und sonstige Kriegs- übungen dem Soldaten Festigkeit zu geben. Und um das Heer auch durch Beute zur Tapferkeit zu entflammen, wurde es von Vocula in die nächsten Gaue der Gugerner geführt, welche das Bündnis mit Civilis angenommen hatten; ein Teil blieb mit Herennius Gallus zurück.

27. Es traf sich gerade, daß nicht fern vom Lager die Germa- nen ein mit Korn beladenes Schiff, da es an einer seichten Stelle festsaß, an ihr Ufer ziehen wollten. Gallus wollte das nicht dulden und schickte eine Kohorte zu Hilfe. Es mehrte sich auch die Zahl der Germanen, und da allmählich immer mehr Verstärkung ankam, lieferte man ein förmliches Treffen. Die Germanen führten unter großem Verluste der Unsrigen das Schiff hinweg. Die Besiegten maßen, was damals schon Gewohnheit geworden war, die Schuld nicht ihrer Feigheit, sondern der Treulosigkeit des Legaten bei. Nachdem sie ihn aus dem Zelte hervorgezogen, sein Gewand zerrissen und ihn gegeißelt hatten, forderten sie ihn auf zu sagen, um welchen Preis und mit wessen Einverständnis er das Heer verraten habe. Man schob wieder alles auf Hordeonius; ihn nannte man den Urheber der Freveltat, diesen hier nur seinen Diener, bis er, da sie ihm mit dem Tode drohten, im Schreck nun selbst dem Hordeonius Verrat vorwarf. So legte man ihn in Bande, und er wurde erst nach Voculas Ankunft befreit. Dieser be- strafte am folgenden Tage die Urheber des Aufruhrs mit dem Tode. So groß war in diesem Heere der innere Widerspruch von Frechheit und Unterwürfigkeit. Offenbar war der ge- meine Soldat dem Vitellius treu, jeder Angesehenere dem Vespasian zugetan. Daher die Wechselfolge der Freveltaten und der Hinrichtungen, das Durcheinandergehen von Folg-

samkeit und Toben, so daß man die nicht zu bändigen vermochte, die man sonst bestrafen konnte.

28. Civilis sah indes seine Macht durch ungeheuren Zuwachs aus ganz Germanien vermehrt, und Geiseln aus den edelsten Geschlechtern befestigten das Bündnis. Da gebot er, die Gebiete der Ubier und Treverer zu verwüsten, da sie eben am nächsten lagen, und mit einer andern Schar über die Maas zu gehn, um die Menapier und die Moriner und die Grenzen Galliens zu erschüttern. Auf beiden Seiten trieb man Beute ein; mit größerer Erbitterung bei den Ubiern, weil dieser Volksstamm, von germanischem Ursprung, seinem Vaterland abgeschworen hatte und sich mit römischem Namen Agrippinenser nannte. Ihre Kohorten wurden niedergemacht, da sie sich im Flecken Marcodurum, als vom Ufer zu weit entfernt, zu sorglos verhielten. Doch auch die Ubier ruhten nicht, sich Beute aus Germanien zu holen, anfangs ungestraft. Dann wurden sie überwältigt, wie sie denn in diesem ganzen Kriege mehr treu als glücklich waren. Nachdem er so die Ubier niedergeworfen hatte, betrieb Civilis nachdrucksvoller und wegen des glücklichen Erfolgs mit wilderem Mute die Belagerung der Legionen und verstärkte die Wachtposten, damit keine geheime Botschaft von herannahender Hilfe durchkommen könnte. Die Wurfmaschinen und Belagerungswerke übertrug er den Batavern; den Überrheinischen, die eine Schlacht verlangten, befahl er, sich zur Niederreißung des Walles aufzumachen und, wenn sie hinabgestoßen würden, den Kampf zu erneuern, da es ihm an der Menge nicht fehlte und er solchen Verlust verschmerzen konnte.

29. Auch die Nacht selbst machte dieser Anstrengung kein Ende. Ringsumher hatten sie Holzmassen aufgehäuft und angezündet, und stürmten, dabei schmausend und allgemein vom Wein erhitzt, aus bloßer Tollkühnheit in den Kampf. Natürlich konnten ihre Geschosse in der Finsternis nicht treffen; die Römer zielten auf die deutlich zu erkennende Schlachtreihe der Barbaren und auf jeden einzelnen, den Kühnheit oder Waffenschmuck in hellerem Lichte zeigte. Dies

merkte auch Civilis und befahl, durch Auslöschung des Feuers
alles in Finsternis zu tauchen und die Waffen durcheinander
klirren zu lassen. So entstand verworrener Lärm und man
wußte nicht, was geschah, konnte nicht sehen, wohin man traf,
wohin man ausweichen sollte. Wo das Geschrei gerade her-
kam, dahin wandte man sich und spannte den Bogen. Nichts
half die Tapferkeit, alles verwirrte der Zufall, und oft fielen
durch das Geschoß der Feigen selbst die Tapfersten. Bei den
Germanen waltete unbesonnene Erbitterung; die römischen
Soldaten warfen, mit Gefahren wohlvertraut, eisenbeschla-
gene Pfähle und schwere Steine nicht bloß auf gut Glück
hinab. Wo das Getöse der Stürmenden oder das Anlegen der
Leitern ihnen den Feind in ihre Hand gab, stießen sie mit dem
Schildbuckel zurück und warfen mit dem Wurfspieß hinter
ihnen her; viele, welche schon auf die Mauern emporgestiegen
waren, durchbohrten sie mit Dolchen. Als so die Nacht dahin-
gegangen war, zeigte der Tag einen neuen Kampfplatz.

30. Die Bataver hatten wirklich einen Turm mit doppeltem
Stockwerk aufgeführt. Doch als er sich dem prätorischen Tore
– das war die ebenste Stelle – näherte, zerschmetterten ihn
dagegen geschleuderte Pfähle und darauf gestoßene Balken,
und viele der darauf Stehenden kamen dabei um. Auch
kämpfte man mit den Erschreckten in plötzlichem und glück-
lichem Ausfall. Zugleich wurde von den Legionären, welche
sich in Erfahrenheit und Geschicklichkeit hervortaten, allerlei
versucht. Besonders großen Schrecken verursachte eine schwe-
bende und sich auf und ab bewegende Maschine, welche,
wenn sie plötzlich herabgelassen wurde, einzelne oder mehrere
Feinde vor dem Angesicht der ihrigen in die Höhe riß und
mittels eines Gegengewichts in das Lager warf. Civilis gab die
Hoffnung auf Erstürmung auf und blieb wieder in Ruhe liegen, wobei er durch Boten und Versprechungen die Treue
wankend zu machen suchte.

31. Dies geschah in Germanien vor der Schlacht bei Cremona, über deren Ausgang ein Schreiben des Antonius Primus
Auskunft gab, dem ein Erlaß Caecinas beigefügt war; ein Ko-

hortenpräfekt von den Besiegten, Alpinius Montanus, bestätigte das Schicksal seiner Partei mündlich. Hierauf zeigte sich die Stimmung der Gemüter verschieden. Die Hilfsvölker aus Gallien, ohne Vorliebe sowie ohne Haß gegen eine Partei, und ohne besonderes Interesse dienend, fielen auf die Aufforderung der Präfekten sogleich von Vitellius ab; die alten Soldaten zögerten. Doch als Hordeonius Flaccus den Eid vorsprach und die Tribunen in sie drangen, sprachen sie ihn nach; aber ohne rechte Zustimmung in der Miene und im Herzen; während sie die übrigen Worte des Eides nachsagten, gingen sie über Vespasians Namen stockend oder mit leisem Gemurmel, meistens auch ganz schweigend hinweg.

32. Das hierauf in der Heerversammlung vorgelesene Sendschreiben des Antonius an Civilis reizte die Soldaten zum Verdacht, es sei an einen Parteigenossen und in einer feindseligen Absicht gegen das germanische Heer geschrieben. Als sodann die Nachrichten nach Gelduba ins Lager kamen, äußerte und benahm man sich auf dieselbe Weise und sandte Montanus mit der Aufforderung an Civilis ab, er solle vom Kriege abstehen und nicht falschen Waffenschein um eigne Feindseligkeiten hüllen; wenn nur Vespasian zu unterstützen seine Absicht gewesen wäre, so habe er dem genügt. Hierauf antwortete Civilis anfangs auf eine listige Weise; als er dann sah, daß Montanus ein Mann von trotzigem Sinne und zu Neuerungen bereit war, hob er mit Klagen an über all die Gefahren, die er fünfundzwanzig Jahre hindurch in den römischen Lagern ausgestanden, und sprach: „Vortrefflich hat man mir für meine Mühen mit des Bruders Ermordung, meiner Gefangennahme und dieses Heeres wütendem Geschrei gelohnt, womit es mich zur Hinrichtung ausgeliefert wissen wollte, und wofür ich nach dem Völkerrecht Genugtuung verlange. Ihr aber, Treverer, und ihr übrigen Geknechteten, was für einen andern Lohn erwartet ihr für das so oft vergossene Blut, als danklosen Kriegsdienst, ewige Abgaben, Ruten, Beile und die Launen der Gebieter? Seht, ich, der Oberst einer einzigen Kohorte, dazu die Canninefaten und Bataver, ein so geringer Teil von

Gallien, wir zerstörten jene stolz sich ausdehnenden Lagerplätze, oder bedrängen sie in Umlagerung mit Schwert und
Hunger. Wenn wir nur etwas wagen, so wird uns entweder die
Freiheit zuteil, oder wir bleiben, werden wir besiegt, nur was
wir waren." Nachdem er ihn so angestachelt hatte, entließ er
ihn, doch mit der Aufforderung, es milder zu berichten. Jener
kehrte so zurück, als sei der Zweck seiner Sendung verfehlt,
und verheimlichte das übrige. Aber das kam bald ans Tageslicht.

33. Civilis behielt nur einen Teil von seinen Truppen zurück,
und schickte die Veteranenkohorten und entschlossensten Germanen unter Führung des Julius Maximus und Claudius Vic-
tor, seines Schwestersohnes, gegen Vocula und dessen Heer.
Im Vorüberziehen hoben sie eine in Asciburgium liegende
Reiterschar aus und stürmten so unerwartet auf das Lager los,
daß Vocula das Heer weder anreden noch sich entwickeln
lassen konnte. Nur das eine ordnete er mitten im Getümmel
an, mit den Linientruppen dem Mitteltreffen festen Halt zu
geben. Die Hilfsscharen warfen sich ordnungslos an die Flanken. Die Reiterei brach hervor, floh aber, in geschlossenen
Reihen von den Feinden empfangen, auf die ihrigen zurück.
Hierauf folgte Gemetzel nur, kein Kampf. Und die Nervierko-
horten entblößten, sei es aus Furcht, sei es aus Verräterei, die
Flanken der unsrigen. Auf diese Weise kam man bis an die
Legionen, und schon wurden sie, nachdem sie ihre Feldzeichen verloren, selbst innerhalb des Walles niedergemacht, als
sich plötzlich durch ganz neue Hilfe das Glück des Kampfes
änderte. Die von Galba ausgehobenen und jetzt herbeigerufenen Kohorten der Vasconen griffen, bei der Annäherung ans
Lager das Geschrei der Kämpfenden vernehmend, die eifrig
beschäftigten Feinde im Rücken an, und verbreiteten in weiterer Ausdehnung als ihrer Zahl nach zu erwarten war, Schrekken, indem die einen von Novesium, die andern von Mogontiacum her die ganze Heeresmacht angekommen glaubten.
Dieser Irrtum gab neuen Mut, und so erlangten sie, auf
fremde Kraft vertrauend, ihre eigne wieder. Gerade die tap-

fersten der Bataver, soweit sie zu Fuß waren, wurden niedergemacht. Die Reiterei entkam mit den Feldzeichen und Gefangenen, die sie gleich am Anfange der Schlacht gemacht hatten.
Die größere Zahl der Gefallenen war an diesem Tage auf
unserer Seite, doch waren es minder tapfere Leute, bei den
Germanen fiel der eigentliche Kern.

34. Die Heerführer hatten sich beide gleichermaßen durch
eigne Schuld ihr Unglück zugezogen und ihr Glück nicht
recht benutzt. Denn hätte sich Civilis mit bedeutenderer
Mannschaft aufgestellt, so hätte er von so wenigen Kohorten
nicht umgangen werden können und das schon überrumpelte
Lager vollends vernichtet. Vocula erkundete den Anzug des
Feindes nicht und wurde daher auch gleich beim Ausrücken
besiegt. Nachher, dem Siege nicht genug vertrauend, setzte er
sich erst nach tagelangem, gar nichts fruchtendem Verharren
gegen den Feind in Bewegung, da doch, wenn er ihm auf der
Stelle nachgedrängt und dem Laufe der Dinge nur zu folgen
sich beeilt hätte, er schon durch diesen bloßen Stoß die Einschließung der Legionen hätte aufbrechen können. Inzwischen hatte Civilis die Belagerten zu überreden gesucht, alles
sei bei den Römern verloren, den Seinigen aber der Sieg zuteil
geworden. Die Feldzeichen und Standarten wurden umhergetragen, auch die Gefangenen zur Schau gestellt. Von diesen
wagte einer die herrlich kühne Tat, mit heller Stimme das, was
geschehen war, auszurufen, und wurde auf der Stelle von den
Germanen niedergestoßen, wodurch seine Anzeige nur um so
größeren Glauben fand. Zugleich erkannte man an der Verheerung und dem Brande der in Feuer aufgehenden Landhäuser die Annäherung des siegreichen Heeres. Im Angesicht des
Lagers befahl Vocula die Feldzeichen aufzupflanzen und sie
mit Wall und Graben zu umziehen. Nach Zurücklassung des
Trosses und des Gepäckes sollte sie leichtgerüstet in den
Kampf ziehen. Nun erhob sich gegen den Feldherrn ein zur
Schlacht auffordernedes Geschrei, man war schon gewohnt,
selbst zu drohen. Ohne sich auch nur zur Anordnung des
Treffens Zeit zu nehmen, schritt man ungeordnet und ermüdet

zum Kampfe. Civilis natürlich ließ es daran nicht fehlen, er rechnete nicht weniger mit den Fehlern des Feindes als mit der Tapferkeit der Seinigen. Das Glück war auf der Seite der Römer verschieden, die ärgsten Meuterer waren auch die Feigsten. Manche hielten, eingedenk des eben errungenen Sieges, stand, hieben auf den Feind ein, sprachen sich selbst und ihren Nebenleuten Mut zu, und winkten nach Wiederherstellung der Schlachtlinie den Belagerten zu, diesen Augenblick nicht unbenutzt zu lassen. Sie sahen dies alles von den Mauern aus, brachen aus sämtlichen Toren hervor, und da Civilis zufällig mit dem Pferde gestürzt war, fand in beiden Heeren das Gerücht, er sei verwundet oder gar getötet, Glauben, was bei den Seinigen eine ungeheure Bestürzung, bei den Feinden Ermutigung verursachte. Aber Vocula ließ von der Verfolgung der Fliehenden ab und erhöhte Wall und Türme seines Lagers, als ob ihm von neuem eine Belagerung drohte. Nicht zu Unrecht, da er so oft schon den Sieg nicht ausnutzte, kam er in den Verdacht, es sei ihm lediglich um den Krieg zu tun.

35. Nichts war unsern Heeren drückender, als der Mangel an Lebensmitteln. Man schickte den Troß der Legionen mit dem unbewehrten Haufen nach Novaesium, um von dort auf dem Landwege Korn herbeizufahren; denn der Strom war in den Händen des Feindes. Der erste Transport kam ungefährdet durch, da Civilis sich noch nicht wieder ganz kräftig fühlte. Als er aber erfuhr, daß man abermals Leute zum Getreideholen nach Novaesium gesandt hatte, und die zur Bedeckung mitgegebenen Kohorten wie in tiefem Frieden dahinzögen, griff er die sich nur spärlich bei ihren Feldzeichen befindenden, samt und sonders zügellos umherschweifenden Soldaten, welche die Waffen auf die Wagen gelegt hatten, in aller Ordnung an, nachdem er Mannschaften vorausgesandt hatte, um die Brükken und Engpässe zu besetzen. Man kämpfte entlang des ganzen Zuges ohne Entscheidung, bis die Nacht das Gefecht trennte. Die Kohorten marschierten nach Gelduba, wo sich das Lager, welches die daselbst zurückgelassenen Kohorten

bezogen hatten, noch geblieben war, wie es gewesen. Es war
keinem Zweifel unterworfen, in wie große Gefahr sich die belasteten und in Bestürzung gesetzten Fouragetrupps auf dem
Heimzuge begeben würden. So fügte denn Vocula zu seinem
Heere 1000 Mann hinzu, die er aus der in Vetera eingeschlossen gewesenen 5. und 15. Legion auswählte, ein unbändiges
und gegen seine Anführer aufsässiges Kriegsvolk. In größerer
Anzahl, als befohlen war, ausrückend, sprachen sie ganz offen
auf dem Zuge ihren Ingrimm aus, sie würden sich nicht länger
Hungersnot und die Hinterlist der Legaten gefallen lassen.
Dagegen klagten die Zurückgebliebenen, man habe sie dadurch, daß man einen Teil der Legionen weggeführt, preisgegeben. So entstand ein doppelter Aufruhr, in dem die einen
Vocula zurückriefen, die andern sich weigerten in das Lager
zurückzukehren.

36. Indessen schloß Civilis Vetera ein. Vocula zog sich nach
Gelduba und von da nach Novaesium zurück, worauf Civilis
Gelduba besetzte. Darauf lieferte er unweit Novaesium ein für
ihn glückliches Reitertreffen. Aber die Soldaten wurden,
gleichgültig ob Glück oder Mißgeschick vorlag, zu Mordplä-
nen an ihren Führern aufgereizt. Auch forderten sie, durch die
Ankunft derer von der 5. und 15. Legion verstärkt, ihr Geldgeschenk, da sie erfahren hatten, daß das Geld von Vitellius
abgesandt sei. Hordeonius säumte nicht lange und gab es im
Namen Vespasians. Das gab dem Aufruhr ganz besonders
Nahrung. Schwelgend in Üppigkeit, bei Schmausereien und
nächtlichen Gelagen, erneuerten sie den alten Groll gegen
Hordeonius, und da kein einziger der Legaten oder Tribunen
sich entgegenzustellen wagte – auch hatte ja die Nacht alles
Ehrgefühl verbannt – zogen sie ihn aus seiner Lagerstätte
heraus und brachten ihn ums Leben. Dasselbe beabsichtigte
man auch gegen Vocula, wäre er nicht in Sklaventracht und
bei der Finsternis unerkannt entkommen.

37. Als der Sturm vorüber war und die Furcht wiederkehrte,
schickten sie Centurionen mit Sendschreiben an die Bürger-

schaften Galliens ab, um Hilfsmannschaft und Sold zu erbitten.

Sie selbst, wie der gemeine Haufe ohne Leitung ist, vorschnell, furchtsam und gedankenlos, griffen, als Civilis heranzog, blindlings zu den Waffen, warfen sie sogleich auch wieder fort und begaben sich auf die Flucht. Das Mißgeschick erzeugte Zwiespalt, da sich die Soldaten des obergermanischen Heeres absonderten. Doch wurden Vitellius' Bildnisse in den Lagern und in den nächsten Ortschaften der Belgier wieder aufgerichtet, während doch Vitellius schon tot war. Hierauf zur Reue umgekehrt, folgten die Soldaten der 1., 4. und 18. Legion dem Vocula, von dem sie von neuem für Vespasian in Eid genommen und zum Entsatze Mogontiacums geführt wurden. Dort waren die Belagerer aber schon abgezogen, ein aus Chatten, Usipern und Mattiakern gemischtes Heer, weil sie genug Beute hatten, doch nicht ohne mit ihrem Blute dafür zu bezahlen. Als sie auf dem Wege zerstreut nichts Arges ahnten, hatte unser Kriegsvolk sie angefallen. Hatten doch sogar die Treverer Schutzwehr und Wall an ihren Grenzen errichtet und kämpften unter großen Verlusten mit den Germanen, bis sie bald darauf ihre ausgezeichneten Verdienste um das römische Volk durch Empörung befleckten.

Der Aufstand der Bataver
(70 n. Chr.)

54. Indessen hatte die Kunde vom Tode des Vitellius in Gallien und Germanien den Krieg verdoppelt. Denn Civilis hörte nun auf, sich zu verstellen und stürmte auf das Volk der Römer los; die vitellianischen Legionen wollten selbst auswärtige Knechtschaft lieber, als Vespasianus zum Kaiser haben. Die Gallier hatten ihr Haupt erhoben, in der Meinung, unsere Heere hätten dasselbe Schicksal, da sich das Gerücht verbreitet hatte, es würden von den Sarmaten und Daciern die mösischen und pannonischen Winterlager eingeschlossen. Gleiches

wurde über Britannien gefabelt. Doch nichts hatte sie so sehr als der Brand des Kapitols zu dem Glauben gebracht, das Ende des Reiches sei gekommen. Vor Zeiten sei schon von den Galliern die Stadt eingenommen worden, aber da der Sitz des Jupiter noch unverletzt geblieben sei, habe auch das Reich fortbestanden. Jetzt sei durch das verhängnisvolle Feuer ein Zeichen vom Zorne des Himmels gegeben worden, und, so weissagten in eitlem Aberglauben die Druiden, der Besitz der Menschenwelt werde den transalpinischen Völkern vorbedeutet. Auch ging die Sage, die von Otho gegen Vitellius abgeschickten Häuptlinge Galliens hätten, ehe sie abgereist, gelobt, daß sie es zur Freiheit an sich nicht wollten fehlen lassen, wenn die ununterbrochene Kette der Bürgerkriege und die einheimische Not die Volkskraft Roms gebrochen haben würde.

55. Vor Flaccus Hordeonius Ermordung brach noch nichts hervor, woran man die Verschwörung hätte erkennen können. Als Hordeonius getötet war, gingen Boten zwischen Civilis und Classicus, dem Präfekten des Trevererschwaders, hin und her. Classicus ragte durch Adel und Reichtum vor anderen hervor; er war von königlichem Geschlechte und sein Stamm im Frieden wie im Kriege berühmt. Er selbst rühmte sich damit, von seinen Vorfahren her mehr ein Feind als ein Bundesgenosse des römischen Volkes zu sein. Zu ihnen gesellten sich Julius Tutor und Julius Sabinus, der eine ein Treverer, der andere ein Lingone. Tutor war von Vitellius über das Rheinufer gesetzt worden; Sabinus wurde außer durch angeborene Eitelkeit noch durch den Ruhm vermeintlicher Abkunft entflammt, seine Urgroßmutter nämlich hätte dem in Gallien Krieg führenden Julius Caesar wohlgefallen und wäre dessen Geliebte gewesen. Diese forschten in geheimen Unterredungen die Stimmung der übrigen aus. Als sie sich derer, welche sie für tauglich hielten, durch Mitwissenschaft versichert hatten, kamen sie in der Kolonie der Agrippinenser in einem Privathause zusammen, denn öffentlich war die Bürgerschaft solchem Beginnen abgeneigt; dennoch waren einige Ubier und Tungrer mit dabei. Aber die meiste Leidenschaft-

lichkeit bewiesen die Treverer und Lingonen, denen lange Beratungen zuwider waren. Wie um die Wette schrieen sie, das römische Volk sei besessen von Zwietracht, die Legionen seien niedergehauen, Italien verwüstet, eben jetzt werde Rom erobert, jedes Heer sei mit einem eigenen Kriege beschäftigt; sichere man nur die Alpen durch Posten, so brauche Gallien, hätte seine Freiheit sich befestigt, nur selbst zu entscheiden, welche Grenzen es seiner Macht setzen wolle.

56. So sprach man und billigte es auch sogleich. Wegen des Überrestes des vitellianischen Heeres war man in Zweifel. Die meisten waren der Meinung, man müsse diese Aufrührer, diese Treulosen, welche sich mit dem Blute ihrer Anführer befleckt hatten, ums Leben bringen. Zur Schonung behielt aber der Grund die Oberhand, daß man sie, würde ihnen die Hoffnung auf Begnadigung abgeschnitten, zur Hartnäckigkeit entflammen würde. Anlocken solle man sie vielmehr zur Bundesgenossenschaft. Wären nur die Legaten der Legionen getötet, so würde der übrige Haufe, im Bewußtsein seiner Frevel und in der Hoffnung dafür ungestraft zu bleiben, ihnen leicht beitreten. So gestaltete sich die erste Beratung, und man sandte Aufwiegler zum Kriege in ganz Gallien umher. Sie selber heuchelten Gehorsam, um Vocula desto unversehener aus dem Wege räumen zu können. Es fehlte nicht an Leuten, die das Vocula hinterbrachten, es fehlte ihm an Macht zum Einschreiten, da die Legionen unvollzählig und untreu waren. Unter unzuverlässigen Soldaten und versteckten Feinden hielt er es im Augenblicke für das beste, mit gegenseitiger Verstellung und denselben Künsten, die man gegen ihn anwandte, zu verfahren, und zog hinab nach der Kolonie der Agrippinenser. Dahin floh auch Claudius Labeo, von dem wir sagten, daß er gefangen genommen und außer Landes zu den Friesen gebracht worden war, nachdem er seine Wächter bestochen hatte. Dieser versprach, wenn man ihm Mannschaft geben würde, zu den Batavern zu gehen und den bedeutenderen Teil des Landes zum Bunde mit Rom zurückzuführen, wagte aber, als er eine mäßige Schar vom Fußvolk und Reitern erhalten

hatte, bei den Batavern nichts, sondern brachte einige Nervier und Baetasier unter die Waffen, und fiel mehr heimlich als in offenem Kriege in das Land der Canninefaten und Marsaker ein.

57. Vocula, durch den Trug der Gallier verlockt, zog gegen den Feind. Er war nicht weit von Vetera entfernt, als Classicus und Tutor, die unter dem Scheine der Kundschaftung vorausgeritten, mit den Heerführern der Germanen ein Bündnis abschlossen. Nun erst trennten sie sich von den Legionen und umgaben ihr Lager mit einem besonderen Walle, obwohl ihnen Vocula feierlich erklärte, die Römermacht sei durch den Bürgerkrieg noch nicht so sehr zerrüttet, daß sie auch Treverern und Lingonen verächtlich scheinen dürfte. Blieben ihr doch noch treue Provinzen, siegreiche Heere, das Glück des Reiches und rächende Götter. So seien vordem schon Sacrovir und die Aeduer, vor kurzem Vindex und Gallien durch je eine einzige Schlacht gefallen, und dasselbe Götterwalten, dasselbe Geschick möchte nun von neuem die Bundbrüchigen erwarten. Besser habe der verewigte Julius Caesar und der verewigte Augustus ihre Gesinnung erkannt; Galba und die Minderung der Tribute habe sie mit feindlichem Übermute erfüllt. Jetzt Feinde, weil das Joch so sanft sei, würden sie Freunde sein, sobald man sie geplündert und ausgesogen hätten. So sprach er in heftigem Tone und zog, da er Classicus und Tutor in der Treulosigkeit beharren sah, nach Novaesium zurück. Die Gallier lagerten sich auf einer zwei Meilen davon entfernten Ebene. Dahin wanderten nun Centurionen und Soldaten und ließen sich kaufen, so daß sie, ein Römerheer – eine unerhörte Schmach – dem Auslande schworen, und sich für einen so großen Frevel mit der Ermordung oder Gefangennahme der Legaten verpfändeten. Wiewohl sehr viele zur Flucht rieten, glaubte Vocula etwas wagen zu müssen und sprach nach Berufung einer Heerversammlung auf folgende Weise:

58. „Nie habe ich bekümmerter um euretwillen, unbesorgter meinetwegen zu euch geredet. Denn daß mir der Untergang bereitet wird, höre ich gern, und warte auf den Tod bei so

mannigfachem Unglück als auf das Ende meiner Leiden. Ihr
aber erfüllt mich mit Scham und Mitleid, da gegen euch kein
Kampf und kein Heer sich erhebt, denn das ist Kriegsge-
brauch und Feindesrecht, sondern Classicus gegen das römische Volk mit euerm Arme Krieg zu führen hofft und mit der
Herrschaft und der Huldigung Galliens prahlt. Haben wir
denn so ganz, wenn in der Gegenwart uns Glück und Tapferkeit verlassen haben, auch in der Vorzeit Beispiele vergessen,
wie oft römische Legionen lieber sterben wollten, um nur nicht
von der Stelle zu weichen? Oft haben sogar unsere Bundesgenossen ihre Städte zerstören und sich samt ihren Gattinnen
und Kindern verbrennen lassen, und nichts anderes als Treue
und Nachruhm war ihres Unterganges Preis; jetzt eben erdulden die Legionen Mangel und Belagerung bei Vetera, und
lassen sich doch weder durch Schrecken noch durch Versprechungen von ihrem Platz treiben. Wir haben außer Waffen,
Männern und vortrefflicher Lagerbefestigung noch Getreide
und Zufuhr selbst für einen langen Krieg zur Genüge. Auch
Geld genug war neulich da sogar zu einem Gnadengeschenk,
welches ihr, mögt ihr es von Vespasian oder von Vitellius
gegeben ansehen wollen, jedenfalls doch vom Imperator Roms
empfangen habt. Wenn ihr, in so viel Kriegen Sieger, die ihr
bei Gelduba, bei Vetera so oft den Feind geschlagen, euch vor
einer Feldschlacht fürchtet, so ist das euerer zwar unwürdig,
aber ihr habt ja einen Wall, habt Mauern und Zögerungsmit-
tel, bis aus den nächsten Provinzen Hilfstruppen und Heere
zusammenströmen. Mißfalle ich euch aber, nun so habt ihr ja
andere, Legaten, Tribunen, und wäre es auch ein Centurio
oder ein Soldat, daß nur die Schreckensnachricht nicht im
ganzen Erdkreise sich verbreite, ihr seid in des Civilis, in des
Classicus Gefolge, um Italien anzugreifen. Oder wollt ihr,
wenn euch nun die Germanen und die Gallier bis an die
Mauern Roms geführt haben, in eure Vaterstadt hinein die
Waffen tragen? Das Gemüt schaudert schon bei der Vorstellung so großen Frevels. Wollt ihr denn dem Treverer Tutor
Wache stehen? Soll euch der Bataver des Krieges Losung

geben? Wollt ihr der Germanen Rotten ergänzen? Was wird
sodann des Frevels Ausgang sein, wenn römische Legionen
sich euch gegenüberstellen? Wollt ihr, als Doppelüberläufer,
als Doppelverräter den Göttern verhaßt, dann zwischen dem
neuen und dem alten Eide hin und her irren? Dich Jupiter, du
Bester, Größter, den wir achthundertundzwanzig Jahre durch
so viele Triumphe gefeiert haben, dich Quirinus, Vater Roms,
flehe ich in heiligem Gebete an, daß ihr, wenn euch daran
nicht gelegen ist, unter meiner Leitung dieses Lager rein und
unentweiht zu erhalten, es doch wenigstens von Tutor und
von Classicus nicht wollt beflecken und beschimpfen lassen.
Verleiht den römischen Soldaten wieder lautere Gesinnung,
oder baldige Reue sonder Unheil!"

59. Diese Rede wurde verschiedenartig aufgenommen zwischen Hoffnung, Furcht und Scham. Als Vocula sich entfernte
und schon Selbstmordgedanken hegte, hinderten ihn seine
Freigelassenen und Sklaven, einem schmachvollen Tode selbst
zuvorzukommen. Da ließ ihn Classicus durch Absendung des
Aemilius Longinus, eines Abtrünnigen der ersten Legion, um-
bringen. Die Legaten Herennius und Numisius begnügte man
sich zu fesseln. Hierauf nahm er die Insignien des römischen
Oberbefehls[1] an und kam ins Lager. Doch standen ihm, so
sehr er sich auch zu jeder Freveltat abgehärtet hatte, nicht
weiter Worte zu Gebote, als die Eidesformel vorzulesen. Alle,
die da waren, schworen für die Herrschaft Galliens. Den Mörder Voculas ehrt er durch hohen Rang, die übrigen, je nachdem ein jeder zum Frevel mitgewirkt hatte, durch Belohnungen.

Nun wurde die Leitung des Ganzen zwischen Tutor und Classicus geteilt. Tutor nötigte die mit starker Mannschaft einge-
schlossenen Agrippinenser und das, was von Soldaten am oberen Rheinufer sich befand, zu derselben Eidesleistung, nachdem er die sich dessen weigernden Tribunen in Mogontiacum

---

[1] Die Insignien des Oberbefehls waren Rutenbündel und Liktoren.

getötet und den Lagerpräfekten vertrieben hatte. Classicus ließ von denen, welche sich ergeben hatten, die verächtlichsten sich zu den Belagerten begeben, um ihnen Verzeihung in Aussicht zu stellen, wenn sie sich in die Notwendigkeit des Augenblicks fügten. Anders sei keine Hoffnung; Hunger, Schwert und das Äußerste würden sie zu erfahren haben. Dazu wiesen die Abgeordneten auf ihr eigenes Beispiel hin.

60. Die Belagerten zog Treue auf der einen, Mangel auf der andern Seite zwischen Ehre und Schande hin und her. Während ihrer Unschlüssigkeit gingen ihnen die gewöhnlichen und auch ungewöhnlichen Nahrungsmittel aus, da Lastvieh, Pferde und selbst andere Tiere, unreine, ekelhafte, die die Not gebrauchen lehrt, aufgezehrt waren. Endlich rauften sie Strauchwerk, Wurzeln und zwischen Gestein hervorwachsende Kräuter aus und gaben so ein sprechendes Beispiel von Elend und Geduld, bis sie den herrlichen Ruhm zuletzt auf schimpfliche Weise befleckten, indem sie an Civilis Abgeordnete schickten und um ihr Leben baten. Nicht eher, als bis sie Gallien huldigten, wurde ihre Bitte angenommen. Nun bedang er sich die Beute des Lagers aus und setzte ihnen Wächter, welche Geld, Troßknechte und Gepäck zurückhalten und sie dann selbst, als sie leichtbepackt abzogen, geleiten sollten. Etwa beim fünften Meilensteine brachen die Germanen hervor und griffen den sorglosen Zug an. Die Kampfrüstigsten fanden auf der Stelle, viele, während sie umherirrten, ihren Tod; die übrigen flohen ins Lager zurück, und Civilis klagte allerdings und schalt auf die Germanen, als hätten sie frevelhafterweise das Geleit gebrochen. Ob das Verstellung war oder ob er die Wütenden nicht habe zurückhalten können, ist nicht recht ausgemacht. Nach Ausplünderung des Lagers warfen sie Brandfackeln hinein und alle, die das Treffen überlebt hatten, wurden ein Raub der Flammen.

61. Civilis, der infolge eines bei den Barbaren üblichen Gelübdes nach dem Beginn des Krieges gegen die Römer sein Haupthaar lang herabgekämmt und rot gefärbt trug, legte

dasselbe erst jetzt nach vollbrachter Vernichtung der Legionen ab; auch sagte man, er habe seinem kleinen Sohne einige von den Gefangenen vorgeführt, um mit Knabenpfeilen und Knabenspeeren auf sie zu schießen. Übrigens unterwarf er sich weder selbst noch irgend einen Bataver der Huldigung Galliens, im Vertrauen auf die Macht der Germanen und daß, wenn es mit den Galliern zum Kampfe um den Besitz der Herrschaft kommen sollte, er schon vom Rufe gefeiert und der Überlegene sei. Der Legionslegat Munius Lupercus wurde unter anderen Geschenken der Veleda gesandt. Diese, eine Jungfrau aus dem Stamme der Bructerer, besaß eine ausgebreitete Herrschaft nach althergebrachter Sitte der Germanen, wonach viele Frauen für Prophetinnen und, bei steigendem Aberglauben, für Göttinnen gehalten wurden. Und das Ansehen Veledas wurde damals immer größer, denn sie hatte den Germanen Glück und die Vernichtung der Legionen vorhergesagt. Doch Lupercus wurde unterwegs getötet. Nur wenige aus Gallien gebürtige Centurionen und Tribunen wurden als Unterpfand des Bündnisses am Leben erhalten, die Winterlager der Kohorten, Reiterscharen und Legionen niedergerissen und verbrannt, nur die gelassen, die sich zu Mogontiacum und Vindonissa befanden.

62. Die 16. Legion mit den Hilfsvölkern, welche sich samt ihr ergeben hatten, erhielt Befehl, sich von Novaesium hinweg in die Kolonie der Treverer zu begeben, und es wurde ihr ein Tag anberaumt, bis zu welchem sie aus dem Lager ausgerückt sein sollte. Die ganze Zwischenzeit brachte man unter mancherlei Sorgen zu, die Feigsten wegen des Beispiels zagend, das man mit den bei Vetera Erschlagenen gegeben, der bessere Teil in Scham und Schmachgefühl. Was das für ein Marsch, wer Führer des Weges sein werde? Alles stehe ja in der Willkür derer, die sie zu Herren über Leben und Tod gemacht hätten. Andere, ohne sich um Schande zu kümmern, bepackten sich nur selbst mit Geld oder was ihnen sonst das Liebste war. Einige setzten ihre Waffen in Bereitschaft und bewehrten sich als ginge es zur Schlacht. Unter solchen Beschäftigungen kam die

Stunde des Abmarsches heran; sie war niederschlagender, als man erwartet hatte. Innerhalb des Walles fiel die Verunstaltung nicht so sehr in die Augen; das offene Feld, der helle Tag deckte die Schande auf. Die Bildnisse der Kaiser waren abgerissen, die Feldzeichen ohne Ehrenschmuck, während von dieser und jener Seite her die Standarten der Gallier glänzten; schweigend zog man dahin, wie in langem Leichenzuge; Führer war Claudius Sanctus, da ihm ein Auge ausgestochen, gräßlich von Angesicht und noch schwächer an Geist. Die Schmach verdoppelte sich, als eine zweite Legion, die das Lager bei Bonn verlassen hatte, sich mit anschloß. Als der Ruf von der Gefangennahme der Legionen sich verbreitete, eilten alle, welche kurz vorher noch vor dem Römernamen bebten, von den Feldern und aus den Häusern herbei und weideten sich, sie von allen Seiten umschwärmend, übermütig an dem ungewohnten Schauspiel. Die Picentiner Reiterschar ertrug diesen Jubel der höhnenden Menge nicht und zog, ohne auf des Sanctus Versprechen oder Drohungen zu achten, nach Mogontiacum hinweg; ja, da zufällig Voculas Mörder Longinus ihnen in den Weg kam, warfen sie ihre Speere nach ihm und machten so den Anfang der mit der künftigen Sühnung ihrer Schuld. Die Legionen änderten nichts in ihrem Marsche und lagerten sich vor den Mauern der Treverer.

63. Civilis und Classicus waren in der Aufgeblasenheit ihres Glücks unschlüssig, ob sie die Kolonie der Agrippinenser ihren Heeren zur Plünderung überlassen sollten. Die Grausamkeit ihres Charakters und Beutegier trieb sie zur Zerstörung der Stadt; dagegen stand des Krieges ganze Weise und die Erwägung, daß denen, die eine neue Herrschaft beginnen, der Ruf der Milde von Nutzen sei. Den Civilis stimmte dazu auch Erinnerung an eine Wohltat und, weil die Agrippinenser seinen Sohn, der gleich im Anfange der Unruhen in der Kolonie ergriffen worden war, in einer ehrenvollen Haft gehalten hatten. Aber den überrheinischen Völkern war die Stadt wegen ihres Reichtums und Gedeihens verhaßt; auch könne, meinten sie, der Krieg nicht anders ein Ende haben, als wenn sie ohne

Unterschied der Wohnsitz aller Germanen würde, oder ihre Zerstörung auch die Ubier zerstreute.

64. Daher schicken die Tencterer, ein durch den Rhein von ihnen getrennter Volksstamm, Abgeordnete mit dem Befehle, in einer Versammlung der Agrippinenser ihre Erklärung abzugeben, die der trotzigste der Abgeordneten in dieser Weise vortrug: „Daß ihr zurückgekehrt seid in die Körperschaft und in dem Namen Germaniens, darüber sagen wir den gemeinsamen Göttern und der Götter Erstem, dem Mars, Dank und wünschen euch Glück, daß ihr endlich frei sein werdet unter Freien. Denn bis auf den heutigen Tag hatten die Römer Flüsse, Länder, den Himmel gleichsam selbst verschlossen, um uns von Unterredungen und Zusammenkünften mit euch fernzuhalten, oder, was für Männer, die zu den Waffen geboren sind, noch schimpflicher ist, um uns unbewehrt und beinah nackt nur unter Aufsicht und nur für Geld zusammenkommen zu lassen. Damit jedoch auf ewige Zeiten unsere Freundschaft und unser Bund bestehe, verlangen wir von euch, daß ihr die Mauern der Kolonie, das Bollwerk der Knechtschaft niederreißt – auch wilde Tiere, hält man sie eingeschlossen, verlieren ihren Mut –, daß ihr alle Römer in euerem Gebiete umbringt – nicht leicht vertragen sich Gebieter mit der Freiheit –, daß das Vermögen der Erschlagenen Gemeingut werde, damit niemand etwas verbergen oder sich von der allgemeinen Sache lossagen kann. Es möge uns und euch gestattet sein, wie einst unsern Vorfahren, das beiderseitige Ufer zu bewohnen. Wie allen Menschen Licht und Tag, so hat den Tapfern die Natur alle Länder eröffnet. Nehmt die Einrichtungen und die Lebensweise eurer Väter wieder an, reißet euch los von den Vergnügungen, wodurch die Römer über Unterworfene mehr vermögen als durch Waffen. Ein lauteres, unverdorbenes und von Knechtschaft nichts mehr wissendes Volk, werdet ihr dann anderen gleich stehen, oder über sie gebieten."

65. Die Agrippinenser baten sich Bedenkzeit aus und gaben,

weil weder in die Bedingungen einzugehen Besorgnis wegen der Zukunft, noch sie geradezu zurückzuweisen ihre gegenwärtige Lage zuließ, in folgender Weise Antwort: „Die erste Gelegenheit zur Freiheit, welche sich uns darbot, haben wir mit mehr Begier als mit Vorsicht ergriffen, nur um uns mit euch und den übrigen Germanen, unsern Blutsverwandten, zu verbinden. Die Mauern unserer Stadt sind jetzt, wo sich gerade die römischen Heere sammeln, besser zu verstärken, als sie zu zerstören. Die Ausländer, welche aus Italien oder etwa aus Provinzen in unserem Gebiete waren, hat der Krieg dahingerafft, oder sie sind ein jeder in seine Heimat zurückgeflohen. Die ehedem hierhergeführten und durch eheliches Band mit uns vereinten Kolonisten und ihre Abkömmlinge haben hier ihr Vaterland, und wir halten euch nicht für so ungerecht, daß ihr von uns Eltern, Brüder und Kinder wolltet getötet wissen. Zoll und Lasten im Handelsverkehr heben wir auf. Ihr möget unbewacht herüberkommen, doch bei Tage und unbewaffnet, bis die neuen und noch jungen Rechte durch Gewohnheit alt geworden sind. Schiedsrichter seien uns Civilis und Veleda, von welchen der Vertrag bestätigt werde." Als man die Tencterer so besänftigt hatte, schickte man Gesandte mit Geschenken an Civilis und Veleda ab, und sie setzten alles durch, wie es die Agrippinenser wollten. Nur persönlich Veleda zu nahen und sie anzureden, wurde ihnen abgeschlagen. Man hielt sie fern von ihrem Anblick, damit ihre Ehrfurcht noch größer würde. Sie selbst befand sich auf einem hohen Turme; ein aus ihren Verwandten Auserkorener überbrachte wie eine Mittelsperson Frage und Antwort der Gottheit.

66. Civilis beschloß, durch das Bündnis mit den Agrippinensern verstärkt, die nächsten Völkerschaften an sich zu ziehen, oder, falls sie widerstrebten, zu bekriegen. Schon hatte er das Land der Sunuker besetzt und ihre junge Mannschaft in Kohorten geordnet, als sich seinem weiteren Fortschritt Claudius Labeo mit einer zusammengerafften Schar von Bätasiern, Tungrern und Nerviern widersetzte, im Vertrauen auf seine Stellung, weil er ihm in der Besetzung der Maasbrücke zuvor-

gekommen war. Und so wurde in einem engen Passe unentschieden gekämpft, bis die Germanen hinüberschwammen
und Labeo im Rücken angriffen. Zugleich warf sich Civilis,
mochte es ein Wagnis oder Absprache sein, auf den Heerhaufen der Tungrer und rief mit lauter Stimme: „Nicht deshalb
sind wir zum Kriege geschritten, damit Bataver und Treverer
den Völkern gebieten sollen. Fern ist diese Anmaßung von
uns. Nehmt nur unser Bündnis an. Ich trete zu euch über,
mögt ihr mich zum Feldherrn haben wollen, oder als gemeinen Krieger." Das machte Eindruck auf die Menge, und man
steckte schon die Schwerter ein, als Campanus und Juvenalis,
zwei Häuptlinge der Tungrer, ihm den ganzen Volksstamm
übergaben. Labeo entfloh, bevor man ihn umringte. Civilis
nahm auch die Ergebung der Bätasier und Nervier an und
gesellte sie seinen Truppen bei, jetzt gewaltig an Macht, da die
Völkerschaften Schrecken von ihm ergriffen hatte, oder sich
freiwillig zu ihm neigten.

67. Inzwischen ließ Julius Sabinus, nachdem er die Denkmäler des römischen Bundes[1] umgestürzt hatte, sich als Caesar
begrüßen und machte sich mit einem großen, ungeordneten
Haufen seiner Landsleute gegen die Sequaner auf, eine be-
nachbarte und uns treu ergebene Völkerschaft. Auch schlugen
die Sequaner den Kampf nicht aus. Das Glück war auf der
Seite der Bessergesinnten, die Lingonen wurden geschlagen.
Sabinus entzog sich mit ebenso großer Feigheit dem Kampfe,
wie er ihn unbesonnen begonnen hatte, und verbrannte, um
das Gerücht zu veranlassen, er sei umgekommen, das Land-
haus, in welches er sich geflüchtet hatte, so daß man wirklich
glaubte, er sei dort eines freiwilligen Todes gestorben. Durch
welche List und in welchem Schlupfwinkel er nachher noch
neun Jahre lang das Leben fristete, wollen wir ebenso wie die
beharrliche Treue seiner Freunde und das ausgezeichnete Be-

---

[1] Diese Denkmäler waren Säulen, in welche die Verträge mit den Lingonen
eingeritzt waren.

nehmen seiner Gattin Epponina an seinem Orte berichten[1].
Mit der glücklichen Schlacht der Sequaner stand des Krieges
ungestümer Anfang still. Die Völkerschaften kamen allmählich wieder zur Besinnung und bedachten wieder Recht und
Bündnis, zuerst die Remer, welche in ganz Gallien eine Aufforderung ergehen ließen, Abgeordnete zu schicken und gemeinsam zu beraten, ob man lieber Freiheit oder Frieden
wolle.

68. Zu Rom indessen ängstigte dies alles, da es da noch
schlimmer lautete, den Mucianus, es möchten selbst die treff-
lichsten Feldherren – denn schon hatte er Annius Gallus und
Petilius Cerialis auserkoren – der Gesamtführung des Kriegs
nicht recht gewachsen sein. Und doch durfte man die Stadt
nicht ohne Leitung lassen; auch fürchtete man des Domitianus
ungezügelte Begierden, während, wie wir schon angemerkt
haben, Primus Antonius und Varus Arrius verdächtig waren.
Varus hatte an der Spitze der Prätorianer immer noch Gewalt
und Waffenmacht. Ihn setzte Mucianus ab und gab ihm, um
ihn nicht ungetröstet zu lassen, die Aufsicht über das Getreide-
wesen. Um auch Domitianus zu begütigen, der dem Varus
nahestand, setzte er den mit dem Hause Vespasians verschwä-
gerten und bei Domitianus sehr beliebten Arretinus Clemens
über die Prätorianer, indem er darlegte, der Vater desselben
habe unter Gaius Caesar diesem Amte auf eine treffliche Weise
vorgestanden, den Soldaten sei die Namensgleichheit schon
erfreulich, und er selbst, obwohl dem Senatorstande angehö-
rig, beiden Ämtern zugleich gewachsen. Aus der Bürgerschaft
wurden die Angesehensten mitgenommen, zum Teil auch solche, die sich darum bewarben. Gemeinschaftlich, doch in ver-
schiedener Gesinnung, rüsteten sich Domitianus und Mucianus, jener in Hoffnung und Jugendfeuer eilend, dieser allerlei
Aufschub suchend, um den Brausekopf aufzuhalten, damit er
nicht im Ungestüme der Jugend und von schlechtem Rate

---

[1] Der entsprechende Teil der Historien über das Jahr 79 n.Chr. ist verloren.
Jedoch überliefern uns Plutarch und Cassius Dio ebenfalls die Geschichte von
Sabinus und Epponia.

geleitet, sich des Heeres bemächtigte und Frieden und Krieg schlecht beriete. Von den Legionen der Sieger wurde die 7. claudianische, die 11. und die 8., von den vitellianischen die 21., von den frisch Geworbenen die 2. über die poenischen und cottischen, ein Teil über die grajischen Alpen geführt, die 14. Legion wurde aus Britannien, die 6. und die 1. aus Spanien herbeigerufen.

So hielten denn auf den Ruf von der Annäherung des Heeres, und weil sie schon aus eigenem Antriebe sich zu milderen Plänen neigten, die Staaten Galliens eine Zusammenkunft bei den Remern. Hier warteten schon die Abgeordneten der Treverer, unter denen Julius Valentinus am leidenschaftlichsten zum Kriege hetzte. Er schüttete in wohlstudierter Rede alles aus, was man großen Reichen vorzuwerfen pflegt, Schmähungen und Verunglimpfungen gegen das römische Volk, war ein Wühler, um Aufruhr zu stiften, und durch die Gabe, darauf loszureden, bei der Mehrzahl beliebt.

69. Dagegen ließ sich Julius Auspex, einer von den Häuptlingen der Remer, über die römische Macht und die Vorzüge des Friedens aus, und sprach davon, daß auch Feige sich wohl zum Kriege entschlossen, dann aber seine Führung gerade die Wackersten der Gefahr aussetzte; auch daß schon die Legionen über ihren Häuptern seien. Und so hielt er die Weiseren durch Ehrerbietigkeit und Pflichtgefühl, die Jüngeren durch Gefahr und Furcht in Schranken. Man lobte Valentinus Mut und befolgte Auspex Rat. Es ist ausgemacht, daß den Treverern und Lingonen in Gallien das geschadet hatte, daß sie es beim Aufstande des Vindex mit Verginius gehalten hatten. Sehr viele schreckte die Eifersucht der Provinzen zurück. Wo sei der Kopf des Krieges? Wo solle man Recht und Vorschau einholen? Wo, wenn auch alles gelungen wäre, wähle man den Sitz der Herrschaft? Noch war zwar der Sieg nicht unser, doch schon entstand Zwietracht, weil die einen mit ihren Bündnissen, die andern mit ihrem Vermögen und ihren Kräften oder mit dem Alter ihrer Herkunft rechthaberisch prahlten. Aus Widerwillen gegen das, was werden sollte, ließ man sich das

Bestehende gefallen. Man faßte im Namen Galliens an die Treverer ein Sendschreiben ab, sie möchten von den Waffen lassen, da Verzeihung zu erlangen und auch Fürsprecher vorhanden seien, wenn sie Reue zeigten. Wieder war Valentinus dagegen und verstopfte das Ohr seiner Mitbürger, nicht so sehr auf Zurüstung zum Kriege bedacht, als sich oft in Volksversammlungen hören lassend.

70. So handelten denn weder die Treverer noch die Lingonen und die übrigen Gemeinden der Rebellen der Größe des unternommenen Wagstücks gemäß. Nicht einmal die Anführer gingen nach einem gemeinschaftlichen Plane zu Werke, sondern Civilis zog in den unwegsamen Gegenden Belgiens umher, indem er Claudius Labeo gefangenzunehmen oder zu verjagen strebte. Classicus meist träger Muße hingegeben, tat, als könne er seine Herrschaft schon wie erworben genießen. Und selbst Tutor eilte nicht einmal, das obergermanische Ufer und die Alpenpässe mit Truppen zu sperren. Und währenddessen brach die 21. Legion von Vindonissa her, und Sextilius Felix mit den Hilfskohorten durch Rätien herein. Dazu kam die Reiterschar der Singulares[1], welche einst von Vitellius aufgeboten und dann auf Vespasians Seite übergetreten war. An ihrer Spitze stand Julius Briganticus, Civilis Schwestersohn, dem Oheim, wie ja gewöhnlich der nächsten Anverwandten Haß am bittersten ist, verhaßt und selbst ihm verfeindet. Tutor verstärkte die durch frische Aushebung der Vangionen, Cäracaten und Triboker vermehrten Truppen der Treverer mit Veteranen zu Fuß und zu Pferde, indem er die Legionäre durch Hoffnung verleitet oder durch Furcht dazu gezwungen hatte. Anfangs vernichteten sie eine von Sextilius Felix vorausgeschickte Kohorte; nachher, als sich die Feldherren und das Heer der Römer näherten, gingen sie in ehrenwertem Abfall wieder zu uns über, und es folgten ihnen die

---

[1] Die Singulares war eine Elitetruppe, die aus allen Legionen ausgewählt wurde und in etwa der Prätorianergarde entsprach.

Triboker, Vangionen und Cäracaten. Tutor zog, von den Treverern begleitet, Mogontiacum vermeidend, fort nach Bin-
gium, der Örtlichkeit vertrauend, weil er die Brücke über die
Nava abgebrochen hatte; als aber die Kohorten, die Sextilius
führte, einen Angriff machten und man eine Furt entdeckte,
sah er sich preisgegeben und geschlagen. Durch diese Niederlage wurden die Treverer bestürzt gemacht, das gemeine Volk
warf die Waffen weg und zerstreute sich über das Land. Einige
von den Häuptlingen flohen, damit es schiene, sie hätten sie
zuerst dem Kriege entsagt, in die Ortschaften, welche sich
dem römischen Bunde nicht entzogen hatten. Die Legionen,
welche, wie oben erwähnt, von Novaesium und Bonn zu den
Treverern hinübergeführt worden waren, vereidigten sich
selbst auf Vespasian. Dies geschah in Abwesenheit des Valentinus, bei dessen Annäherung sich die Legionen, da er tobte und
alles wieder in Verwirrung und Verderben zu stürzen drohte,
zu den Mediomatrikern, einer verbündeten Völkerschaft, hin-
wegbegaben. Valentinus und Tutor brachten die Treverer
wieder unter die Waffen, nachdem sie die Legaten Herennius
und Numisius umgebracht hatten, damit durch verminderte
Hoffnung auf Verzeihung das Band des Frevels um so fester
würde.

71. Dies war der Stand des Krieges, als Petilius Cerialis nach
Mogontiacum kam. Mit seiner Ankunft hob sich die Hoffnung
wieder. Selbst kampfbegierig und mehr dazu geneigt, den
Feind zu verachten, als sich vor ihm zu hüten, entflammte er
auch das Kriegsvolk durch die trotzigen Reden, er werde,
sobald ein Zusammentreffen nur vergönnt sei, mit einer
Schlacht nicht zögern. Die in Gallien ausgehobenen Soldaten
schickte er in ihre Gaue zurück und hieß sie dort verkünden,
dem Reiche genügten die Legionen, die Bundesgenossen
möchten unbesorgt zu den Geschäften des Friedens zurückkehren, da der Krieg so gut wie beendigt sei, seit der Arm der
Römer ihn an sich genommen habe. Dies vermehrte die Folgsamkeit der Gallier, denn da sie ihre junge Mannschaft wieder
hatten, ließen sie sich die Steuern leichter gefallen, zu Dienst-

leistungen deshalb williger, weil man sie verschmähte. Als dagegen Civilis und Classicus vernahmen, Tutor sei geschlagen,
die Treverer niedergehauen, alles gehe für den Feind glücklich, zogen sie bestürzt und eilig die zerstreuten Truppen der
ihrigen zusammen und warnten mittlerweile Valentinus durch
wiederholte Botschaften, er möchte nicht alles aufs Spiel setzen. Desto hastiger kam Cerialis, nachdem er Leute zu dem
Mediomatrikern gesandt hatte, welche auf kürzerem Wege die
Legionen gegen den Feind führen sollten, und das, was von
Kriegsvolk in Mogontiacum war, sowie das, was er selbst mitgebracht, zusammengezogen hatte, in drei Tagesmärschen
nach Rigodulum. Diesen von Bergen und der Mosel einge-
schlossenen Platz hatte Valentinus mit einer starken Mannschaft Treverer besetzt und auch noch Gräben und Barrikaden
aus Stein aufgeführt. Dennoch schreckten diese Bollwerke den
römischen Feldherrn nicht ab, das Fußvolke durchbrechen
und die Schlachtordnung der Reiter einen Hügel hinaufziehen
zu lassen, einen Feind verachtend, welcher, planlos zu-
sammengerafft, nicht einen so bedeutenden Vorteil durch die
Örtlichkeit hatte, daß die Seinigen nicht einen noch größeren
durch ihre Tapferkeit besaßen. Einen kleinen Aufenthalt verursachte das Hinansteigen, solange man die Geschosse der
Feinde zu passieren hatte. Als man erst handgemein mit ihnen
geworden war, wurden sie fortgedrängt und wie im Sturz hin-
abgeworfen. Ein Teil der Reiter, welcher auf den ebeneren
Höhen herumgezogen, nahm die Vornehmsten der Belgier,
unter ihnen auch den Heerführer Valentinus gefangen.
72. Cerialis rückte am folgenden Tage in die Kolonie der
Treverer ein, und die Soldaten waren begierig auf die Zerstörung des ganzen Ortes. Dies sei des Classicus, dies des Tutors
Vaterstadt. Durch dieser Männer Schändlichkeit seien die Legionen eingeschlossen und niedergehauen worden. Was habe
wohl Cremona in dem Maße verschuldet, das man aus Italiens Schoße weggerissen habe, weil es den Siegern einen Aufenthalt einer einzigen Nacht gebracht? Dagegen stehe an Germaniens Grenze der Ort unversehrt, wo man über die den

Heeren abgenommenen Waffen und über die Ermordung der Heerführer frohlockte. Man möchte immerhin die Beute in des Fürsten Schatz fließen lassen; ihnen genüge die Verbrennung und Zertrümmerung der widerspenstigen Kolonie, um damit die Zerstörung so vieler Lagerplätze zu vergelten. Cerialis, aus Furcht vor üblem Rufe, wenn man von ihm glaubte, er ge- wöhne die Soldaten an Zügellosigkeit und Grausamkeit, unterdrückte ihren Grimm. Und sie gehorchten, da der Bür- gerkrieg ja nun beendigt war und sie sich den auswärtigen Verhältnissen gegenüber mäßigen zu müssen glaubten. Nun lenkte auch der klägliche Anblick der aus dem Gebiete der Mediomatriker herbeigerufenen Legionen die allgemeine Auf- merksamkeit auf sich. Niedergeschlagen im Bewußtsein ihrer Freveltat, standen sie da, den Blick auf die Erde geheftet. Keine Begrüßung fand wie sonst zwischen zusammenstoßen- den Heeren statt. Sogar Tröstenden und Ermunternden gaben sie keine Antwort, in den Zelten umher versteckt und selbst das Tageslicht meidend. Und nicht Gefahr oder Besorgnis, als vielmehr Scham und Schande hatte sie so bestürzt gemacht. Dabei waren auch die Sieger betroffen, wagten keinen Laut und keine Fürbitte, sondern forderten nur durch Tränen und Schweigen für sie Verzeihung, bis Cerialis die Gemüter durch die Erklärung beruhigte, daß vom Schicksal herbeigeführt sei, was durch die Zwietracht der Soldaten und Heerführer oder durch die List der Feinde sich ereignet habe. Sie möchten diesen Tag als den ersten ihres Dienstes und ihres Eides anse- hen. Der früheren Vergehen werde weder der Kaiser noch er selbst gedenken. Hierauf wurden sie in dasselbe Lager aufge- nommen, und in den Manipeln bekannt gemacht, es solle niemand im Streite oder Zank seinem Waffenbruder Empö- rung oder Niederlage vorwerfen.

73. Nachher rief er die Treverer und Lingonen zu einer Heer- versammlung und redete sie so an: „Ich habe die Gabe der Rede nie geübt, wie ja auch von der Kraft des römischen Volkes nur mit den Waffen Beweise gegeben sind. Doch weil bei euch ja Worte am meisten gelten, und ihr das, was gut und

was schlecht ist, nicht nach seinem Wesen, sondern nach den Stimmen der Empörer abzuschätzen pflegt, so habe ich beschlossen, auch einiges zu sagen, was, da der Krieg beinahe beendet ist, euch vorteilhafter zu hören sein dürfte, als uns zu sagen. In euer und der übrigen Gallier Land sind die römischen Heerführer und Kaiser nicht aus eigenem Interesse eingezogen, sondern auf Hilferufe eurer Vorfahren, welche Zwietracht bis zur Vernichtung bedrängte, während die zu Hilfe gerufenen Germanen ihren Verbündeten so gut wie deren Feinden Knechtschaft auferlegt hatten. In wie vielen Schlachten gegen Cimbern und Teutonen, mit wie großen Beschwerden unsere Heere und mit welchem Erfolge wir die germanischen Kriege geführt, ist rühmlich genug bekannt. Und nicht deshalb haben wir den Rhein besetzt, damit wir Italien schützten, sondern damit kein zweiter Ariovist sich des Throns in Gallien bemächtigte. Oder glaubt ihr etwa, daß ihr dem Civilis und den Batavern sowie den überrheinischen Völkern lieber seid, als eure Väter und Großväter ihren Vorfahren waren? Immer trieb dieselbe Ursache die Germanen an, nach Gallien herüberzukommen, Begehrlichkeit, Habsucht und Verlangen, ihren Wohnsitz zu verändern, um ihre Sümpfe und Einöden zu verlassen und diesen fruchtbaren Boden sowie euch selber in Besitz zu nehmen. Aber freilich werden von ihnen Freiheit und allerlei schöne Namen zum Vorwande gebraucht. Noch nie hat jemand nach der Unterjochung anderer und eigener Herrschaft gestrebt, ohne sich eben dieser Worte zu bedienen.

74. „Königstum und Kriege herrschten stets in Gallien, bis ihr unter unser Recht kamt. Wir haben, obwohl so oft gereizt, nach dem Siegesrechte doch nur das euch auferlegt, wodurch wir den Frieden erhielten. Denn wie man ohne Waffen nicht die Ruhe der Völker, so kann man Waffen auch nicht ohne Sold und Sold nicht ohne Steuern schaffen. Das übrige habt ihr mit uns gemein. Ihr selbst steht meist an der Spitze unserer Legionen, ihr selbst regiert diese und auch andere Provinzen. Nirgends ist Trennung oder Ausschließung. Ja, von gepriese-

nen Fürsten zieht ihr, wenngleich fern von ihnen, gleichen
Vorteil, die tyrannischen sind nur den Nächsten drückend. So
wie Dürre oder allzuhäufiger Regen und andere natürliche
Übel, so laßt euch Habsucht oder Ausschweifungen von den
Herrschern gefallen. Laster wird es geben, so lange es Menschen gibt; doch sie währen ja nicht immer und das Dazwi-
schentreten der Besseren macht sie wieder gut. Oder habt ihr
etwa unter Tutors und Classicus königlicher Gewalt auf gemä-
ßigtere Herrschaft gehofft oder daß sich mit geringeren
Steuern als jetzt Heere schaffen lassen, um die Germanen und
die Britannier abzuwehren? Denn wären, was die Götter verhüten mögen, die Römer vertrieben, was anders würde daraus
entstehen, als Kriege aller Völker untereinander? Glück und
Zucht von acht Jahrhunderten haben dieses Gebäude zu-
sammengefügt und es kann nicht eingerissen werden ohne das
Verderben derer, die es einzureißen suchen. Ihr aber seid dann
in der größten Gefahr mit eurem Gold und euren Schätzen;
der Hauptveranlassung von Kriegen. Darum liebt und pflegt
den Frieden und die Hauptstadt, an welcher wir, Besiegte
sowie Sieger, gleiches Anrecht haben. Die Erfahrungen des
Unglücks und des Glücks mögen euch mahnen, daß ihr nicht
Trotz und Verderben dem Gehorsam und der Sicherheit vor-
zieht." Durch eine solche Rede beruhigte er sie und richtete sie
auf, nachdem sie Härteres gefürchtet hatten.
75. Noch hielt das Siegerheer das Gebiet der Treverer besetzt,
als Civilis und Classicus ein Schreiben an Cerealis sandten,
dessen Inhalt folgender war: Vespasian sei, wiewohl man die
Nachrichten geheim zu halten suche, aus dem Leben geschieden, Rom und Italien werde durch den inneren Kriege ver-
zehrt, Mucianus und Domitianus Namen seien bedeutungslos
und ohne Macht. Wenn Cerialis die Herrschaft über Gallien
wolle, so würden sie sich mit den Grenzen ihrer Staaten begnügen; sollte er lieber eine Schlacht wollen, so schlüge man
ihm auch die nicht ab. Hierauf erwiderte Cerialis dem Civilis
und dem Classicus kein Wort; denjenigen, welcher es gebracht,
und das Schreiben selbst sandte er an Domitianus.

Die Feinde kamen in geteilten Heereshaufen von allen Seiten herbei. Sehr viele tadelten Cerialis, daß er diese sich habe vereinigen lassen, da er sie hätte einzeln abfangen können. Das römische Heer umgab das Lager mit Graben und Wall, in dem es vorher unbedachtsamerweise unverschanzt gestanden hatte.

76. Bei den Germanen erhob sich ein Streit entgegengesetzter Meinungen. Civilis meinte, man müsse die überrheinischen Völker erwarten, vor denen die schon gebrochene Kraft des römischen Volkes im Schreck vollends zermalmt werden würde. Was seien die Gallier anders als die Beute der Sieger? Ihre Kernmacht, die Belgier, ständen öffentlich oder im Herzen doch auf seiner Seite.

Tutor behauptete, durch Zögerung wachse die Römermacht, da sich die Heere von allen Seiten sammelten. Aus Britannien sei eine Legion übergesetzt, aus Spanien seien andere herbeigerufen, wieder andere von Italien her im Anzuge, und dies seien nicht erst plötzlich zusammengeraffte, sondern alte, kriegserfahrene Soldaten. Die Germanen, auf die sie hofften, ließen sich nicht befehlen und lenken, sondern täten in allem nur wie es ihnen gefiele. Dazu besäßen die Römer Geld und Geschenke, was sie allein bestäche, reichlicher, und niemand sei in solchem Grade zum Kriege geneigt, daß er um den gleichen Preis nicht die Ruhe der Gefahr vorziehen sollte. Komme es nun sogleich zur Schlacht, so hätte Cerialis keine anderen als die aus den Überresten des germanischen Heeres bestehenden, durch Bündnisse an Gallien geknüpften Legionen. Und selbst der Umstand, daß sie unlängst die ungeregelten Haufen des Valentinus wider eigenes Erwarten geschlagen hatten, gäbe ihrer und ihres Anführers Verwegenheit nur Nahrung. Sie würden wieder etwas wagen, und nun nicht mit einem unerfahrenen jungen Menschen[1], dem es mehr um Worte und Versammlungen zu tun gewesen sei, als um Stahl

---

[1] Gemeint ist hier der Valentinus.

und Waffen, sondern mit Civilis und mit Classicus zusammentreffen. Bekämen sie diese zu Gesicht, dann würden sie sich an
die Furcht, die Flucht, die Hungersnot erinnern und auch
daran, wie sie so oft gefangen ihr Leben nur geschenkt zurück-
erhielten. Auch die Treverer und Lingonen würden nicht
durch Wohlwollen gehalten; sie würden die Waffen wieder
ergreifen, sobald die Furcht nur erst gewichen sei. Classicus
führte dadurch, daß er Tutors Meinung Beifall schenkte, die
verschiedenen Ratschläge zum Ausgleich, und sogleich schritt
man zur Tat.

77. Das Mitteltreffen wurde den Ubiern und Lingonen angewiesen; auf dem rechten Flügel standen die Bataverkohorten,
auf dem linken die Bructerer und Tencterer. Einige stürmten
von den Bergen, andere zwischen der Straße und der Mosel so
unversehens heran, daß Cerialis im Schlafgemache in seinem
Bette – er hatte nämlich die Nacht nicht im Lager zugebracht
– zugleich vom Kampfe und von der Besiegung der Seinigen
hörte und auf die Furchtsamkeit der Meldenden schalt, bis
ihm die ganze Niederlage vor Augen stand: das Lager der
Legionen schon durchbrochen, die Reiter zersprengt, die
Feinde schon festen Fußes mitten auf der Moselbrücke, welche
das jenseitige Gebiet mit der Kolonie in Verbindung setzt.
Cerialis zog, in so bedrängnisvoller Lage unerschrocken, mit
eigener Hand die Fliehenden zurück, gewann, sich unbewaffnet mitten unter die Geschosse wagend, durch glückliche
Kühnheit und das Herbeieilen der Tapfersten die Brücke
wieder und besetzte sie mit auserlesener Mannschaft. Dann
begab er sich ins Lager zurück, sah die Manipeln der bei
Novaesium und Bonn gefangen genommenen Legionen auf
der Flucht, nur wenige Soldaten bei den Feldzeichen und die
Adler beinahe umzingelt. Da rief er zornentbrannt: „Nicht
Flaccus ist es, nicht Vocula, die ihr verlaßt! Hier ist kein Verrat; und nichts anderes habe ich mir vorzuwerfen, als daß ich
unbesonnen geglaubt, ihr hättet, den Bund mit Gallien vergessend, den römischen Eid von neuem euch ins Gedächtnis gerufen. Man wird mich mit Numisius und mit Herennius in

eine Reihe stellen[1], es ist bald so, daß alle eure Legaten durch ihrer eigenen Soldaten oder Feindes Hand gefallen sind. Geht, sagt es Vespasian, oder, was ihr näher habt, dem Civilis und dem Classicus, daß ihr eure Feldherren in der Schlacht verlassen habt. Legionen werden kommen, welche mich nicht ohne Rache und euch nicht ungestraft lassen werden!"

78. Was er sagte, war die Wahrheit, und auch von den Tribunen und Präfekten wurde ihnen dasselbe vorgehalten. Kohorten- und manipelweise stellten sie sich auf, denn die Schlachtlinie auszudehnen war nicht möglich, da der Feind nach allen Seiten hin sich ausgebreitet, und auch Zelte und Gepäck hinderlich waren, da man innerhalb des Walles kämpfte. Tutor, Classicus und Civilis, jeder an seinem Platze, trieben zum Kampfe an, die Gallier für ihre Freiheit, die Bataver für ihre Ehre, die Germanen zur Beute anspornend. Alles war den Feinden günstig, bis die 21. Legion auf einem freieren Platze als die übrigen sich zusammenscharend, die Heranstürmenden aufhielt, dann warf. Nicht ohne göttlichen Beistand wandten sich, wie plötzlich umgewandelt in ihrem Inneren, die Sieger zur Flucht. Sie selbst erklärten, durch den Anblick der Kohorten erschreckt worden zu sein, welche beim ersten Angriff zersprengt, sich auf den höchsten Bergrücken wieder sammelten und so wie frische Hilfsmannschaft erschienen waren. Aber eigentlich war den Siegenden ihr eigener verkehrter Wettstreit hinderlich, womit sie, auf den Feind nicht weiter achtend, nur auf Beute ausgingen. So, wie Cerialis durch seine Sorglosigkeit die ganze Sache fast verdorben hatte, richtete er sie durch seine Entschlossenheit nun wieder auf und nahm und zerstörte, sein Glück verfolgend, am selben Tage noch das Lager der Feinde.

79. Doch nicht lange Zeit vergönnte man den Kriegern Ruhe. Die Agrippinenser baten um Hilfe und boten die Gemahlin und Schwester des Civilis sowie des Classicus Tochter an, die

---

[1] Vgl. dazu Historien IV, 59 und 70.

man als Unterpfand des Bundes bei ihnen zurückgelassen
hatte. Sie hatten mittlerweile die in den Häusern zerstreuten
Germanen ermordet, so daß sie wohl mit Recht besorgt waren
und um Hilfe flehten, bevor die Feinde wieder Kräfte sammeln und sich zur Hoffnung, ja zur Rache erheben würden.
Dahin ging denn auch des Civilis Streben, dem es an Macht
nicht fehlte, so lange die hitzigste seiner Kohorten, die aus
Chauken und Friesen bestand und zu Tolbiacum im Gebiete
der Agrippinenser lag, noch unversehrt war. Aber die Trauer-
botschaft, daß die Kohorte durch die Hinterlist der Agrippinenser vernichtet sei, welche die Germanen durch reichliche
Mahlzeit und Wein in Schlaf gebracht, dann die Türen verschlossen, Feuer hineingeworfen und sie verbrannt hatten,
brachte ihn auf andere Gedanken. Zu gleicher Zeit kam Cerialis im Eilmarsch zu Hilfe. Auch noch eine andere Besorgnis
quälte Civilis, es möchte die 14. Legion in Verbindung mit der
britannischen Flotte die Bataver da, wo der Ozean sie umgibt,
bedrängen. Allein die Legion führte der Legat Fabius Priscus
zu Lande gegen die Nervier und Tungrer, und diese Völkerschaften unterwarfen sich; die Flotte griff nun ihrerseits die
Canninefaten an, und der größere Teil der Schiffe wurde ver-
senkt oder genommen. Auch einen großen Haufen Nervier,
der sich aus eigenem Triebe erhoben hatte, um für die Römer
Krieg zu führen, schlugen eben diese Canninefaten. Ebenso
lieferte Classicus gegen die von Cerialis nach Novaesium vorausgeschickten Reiter ein günstiges Treffen. Diese nicht bedeutenden, aber sich häufenden Verluste schmälerten den Ruhm
des jüngst errungenen Sieges.

FÜNFTES BUCH

Der Aufstand der Bataver
(70 n. Chr.)

14. Indessen lagerte sich Civilis, als er nach der unglücklichen Schlacht im Gebiete der Treverer in Germanien sein Heer ersetzt hatte, bei Vetera Castra, durch die Örtlichkeit geschützt, und damit durch die Erinnerung an das dort gehabte Glück der Mut der Barbaren sich erhöhte. Dahin folgte ihm auch Cerialis nach Verdoppelung seiner Streitkräfte durch die Ankunft der 2., 6. und 14. Legion. Auch die Kohorten und Reiterscharen, welche man schon längst herbeigerufen hatte, hatten sich nach dem Siege beeilt. Keiner der beiden Heerführer war ein Zauderer, doch hielt sie die weite Ausdehnung der schon von Natur nassen Ebenen auseinander. Civilis hatte noch dazu quer in den Rhein hinein einen Damm aufführen lassen, durch dessen Widerstand der Fluß aufgestaut und sich über die anliegenden Gegenden hin ergoß. Dies war des Landes Beschaffenheit, durch unsichere Furten trügerisch und uns ungünstig. Der römische Soldat ist schwer bewaffnet und im Schwimmen furchtsam, die mit den Fluten vertrauten Germanen hebt auch noch die Leichtigkeit der Waffen und ihr hoher Wuchs.

15. Als daher die Bataver sie reizten, begannen zwar die mutigsten der Unsrigen den Kampf, dann aber entstand Bestür-

zung, da in den tiefen Sümpfen Waffen und Pferde stecken-
blieben, während die Germanen durch die ihnen bekannten
Furten hindurchsprangen und fielen uns meist abgewendet
von der Front in die Flanken und in den Rücken. Auch wurde
nicht wie bei einem Gefecht auf festem Boden Mann gegen
Mann gestritten, sondern wie in einer Seeschlacht wurden,
zwischen den Fluten umhertreibend oder, wenn sie auf sichern
Grund trafen, dort aus Leibeskräften weiter strebend, Ver-
wundete mit Unverwundeten, des Schwimmens Kundige mit
solchen, die es nicht verstanden, in wechselseitiges Verderben
hineingezogen. Dennoch waren die Verluste für ein solches
Getümmel unbedeutend, weil die Germanen sich nicht über
den Sumpf hinaus wagten und in ihr Lager zurückkehrten.
Der Ausgang dieses Treffens spornte beide Heerführer aus verschiedenen Beweggründen an, die Entscheidung des Ganzen
zu beschleunigen. Civilis wollte sein Glück verfolgen, Cerialis
die Schande tilgen. Die Germanen pochten auf ihren glücklichen Erfolg, die Römer hatte die Beschämung aufgeregt. Die
Nacht wurde bei den Barbaren mit Gesang und Geschrei, auf
unsrer Seite unter Grimm und Drohungen verbracht.

16. Am folgenden Morgen ergänzte Cerialis das Vordertreffen
mit Reiterei und Hilfkohorten; in die zweite Schlachtreihe
wurden die Legionen gestellt; für sich hatte der Feldherr Auserlesene für unvorhergesehene Fälle zurückbehalten. Civilius
stellte sich nicht in ausgedehnter Linie, sondern in Keilen auf.
Die Bataver und Cugerner hielten auf dem rechten Flügel,
links und näher am Flusse die Überrheinischen. Die Ermunte-
rung durch die Feldherren fand nicht in der gewöhnlichen
Weise einer Rede vor der Gesamtheit statt, sondern wenn sie
an jede Schar herangeritten kamen. Cerialis sprach vom alten
Ruhme des römischen Namens, von vormaligen und neueren
Siegen. Den treulosen, feigen und besiegten Feind sollten sie
auf immer vertilgen; mehr nur Rache zu nehmen als einer
Schlacht bedürfe es. Geringer an Zahl hätten sie neulich mit
Überlegenen gekämpft, und dennoch seien die Germanen und
zwar ihr Kern geschlagen worden. Übrig seien solche nur

geblieben, die Flucht im Herzen und Wunden auf dem Rükken trügen. Hierauf suchte er die Legionen, jede auf ihre Weise anzuspornen, die vierzehnte Britanniens Bezwinger nennend, das Auftreten der sechsten habe Galba zum Kaiser gemacht, die von der zweiten würden in dieser Schlacht zuerst ihre neuen Feldzeichen und ihren neuen Adler weihen. Von da noch weiter vorwärts reitend rief er mit ausgestreckten Armen dem germanischen Heere zu, sie möchten ihr Uferland, ihr Lager mit dem Blute der Feinde wiedererobern. Ungewöhnlicher Freudenruf erscholl von allen, welche teils nach langem Frieden eine Schlacht begehrten, teils des Krieges müde sich nach Frieden sehnten und Belohnungen und Ruhe für die Zukunft hofften.

17. Auch als Civilis seine Schlachtreihen ordnete, ging es nicht schweigend zu, weil er den Kampfplatz selbst zum Zeugen der Tapferkeit anrief. Die Germanen und Bataver ständen auf dem Felde ihres Ruhmes, sie hätten Asche und Gebeine der Legionen unter ihren Füßen. Wohin der Römer seine Blicke richte, schwebe ihm Gefangenschaft und Niederlage vor und lauter Grauen. Nicht möchten sie sich schrecken lassen durch den wechselvollen Verlauf des treverischen Kampfes. Ihr eigner Sieg sei den Germanen dort im Wege gewesen, weil sie, die Waffen ruhen lassend, sich die Hände mit Beute gebunden hätten; doch sei ja alles nachher ihnen günstig und dem Feinde zum Schaden ausgefallen. Was durch des Feldherrn Klugheit habe vorgesehen werden müssen, sei vorgesehen worden, nasse, aber ihm selbst bekannte Ebenen, Sümpfe, die den Feinden schädlich seien, vor ihren Augen der Rhein und Germaniens Götter, unter deren Walten sie den Kampf beginnen möchten, ihrer Gattinnen gedenkend, ihrer Eltern, ihres Vaterlandes. Dieser Tag werde entweder der ruhmvollste sein im Vergleich mit den Vorfahren, oder bei den Nachkommen der schmachvollste. Als durch Waffenklang und Stampfen – dies ist ihre Weise – diesen Worten Beifall erwiesen worden war, wurde mit Steinen, Kugeln und andern Wurfgeschossen das Treffen begonnen, ohne daß unsere Soldaten in den

Sumpf hineingingen, während sie die Germanen doch reizten, um sie hervorzulocken.

18. Als die Wurfgeschosse verbraucht waren und der Kampf hitziger wurde, rückte der Feind immer erbitterter hervor. Mit ihren ungeheuren Leibern und ihren übermäßig langen Speeren durchbohrten sie aus der Ferne die umhertreibenden und wankenden Soldaten; zugleich schwamm von dem Damme, welcher wie wir erwähnten, in den Rhein hinein aufgeführt worden war, der Keil der Bructerer herüber. Da geriet alles in Verwirrung, und schon wurde die Linie der verbündeten Kohorten geworfen, als die Legionen den Kampf aufnahmen und, den Ungestüm der Feinde dämpfend, das Gleichgewicht der Schlacht herstellten. Währenddessen kam ein batavischer Überläufer zu Cerialis und versprach ihm die Umgehung des Feindes, wenn Reiterei an das äußerste Ende des Sumpfes geschickt würde. Da sei fester Boden, und die Cugerner, denen die Bewachung hier zugefallen, seien nicht recht auf der Hut. Zwei Reiterscharen wurden mit dem Überläufer abgeschickt und umgingen den unvorsichtigen Feind. Sobald man dies an dem Geschrei bemerkte, drangen die Legionen von vorn ein, die Germanen wurden geschlagen und eilten fliehend dem Rheine zu. Man würde den Krieg an diesem Tage beendet haben, hätte die römische Flotte sich beeilt zu folgen. Nicht einmal die Reiterei setzte nach, da plötzlich Regen goß und auch die Nacht nahte.

19. Am folgenden Tage wurde die 14. Legion in die obergermanische Provinz zu Annius Gallus gesandt; Cerialis Heer ergänzte die 10. Legion aus Spanien. Zu Civilis stießen die Hilfsscharen der Chauken. Dennoch wagte er es nicht, die Stadt der Bataver[1] mit den Waffen zu schützen, sondern raffte mit sich fort, was sich mitnehmen ließ, warf Feuer in das übrige und zog sich nach der Insel zurück, wohl wissend, daß

---

[1] Der Zentralort der Bataver war Nymwegen.

es, um eine Brücke zu schlagen, an Schiffen fehle, und anders das römische Heer doch nicht hinüberkommen werde. Ja, er riß auch den von Drusus Germanicus angelegten Damm ein und ließ so den Rhein, der in abschüssigem Bett nach Galliens Seite drängt, durch Zerstörung aller Hindernisse wieder dorthin hinüberströmen. Da so der Fluß so gut wie abgeleitet war, gewährte das seichte Bett zwischen der Insel und Germanien den Anblick zusammenhängenden Landes. Auch Tutor und Classicus gingen über den Rhein sowie 113 treverischen Senatoren, unter welchen sich Montanus Alpinius befand, von dem wir oben bemerkten[1], er sei von Antonius Primus nach Gallien gesendet worden. Es begleitete ihn sein Bruder Decimus Alpinius. Zugleich brachten auch die übrigen durch Erregung des Mitleids und durch Geschenke unter den so schon kampflustigen Völkerschaften Hilfsscharen zusammen.

20. So viel Kräfte hatte der Krieg noch übrig, daß Civilis an einem Tage in vier Abteilungen die Standlager der Kohorten, der Reiterscharen und der Legionen angriff, die 10. Legion zu Arenacum, die 2. zu Batavodurum, dann Grinnes und Vada, Lagerplätze von Kohorten und Reiterscharen, indem er seine Truppen so teilte, daß er und Verax, seiner Schwester Sohn, sowie Classicus und Tutor ein jeder seine eigene Schar bei sich hatte. Und hofften sie auch nicht alles durchzusetzen, so glaubten sie doch, es werde, wenn sie recht viel wagten, das Glück ihnen irgendwo beistehen; auch könne ja Cerialis, der nicht recht auf seiner Hut sei, und auf die vielfachen Botschaften bald hierhin, bald dorthin eilen würde, mitten auf dem Marsche abgefangen werden. Die, denen das Lager der 10. Legion zugewiesen worden war, beunruhigten, da sie die Belagerung für zu schwierig hielten, die Soldaten, als sie ausgerückt und mit Holzfällen beschäftigt waren, und töteten dabei den Lagerpräfekten, fünf Centurionen vom ersten Range und etliche Soldaten. Die übrigen verteidigten sich

---

[1] Historien III, 35 und Historien IV, 32.

hinter den Befestigungswerken. Inzwischen bemühten sich die
Scharen der Germanen, bei Batavodurum eine angefangene
Brücke abzubrechen. Das unentschiedene Gefecht trennte die
Nacht.

21. Gefährlicher stand es bei Grinnes und Vada. Vada bestürmte Civilis, Grinnes Classicus, und man konnte sie nicht
mehr aufhalten, da sie die Tapfersten alle schon getötet hatten, unter denen auch Briganticus, der Befehlshaber einer Reiterschar, gefallen war, von dem wir sagten, daß er den Römern treu, seinem Oheim Civilis aber feind war. Als aber
Cerialis mit einem auserlesenen Reiterhaufen zu Hilfe kam, da
wandte sich das Glück, und die Germanen wurden Hals über
Kopf in den Fluß hineingejagt. Während Civilis die Fliehenden zurückzuhalten suchte, wurde er erkannt und mit Geschossen verfolgt, ließ sein Pferd zurück und schwamm hinüber. Ebenso entkam auch Verax; Tutor und Classicus setzten
in Kähnen über, welche an das Ufer kamen. Selbst diesmal
nahm die römische Flotte nicht am Kampfe teil, wie ihr geheißen war. Schuld daran war die Furchtsamkeit und auch der
Umstand, daß die Ruderknechte sich zu anderweitigen
Dienstverrichtungen zerstreut hatten. Allerdings gab Cerialis
zu wenig Zeit zur Vollziehung seiner Befehle, weil er seine
Entschlüsse plötzlich zu fassen pflegte, doch immer mit glän-
zendem Erfolg. Das Glück stand ihm zur Seite, auch wenn er
es an seinen Maßregeln hatte fehlen lassen. Daher kam es, daß
er sowie sein Heer sich um die Mannszucht weniger kümmerten. Und wenige Tage nachher entging er zwar der Gefahr der
Gefangenschaft, konnte sich aber der üblen Nachrede nicht
entziehen.

22. Er hatte sich nach Novaesium und Bonn begeben, um die
Lager in Augenschein zu nehmen, die zur Überwinterung der
Legionen errichtet wurden, und kehrte zu Schiffe zurück; der
Heereszug hatte sich zerteilt, die Wachen waren nicht auf
ihrer Hut. Das wurden die Germanen gewahr und bereiteten
einen Überfall vor. Sie ersahen sich eine schwarzumwölkte
Nacht und drangen, vom reißenden Strome hinabgeführt,

ohne von jemand aufgehalten zu werden, in die Verschanzung ein. Beim ersten Gemetzel half ihnen eine List, sie zerhieben die Zeltschnüre und mordeten die unter ihren eigenen Gezelten Begrabenen. Eine andere Schar brachte die Flotte in Verwirrung, warf Schlingen über die Hinterverdecke der Schiffe und zog sie fort. Und wie sie erst, um unbemerkt zu bleiben, geschwiegen hatten, so erfüllten sie, als das Gemetzel einmal angefangen hatte, alles mit Geschrei, um desto mehr Schrekken einzuflößen. Die Römer, erst durch die Wunden geweckt, suchten nach ihren Waffen und rannten auf den Gassen umher, nur wenige in kriegerischer Rüstung, die meisten mit um den Arm gewundenem Gewande und gezückten Schwertern. Der Feldherr, halb im Schlafe und fast unbekleidet, wurde nur durch einen Irrtum der Feinde gerettet. Sie führten in dem Glauben, dort befinde sich der Feldherr, das durch die Flagge ausgezeichnete Flaggschiff hinweg. Cerialis aber hatte die Nacht anderswo zugebracht, wie man größtenteils glaubte, in Unzucht mit einem ubischen Weibe, Claudia Sacrata. Die Wachen wenigstens entschuldigten ihren Schimpf mit der Schande des Feldherrn, als sei ihnen geboten gewesen zu schweigen, um seine Ruhe nicht zu stören; so seien sie durch Unterlassung des Signals und Anrufes ebenfalls in Schlaf versunken. Am hellen Tage fuhren die Feinde mit den genommenen Schiffen zurück und zogen das Flaggschiff, einen Dreiruderer zum Geschenk für Veleda die Lippe hinauf.

23. Civilis überkam die Lust, eine Schlachtordnung von Schiffen zur Schau zu stellen. Er bemannte, was von Zweiruderern und Schiffen einer Ruderreihe da war. Dazu kam eine ungeheure Menge Kähne mit je dreißig bis vierzig Mann. Die Ausrüstung war die bei den Schnellseglern gewöhnliche, und die mitfahrenden Kähne wurden statt der Segel auf eine nicht übel aussehende Weise durch verschiedenfarbige Kriegsmäntel unterstützt. Man wählte eine meerähnliche Wasserfläche, dort wo die Mündung der Maas zugleich den Rheinstrom in den Ozean ergießt. Der Grund zur Aufstellung dieser Flotte war, außer der dem Volke angeborenen Eitelkeit, mit dieser

Schreckensmacht die aus Gallien kommende Zufuhr abzuschneiden. Cerialis ließ mehr aus Neugier als aus Furcht seine
Flotte auslaufen, die an Zahl jener nicht gewachsen, aber
wegen der Übung der Ruderer, der Geschicklichkeit der
Steuerleute und der Größe der Schiffe überlegen war. Diese
fuhren mit dem Strome, jene mit dem Winde. So segelten sie
an einander vorüber und trennten sich, nachdem sie sich nur
mit dem Wurf leichter Geschosse versucht hatten. Civilis zog
sich, nichts weiter wagend, über den Rhein zurück. Cerialis,
die Insel der Bataver feindlich verheerend, ließ die Äcker und
Landhäuser des Civilis mit bekannter Feldherrnschlauheit un-
berührt. Inzwischen neigte sich der Herbst zum Ende und
häufiger Regen fiel und der übertretende Strom bedeckte die
an sich schon sumpfige und niedriggelegene Insel so, daß sie
wie ein See aussah. Weder eine Flotte war da, noch Zufuhr,
und das in der Ebene gelegene Lager wurde durch die Gewalt
der Flut auseinandergerissen.

24. Daß die Legionen jetzt hatten aufgerieben werden können, und die Germanen das auch wollten, von ihm jedoch
durch List davon abgebracht worden wären, rechnete sich
Civilis zum Verdienste an. Auch ist es nicht unwahrscheinlich,
weil ja wenige Tage darauf die Ergebung folgte. Cerialis bot
nämlich durch geheime Unterhändler den Batavern Frieden,
dem Civilis Verzeihung an, und gab der Veleda und ihren
Verwandten zu verstehen, sie möchten das durch so viele Nie-
derlagen ihnen widrige Geschick des Krieges durch einen dem
Römervolke zur rechten Zeit erwiesenen Dienst zu ändern
suchen. Die Treverer seien niedergehauen, die Ubier wieder in
Botmäßigkeit genommen, den Batavern ihr Vaterland entrissen, und nichts anderes durch die Freundschaft mit Civilis
gewonnen, als Wunden, Flucht und Trauer. Ein Verbannter
und Heimatloser, falle er denen, die ihn aufnehmen, nur zur
Last; und genug schon hätten sie sich durch so oftmaliges
Überschreiten des Rheines vergangen. Wenn sie noch ferner
etwas unternähmen, würde Unrecht und Schuld auf ihrer
Seite, auf der anderen die rächenden Götter stehen.

25. Auch Versprechungen wurden den Drohungen beige-
mischt, und als auf diese Weise die Treue der Überrheinischen
erschüttert war, erhoben sich auch unter den Batavern Stimmen. Man dürfe das Verderben nicht noch weiter ausdehnen,
und es könne ja auch nicht von nur einer Völkerschaft die
Knechtschaft der ganzen Erde abgeschüttelt werden. Was
habe man denn durch Ermordung und Verbrennung der Legionen gewonnen, als daß nur noch mehr und stärkere herbeigerufen worden wären? Wären sie nur dem Vespasian durch
Krieg behilflich gewesen, so sei Vespasian jetzt im Besitz der
Herrschaft. Forderten sie aber das römische Volk zum Kampf
heraus, ein wie großer Teil des Menschengeschlechtes seien
denn die Bataver? Sie möchten doch auf die Räter und Noriker und die Lasten der übrigen Bundesgenossen blicken, von
denen verlangte man keine Tribute, sondern nur Tapferkeit
und Männer. Das grenze am nächsten an die Freiheit, und
wenn man sich einmal einen Herrn wählen solle, so könne
man sich doch ehrenvoller Römerfürsten als die Weiber der
Germanen gefallen lassen. So sprach das Volk, die Großen
noch grimmiger: sie seien durch des Civilis Raserei nur zu den
Waffen getrieben worden; er habe dem Unglück seines eigenen
Hauses des Volkes Untergang vorgeschoben. Da hätten freilich die Götter den Batavern gezürnt, als die Legionen belagert, die Legaten ermordet, der ganze nur dem einen notwen-
dige, ihnen selbst Tod bringende Krieg, unternommen worden war. Gekommen sei es nun zum Äußersten, wenn sie nicht
anfingen, sich zu besinnen und durch Bestrafung des schuldigen Hauptes ihre Reue zu bezeugen.

26. Dem Civilis entging diese Stimmung nicht, und er beschloß ihr zuvorzukommen. Außerdem war er der Unfälle
müde und es bewog ihn die Hoffnung, sein Leben zu retten,
eine Hoffnung, die in der Regel auch hochfahrenden Mut
niederbeugt. Er bat um eine Unterredung, die Brücke über
die Nabalia wurde abgebrochen, die Heerführer traten hervor
auf ihre Trümmer, und Civilis begann folgendermaßen:
„Hätte ich mich vor einem Legaten des Vitellius zu verteidi-

gen, so verdienten weder meine Tat Verzeihung, noch meine Worte Glauben. Alles gestaltete sich zwischen uns unfreundlich und feindlich, von ihm ausgehend und von mir weiter geführt. Gegen Vespasian hege ich seit alter Zeit Ergebenheit, und als er noch Privatmann war, nannte man uns Freunde. Dies ist dem Primus Antonius bekannt, durch dessen Schreiben ich zum Kriege aufgerufen worden bin, damit nicht die germanischen Legionen und die gallische Kriegsmannschaft über die Alpen zögen. Dazu ermahnte mich Antonius brieflich und Hordeonius Flaccus mündlich. Ich begann denselben Kampf in Germanien, den Mucianus in Syrien, Aponius in Mösien, Flavianus in Pannonien . . ."[1]

---

[1] Hier bricht der überlieferte Text ab. Der Rest der Historien ist verloren.

GERMANEN
IN RÖMISCHEN
DIENSTEN

Aus dem ‚Bürgerkrieg' des Caesar

Germanische Truppen im Bürgerkrieg

I, 83. (Kampf des Caesar gegen Afranius[1]) . . . Am folgenden Tag machte sich Caesar bereit, die begonnenen Befestigungswerke zu vollenden, während die Feinde darangingen, eine Furt im Sicoris aufzuspüren, durch die sie übersetzen könnten. Als Caesar dies bemerkte, schickte er leichtbewaffnete Germanen und einen Teil der Reiterei über den Fluß und verteilte zahlreiche Wachtposten an seinen Ufern.

III, 4. (Zusammensetzung des Heeres des Pompeius) . . . 500 ehemals unter Gabinius[2] stehende Gallier und Germanen, die dieser in Alexandrien als Besatzung beim König Ptolemaeus zurückgelassen hatte, hatte der Sohn des Pompeius von dort mit der Flotte herübergeführt . . .

III, 52. (Kämpfe bei Dyrrhachium[3]) Zur gleichen Zeit ist auch noch an zwei weiteren Orten gekämpft worden, da Pompeius, um unsere Kräfte zu zersplittern, mehrere Stellungen auf einmal angreifen ließ und dadurch verhinderte, daß die Besatzungen sich gegenseitig zu Hilfe eilen konnten. In der

---

[1] bei Lerida in Spanien
[2] A. Gabinius, Consul im Jahre 58, hatte 55 eine Expedition nach Ägypten unternommen.
[3] heute Durazzo

einen Stellung leistete Volcacius Tullus mit seinen drei Kohorten dem Ansturm einer ganzen Legion Widerstand und vertrieb sie von dort; in der anderen Stellung stürmten Germanen aus unseren Verschanzungen hervor und kehrten, nachdem sie mehrere getötet hatten, unbeschadet wieder zu ihren Kameraden zurück.

Aus dem ‚Agricola‘ des Tacitus

Germanische Hilfstruppen in Britannien

28. In demselben Sommer unternahm eine Kohorte von Usipiern, welche in Germanien ausgehoben und nach Britannien hinübergesandt war, ein großartiges und der Erwähnung würdiges Wagstück. Nach Ermordung des Centurio und der Soldaten, welche zur Unterweisung im Dienste unter die Manipeln gemischt, als Beispiel und Lenker gelten sollten, bestiegen sie drei Liburnen, indem sie die Steuermänner gewaltsam mit fortzogen; brachten, während nur einer das Ruder leitete, die beiden anderen als verdächtig um, und segelten, noch ehe das Gerücht davon sich verbreitet hatte, wie eine Wundererscheinung vorüber. Bald dahin, bald dorthin verschlagen und mit vielen Britanniern, die ihr Eigentum gegen sie schützen mußten, im Kampfe zusammentreffend, dabei oftmals Sieger, doch nicht selten auch geschlagen, gerieten sie zuletzt in solche Not, daß sie erst die Entkräftesten aus ihrer Mitte, dann die, welche das Los traf, verzehrten. Als sie so Britannien umfahren und, weil sie ein Schiff nicht zu regieren verstanden, ihre Fahrzeuge verloren hatten, wurden sie, für Seeräuber gehalten, erst von Sueben, dann von Friesen aufgefangen, und einige von ihnen kamen, im Handel feilgeboten und von einer in die andere Hand verkauft, bis an unser Ufer, wo sie mit der Erzählung eines solchen Abenteuers Aufsehen erregten.

35. Während noch Agricola zu ihnen sprach, wurde die

Kampflust der Soldaten sichtbar; dem Ende der Rede folgte laut jauchzende Bewegung, und augenblicklich eilte man zu den Waffen . . .

36. Beim ersten Anrücken wurde aus der Ferne gestritten. Mit ebensoviel Kaltblütigkeit als Geschicklichkeit wußten die Britannier mittels ihrer ungeheuren Schwerter und kurzen Schilder den Wurfgeschossen der unsrigen auszuweichen oder sie abzuschlagen, und uns dann selbst mit einem Pfeilregen zu überschütten, bis Agricola drei batavische und zwei tungrische Kohorten aufrief, das Schwertgefecht und Handgemenge zu beginnen, worin sie durch langen Dienst geübt, die Feinde aber, da sie kleine Schilder und unförmlich große Schwerter führten, ungeschickt waren. Denn die spitzenlosen Schwerter der Britannier hielten, wenn man Mann gegen Mann und in engem Raume stritt, nicht aus. Als daher die Batavter einhieben, mit den Schildbuckeln darauf losstießen, die Gesichter zerfetzten und, nachdem sie die auf der Ebene ihnen Gegenüberstehenden niedergestreckt, die Hügel hinanzurücken begannen, da schlossen sich die übrigen Kohorten, von nacheiferndem Ehrgeiz getrieben, ihnen im Sturmschritt an, und hieben nieder, wer ihnen gerade der nächste war; ja viele wurden in der Hast des Sieges halbtot oder unverwundet, selbst von ihnen liegen gelassen. Inzwischen mischten sich die Reitergeschwader, nachdem die Wagenkämpfer die Flucht ergriffen hatten, in den Kampf des Fußvolkes ein . . .

39. Diesen Tatenlauf vernahm, wiewohl er durch keinen Wortprunk in Agricolas Berichten übertrieben worden war, Domitianus, nach seiner Weise, mit heiterer Stirn, aber beklommenem Herzen. Mußte er sich doch dabei bewußt sein, wie erst unlängst sein über Germanien erdichteter Triumph zum Gespött geworden war, indem der Kaiser Sklaven erhandelt hatte, um ihnen durch Kleidung und Haar das Ansehen von Gefangenen zu geben, während jetzt ein wahrer und bedeutender Sieg nach Erlegung so vieler tausend Feinde weit und breit durch den Ruf verherrlicht wurde . . .

Aus den ,Annalen' des Tacitus

I, 24. (Aufruhr der pannonischen Legionen, 14 n. Chr.) Diese
Nachrichten brachten den Tiberius, so verschlossen er war
und so sehr er gerade das Schlimmste zu verheimlichen suchte,
doch dahin, daß er seinen Sohn Drusus mit den vornehmsten
Staatsmännern und zwei prätorischen Kohorten abschickte.
Ohne hinlänglich bestimmte Verhaltungsbefehle sollte er den
Umständen gemäß seine Maßregeln treffen. Doch wurden die
Kohorten durch ausgewählte Krieger ungewöhnlich verstärkt,
ein großer Teil der prätorianischen Reiterei und der Kern der
Germanen beigegeben, welche damals die Leibwache des Im-
perators bildeten . . .

IV, 47. (Aufstand in Thrazien, 26 n. Chr.) . . . zugleich
sandte er gegen die Kampflustigsten, die sich nach Sitte des
Volkes mit Gesang und Waffentanz vor dem Wall tummelten,
auserlesene Bogenschützen. Diese verwundeten, so lange sie
aus der Ferne angriffen, häufig und ungestraft; näher heran-
reichend wurden sie durch einen plötzlichen Ausfall in Verwirrung gebracht und von einer sugambrischen Kohorte in
Schutz genommen, welche der Römer als entschlossen in Gefahren und nicht minder furchtbar durch Gelärm mit
Schlachtgesang und Waffen in der Nähe aufgestellt hatte.

XIII, 18. (Nero isoliert Agrippina, 55 n. Chr.) . . . Aber der
Zorn der Mutter ließ sich durch keine Freigebigkeit besänfti-
gen, sie schloß sich an Octavia an, hatte oft geheime Unterredungen mit ihren Freunden, raffte, wie Habsucht ihr schon
angeboren war, noch außerdem von allen Seiten wie zur
Unterstützung Geld zusammen, nahm Tribunen und Centurionen freundlich auf, und hielt Namen und Verdienste des
damals noch übrigen Adels in Ehren, so als suchte sie ein
Oberhaupt und eine Partei. Dies wurde dem Nero bekannt,
und er befahl der Militärwache, welche sie vordem als Gemahlin des Imperators und jetzt noch als dessen Mutter hatte,

sowie den Germanen, die ihr jüngst zu gleicher Ehre als Leibwache beigegeben waren, abzutreten. Damit sie nicht von der Menge der ihn Begrüßenden besucht würde, trennte er seine Wohnung von der ihrigen, und brachte die Mutter in die, welche der Antonia gehört hatte . . .

Aus den ‚Historien‘ des Tacitus

II, 35. (Kampf des Macer mit den Othonianern, 69 n. Chr.) Nun befand sich mitten im Flusse eine Insel, an welche die Gladiatoren sich in ihren Schiffen heranzuarbeiten suchten, die Germanen mit Leichtigkeit hinüberschwammen. Als einmal eine größere Zahl herübergekommen war, bemannte Macer einige Schnellsegler und griff die Feinde mit den entschlossensten Gladiatoren an. Aber teils besitzen Gladiatoren in Schlachten nicht gleiche Ausdauer wie Soldaten, teils führten sie von den schaukelnden Schiffen aus nicht so sichere Hiebe, wie jene festen Standes vom Ufer; und als durch die sich hin und her neigenden Bewegungen der Bedrängten die Ruderer und Kämpfer durcheinander gerieten, sprangen die Germanen auch noch in das seichte Gewässer hinab, hielten die Schiffe hinten fest, stiegen an Bord, oder zogen sie mit den Händen auf den Grund. Dies alles geschah vor den Augen beider Heere, und je erfreulicher es den Vitellianern war, desto heftiger verwünschten die Othonianer die Veranlassung und den Urheber der Niederlage.

III, 5. (Kriegsrat der flavischen Heerführer, 69 n. Chr.) . . . Und damit nicht die wehrlosen Provinzen den Barbarenvölkern bloßgestellt würden, nahm man die Häuptlinge der sarmatischen Jazygen, in deren Händen sich die Staatsregierung befand, ins Kriegsbündnis auf. Auch Volk und Reitermacht, worin allein sie stark sind, boten sie an; doch lehnte man dies Anerbieten ab, damit sie nicht während der Parteikämpfe auch auswärtige erregten, oder, falls ihnen von der Gegenpartei größerer Lohn geboten würde, sie sich nicht mehr um Recht und Pflicht kümmerten. Dagegen zog man den Sido und Italicus, der Sueben Könige, zur Partei, da sie seit alter Zeit den Römern ergeben, und das Volk treuer Wort hält. Zur Seite stellte man Hilfstruppen auf, da Rätien, wo Porcius Septiminus, ein Mann von unbestechlicher Treue gegen Vitellius, Prokurator war, sich feindlich zeigte. Deshalb wurde Sextilius Felix mit der aurianischen Reiterschar, acht Kohorten und der jungen Mannschaft der Noriker ausgesandt, um das Ufer des Inn, welcher zwischen Rätien und Noricum hindurchfließt, zu besetzen; doch wurde, da weder die einen noch die anderen ein Treffen wagten, der Parteien Schicksal anderswo entschieden.

Anhang

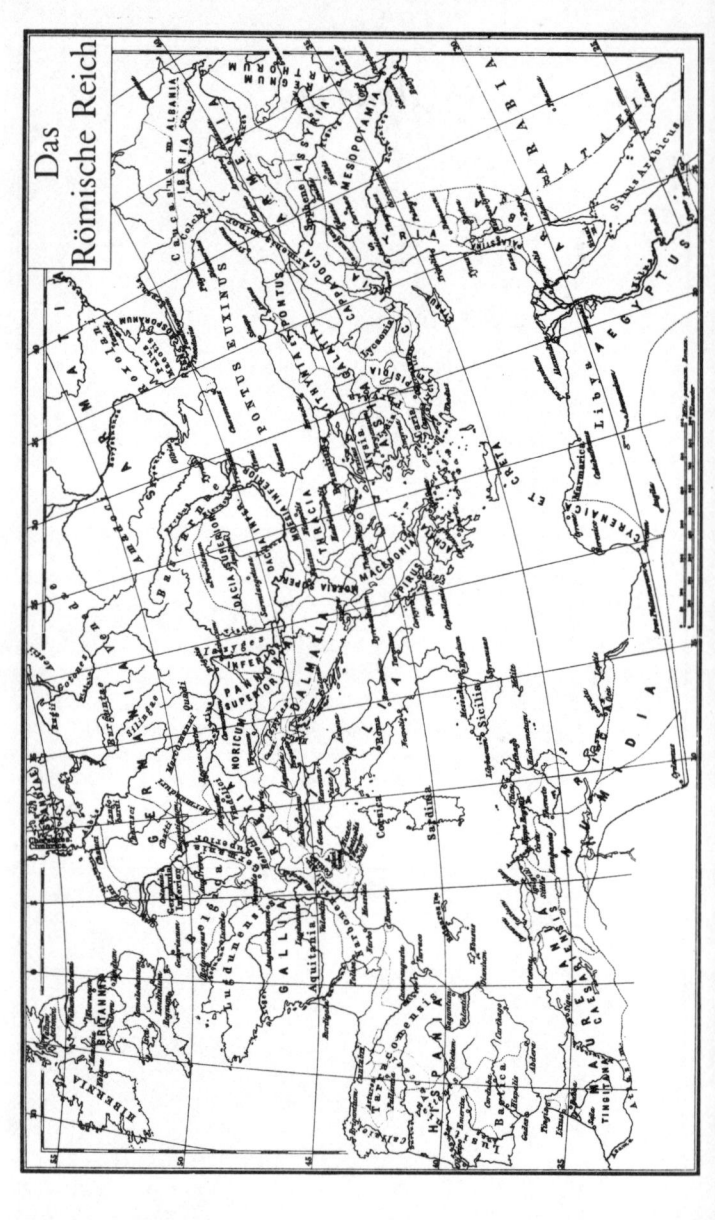

Das Römische Reich

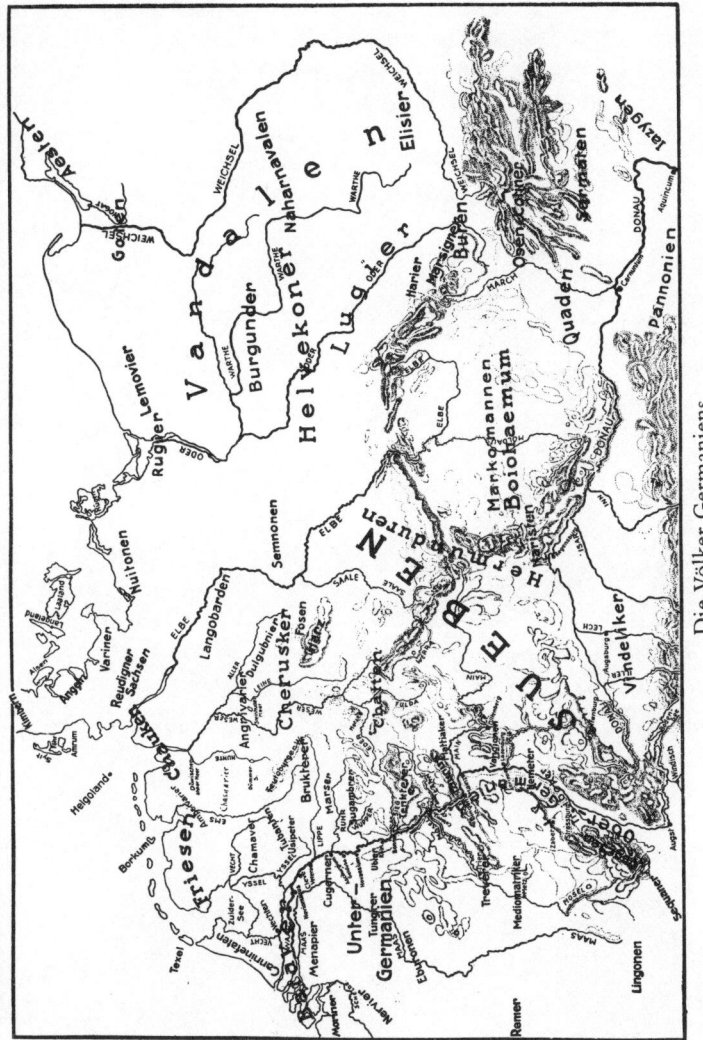

Die Völker Germaniens